LE GRAND
VOYAGE DV PAYS
des Hurons, situé en l'Amerique vers la mer douce, ez dernieres confins de la nouuelle France

Où il est traicté de tout ce qui est du pays & du gouuernement des Sauuages

Auec un Dictionnaire de la Langue Huronne

Par Fr. Gabriel Sagard Recollect de S.t François de la prouince S.t Denis

A PARIS Chez Denys Moreau rue S.t Jacques à la Salamandre 1632

LE GRAND VOYAGE DV PAYS DES HVRONS,

situé en l'Amerique vers la Mer douce, és derniers confins de la nouuelle France, dite Canada.

Où il est amplement traité de tout ce qui est du pays, des mœurs & du naturel des Sauuages, de leur gouuernement & façons de faire, tant dedans leurs pays, qu'allans en voyages: De leur foy & croyance; De leurs conseils & guerres, & de quel genre de tourmens ils font mourir leurs prisonniers. Comme ils se marient, & esleuent leurs enfans: De leurs Medecins, & des remedes dont ils vsent à leurs maladies: De leurs dances & chansons: De la chasse, de la pesche, & des oyseaux & animaux terrestres & aquatiques qu'ils ont. Des richesses du pays: Comme ils cultiuent les terres, & accommodent leur Menestre. De leur deüil, pleurs & lamentations, & comme ils enseuelissent & enterrent leurs morts.

Auec vn Dictionaire de la langue Huronne, pour la commodité de ceux qui ont à voyager dans le pays, & n'ont l'intelligence d'icelle langue.

Par F. GABRIEL SAGARD THEODAT, Recollet de S. François, de la Prouince de S. Denys en France.

A PARIS,

Chez DENYS MOREAV, ruë S. Iacques, à la Salamandre d'Argent.

_____

M. DC. XXXII.

Auec Priuilege du Roy.

AV ROY
DES ROYS,
ET TOVT PVISSANT
Monarque du Ciel & de la terre,
Iesvs-Christ, Sauueur
du monde.

'Est à vous, ô puissance & bonté infinie! à qui ie m'adresse, & deuant qui ie me prosterne la face contre terre, & les joües baignees d'vn ruisseau de larmes, qui fluent sans cesse de mes deux yeux, par les ressentimens & amertumes de mon cœur vrayement navré, &

ã iij

EPISTRE.

à iuste titre affligé, de voir tant de pauures ames Infideles & Barbares toufiours gifantes dans les efpaiffes tenebres de leur infidelité. Vous fçauez (ô mon Seigneur & mon Dieu) que nous auons porté nos vœux depuis tant d'annees dans la nouuelle France, & fait noftre poffible pour retirer les ames de cet efprit tenebreux; mais le fecours neceffaire de l'ancienne nous a manqué. Seigneur, nos prieres & nos remonftrances ont de peu feruy. Peut-eftre, ô mon tres-doux IESVS, que l'Ange tutelaire que vous luy auez donné, a empefché le fecours que nous en efperions pour la nouuelle, coulans doucement dans le cœur & la penfee de ceux qui auoient quelque affection pour le bien du pays, que les tracas, les diftractions & les diuers perils qui fuyuent & font annexez

EPISTRE.
à la poursuitte d'vn si grand bien, estoient souuent cause (aux ames foibles dans la vertu) d'en remporter des fruicts contraires à la vertu. Si cela est, faites ô mon Dieu, s'il vous plaist, que l'Ange de la nouuelle France remporte la victoire contre celuy de l'ancienne: car bien que quelques vns en fassent mal leur profit, beaucoup en pourront tirer de l'aduantage, assisté de ce grand Ange tutelaire, & principalement de vous, ô mon Dieu, qui pouuez tout, & de qui nous esperons tout le bien qui en peut reüssir; il y va de vostre gloire & de vostre seruice. Ayez donc pitié & compassion de ces pauures ames, rachetees au prix de vostre sang tres-precieux, ô mon Seigneur & mon Dieu, afin que retirees des tenebres de l'infidelité, elles se cõuertissent à vous, & qu'apres auoir ves-

á iiij

EPISTRE.

cu iufques à la mort, dans l'obferuance de vos diuins preceptes; elles puiffent aller iouyr de vous dans l'eternité, auec les Anges bien-heureux en Paradis. Où ie prie voftre diuine Majefté me faire auffi la grace d'aller, apres auoir vefcu icy bas par le moyen de vos graces, dans la mefme grace, en l'obferuance de mon Inftitut, & de vos diuins commandemens.

TABLE
DES CHAPITRES
contenus en ce Liure.

Chap. 1. *Voyage du pays des Hurons, situé en l'Amerique, vers la mer douce, és derniers confins de la nouuelle France, dite Canada.*

Chap. 2. *De nostre commencement, & suitte de nostre voyage.*

Chap. 3. *De Kebec, demeure des François, & des Peres Recollets.*

Chap. 4. *Du Cap de Victoire aux Hurons, & comme les Sauuages se gouuernẽt allans en voyage & par pays.*

Chap. 5. *De nostre arriuee au pays des Hurons, quels estoient nos exercices, & de nostre maniere de viure & gouuernement dans le pays.*

Chap. 6. *Du pays des Hurons, & de leurs villes, villages & cabanes.*

Chap. 7. *Exercice ordinaire des hommes & des femmes.*

ẽ ij

Table des Chapitres.

Chap. 8. Comme ils défrichent, sement & cultiuent leurs terres, & apres comme ils accommodent le bled & les farines, & de la façon d'apprester leur manger.

Chap. 9. De leurs festins & conuiues.

Ch. 10. Des dances, chansons & autres ceremonies ridicules.

Ch. 11. De leur mariage & concubinage.

Ch. 12. De la naissance, amour & nourriture que les Sauuages ont enuers leurs enfans.

Ch. 13. De l'exercice des ieunes garçons & ieunes filles.

Ch. 14. De la forme, couleur & stature des Sauuages, & comme ils ne portent point de barbe.

Ch. 15. Humeur des Sauuages, & comme ils ont recours aux Deuins, pour recouurer les choses desrobees.

Ch. 16. Des cheueux, & ornemens du corps.

Ch. 17. De leurs conseils & guerres.

Ch. 18. De la croyance & foy des Sauuages, du Createur, & comme ils auoient recours à nos prieres.

Ch. 19. Des ceremonies qu'ils obseruent à la pesche.

Ch. 20. De la santé & maladie des Sauuages, & de leurs Medecins.

Ch. 21. Des deffuncts, & comme ils pleurent & enseuelissent les morts.

Ch. 22. De la grand' feste des morts.

SECONDE PARTIE.

Où il est traité des Animaux terrestres, & aquatiques, & des Fruicts, Plantes & Richesses qui se retreuuent communément dans le pays de nos Sauuages; puis de nostre retour de la Prouince des Hurons en celle de Canada. Auec vn petit Dictionaire des mots principaux de la langue Huronne, necessaire à ceux qui n'ont l'intelligence d'icelle, & ont à traiter auec lesdits Hurons.

Chap. 1. *Des Oyseaux.*
Chap. 2. *Des Animaux terrestres.*
Chap. 3. *Des Poissons, & bestes aquatiques.*
Chap. 4. *Des Fruicts, Plantes, Arbres & Richesses du pays.*
Chap. 5. *De nostre retour du pays des Hurons en France, & de ce qui nous arriua en chemin.*

E iij

PRIVILEGE DV ROY.

LOVYS par la grace de Dieu, Roy de France & de Nauarre. A nos amez & feaux Conseillers, les gens tenans nos Cours de Parlemens, Maistres des Requestes ordinaires de nostre Hostel, Preuost de Paris, Baillifs, Seneschaux, & autres nos Iusticiers & Officiers qu'il appartiendra salut. Nostre bien amé Fr. Gabriel Sagard, Recollet, nous a fait remõstrer qu'il a composé vn liure intitulé; *Le grand voyage du pays des Hurons, situé en l'Amerique, vers la mer douce, és derniers confins de la nouuelle France, auec vn Dictionaire de la langue Huronne.* Lequel il desireroit mettre en lumiere, s'il auoit sur ce nos lettres. A ces causes, desirans bien & fauorablement traiter ledit suppliant, & qu'il ne soit frustré des fruicts de son labeur, luy auons permis, permettons & octroyons par ces presentes, de nos graces speciales, d'imprimer ou faire imprimer en telle marge & caractere que bon luy semblera ledit liure, iceluy mettre & exposer en vente & distribuer durant le tẽps de dix ans, deffendant à tous Imprimeurs & autres personnes, de quelque qualité & condition qu'elles soiẽt, d'imprimer, ou faire imprimer, mettre ny exposer en vente ledit liure, sans le congé & permission dudit exposant, ou de celuy ayant charge de luy, sur peine de confiscation d'iceux liures, d'anende arbitraire, & à tous despens, dommages & interests enuers luy ; à la charge d'en mettre deux exemplaires en nostre Bibliotheque publique. Si vous mandons que du contenu en ces presentes vous fassiez, souffriez & laissiez iouyr & vser ledit exposant plainement & paisiblement, & ce faire souffrir & obeyr tous ceux qu'il appartiendra, en mettant au commencemét ou à la fin dudit liure ces presentes, ou bref extraict d'icelles, voulons qu'elles soient pour deuëment signifiees : Car tel est nostre plaisir. Donné à Paris le 21. iour de Iuillet, l'an de grace 1632. & de nostre regne le 23.

Par le Conseil,

H vot.

I'Ay sous-signé, consens que le sieur Denys Moreau, lequel i'ay choysi pour mon Imprimeur & Libraire, puisse imprimer mon liure, intitulé le grand voyage des Hurons, à la charge de receuoir de moy, vn nouueau consentement, toutes les fois qu'il le voudra reimprimer. Et à ces conditions ie luy remets mon Priuilege que i'ay obtenu du Roy, pour imprimer mondit liure. Fait à Paris ce 29. Iuillet 1632.

Fr. GABRIEL SAGARD. Recollet.

Acheué d'imprimer pour la premiere fois le 10. iour d'Aoust 1632.

Approbation des Peres de l'Ordre.

NOus souffignez, Professeurs en la saincte Theologie, Predicateurs & Côfesseurs des Peres Recollets de la Prouince de S. Denys en France. Certifions auoir leû vn liure intitulé, *Voyage du pays des Hurons, situé en l'Amerique, vers la mer douce, és derniers confins de la nouuelle France, dite Canada. Où il est traité de tout ce qui est du pays, & du gouuernement des Sauuages, auec vn Dictionaire de la langue Huronne.* Composé par Fr. Gabriel Sagard Theodat, Religieux de nostre mesme Ordre & Institut. Auquel nous n'auons rien trouué contraire à la Religion Catholique, Apostolique & Romaine: ains tres vtile & necessaire au public. En foy dequoy nous auons signé de nostre main. Fait en nostre Conuent de Paris le cinquiesme iour de Iuillet 1632.

Fr. IGNACE LE GAVLT, qui sup. Gardien du Conuent des Recollets de Paris.

Fr. IEAN MARIE L'ESCRIVAIN, qui sup.

Fr. ANGE CARRIER, qui sup.

VOYAGE

A TRES-ILLVSTRE,
Genereux & puissant Prince,

HENRY
DE LORRAINE,
Comte d'Arcourt.

ONSEIGNEVR,

C'est vn sujet puissant, & vn objet rauissant, que l'œil & la presence d'vn Prince, qui n'a d'affection que pour la vertu. Si ie prens la

EPISTRE.

hardiesse de m'adresser à vostre grandeur, pour luy faire offre (comme ie fais en toute humilité) de mon petit Voyage des Hurons. La faute, si i'en commets, gaigné & doucement charmé par vostre vertu, en doit estre attribuee à l'esclat brillant de vostre mesme vertu. A quel Autel pouuois-je porter mes vœux plus meritoirement qu'au vostre? En qui pouuois-ie trouuer plus d'appuy contre les enuieux & mal-veillans de mon Histoire, qu'en vn Prince genereux & victorieux comme vous, dont les vertus sont tellement admirees entre les Grands, qu'elles semblent donner loix aux Princes plus accomplis. Sous l'aisle de vostre protection (si vous l'en daignez honorer) MONSEIGNEVR, ce mien petit traité peut sans crainte des enuieux, fauorablement par-courir tout l'Vniuers. Vostre naissance & extraction de

EPISTRE.

la tres-ancienne, auguste & Royale maison de Lorraine, qui a autre-fois passé les mers, subiugué les Infideles, & possedé, comme Roy, vn si grand nombre d'annees, tous les lieux saincts de la Palestine, vous donne du credit, & faict voler vostre nom parmy toutes les Nations de la terre: de sorte que l'on dict d'elle, qu'elle a tousiours esté saincte, & n'a iamais nourry de monstre dans son sein. C'est vne remarque & vn honneur eternel, que ie prie Dieu vous conseruer.

Acceptez donc, (MONSEIGNEVR) les bonnes volontez que i'ay pour vostre Grandeur en ce petit present, en attendant que le Ciel me fasse naistre d'autres moyens plus propres, pour recognoistre les obligations que vous auez acquises sur nostre

EPISTRE.

Religieuse Maison, & sur moy particulierement, qui seray toute ma vie,

MONSEIGNEVR,

Voſtre tres-humble ſeruiteur en IESVS-CHRIST, Fr. Gabriel Sagard, indigne Recollet.

De Paris ce 31.
Iuillet, 1632.

AV LECTEVR.

C'EST vne verité cogneuë de tous, & des Infideles mesmes (disoit vn sage des Garamantes au grand Roy Alexandre) Que la perfection des hommes ne consiste point à voir beaucoup, ny à sçauoir beaucoup; mais en accomplissant le vouloir & bon plaisir de Dieu. Cette pensee a tenu long temps mon esprit en suspens; sçauoir, si ie deuois demeurer dans le silence, ou agreer à tant d'ames religieuses & seculieres, qui me sollicitoient de mettre au iour, & faire voir au public, le narré du voyage que i'ay fait dans le pays des Hurons; pource que de moy-mesme ie ne m'y pouuois resoudre. Mais enfin, apres auoir consideré de plus pres le bien qui en pouoit reüssir à la gloire de Dieu, & au salut du prochain, auec la licence de mes Superieurs i'ay mis la main à la plume, &

AV LECTEVR.

décrit dans cet' Histoire & Voyage des Hurons, tout ce qui se peut dire du pays & de ses habitans. La lecture duquel sera d'autant plus agreable à toutes conditions de personnes, que ce liure est parsemé de diuersité de choses : les vnes belles & remarquables en vn peuple Barbare & Sauuage, & les autres brutales & inhumaines à des creatures qui doiuent auoir de la raison, & recognoistre vn Dieu qui les a mis en ce monde, pour iouyr apres d'vn Paradis. Quelqu'vn me pourra dire que ie deuois me seruir du stile du temps, ou d'vne bonne plume, pour polir & enrichir mes memoires, & leur donner iour au trauers de toutes les difficultez que les esprits enuieux (auiourd'huy trop frequens) me pourroient obiecter: & en effet, i'en ay eu la pensee, non pour m'attribuer le merite & la science d'autruy; mais pour contenter les plus curieux & difficiles dans les entretiens du temps. Au contraire, i'ay esté conseillé de suyure plustost la naïfueté & simplicité de mon stile ordinaire, (lequel agreera tousiours d'auantage aux personnes vertueuses & de merite) que de m'amuser à la recherche d'vn discours poly & fardé, qui auroit voilé ma

AV LECTEVR.

face, & obscurcy la candeur & sincerité de mon Histoire, qui ne doit auoir rien de vain ny de superflu.

Ie m'arreste icy tout court, ie demeure icy en silence, & preste mon oreille patiente aux aduertissemens salutaires de quelques zelans, qui me diront que i'ay employé & ma plume & mon temps, dans vn sujet qui ne rauist pas les ames comme vn autre sainct Paul, iusqu'au troisiesme Ciel. Il est vray, i'aduouë mon manquement & mon démerite; mais ie diray pourtant, & auec verité, que les bonnes ames y trouueront dequoy s'edifier, & loüer Dieu qui nous a fait naistre dans vn pays Chrestien, où son sainct nom est recogneu & adoré, au prix de tant d'Infideles qui viuent & meurent priuez de sa cognoissance & de son Paradis. Les plus curieux aussi, & les moins deuots, qui n'ont autre sentiment que de se diuertir & d'apprendre dans l'Histoire l'humeur, le gouuernement, & les diuerses actions & ceremonies d'vn peuple Barbare, y trouueront aussi dequoy se contenter & satisfaire, & peut-estre leur salut, par la reflexion qu'ils feront sur eux-mesmes.

De mesme, ceux qui poussez d'vn sainct

AV LECTEVR.

siouuement desireront aller dans le pays pour la conuersion des Sauuages, ou pour s'y habituer & viure Chrestiennement, y apprendront aussi quels seront les pays où ils auront à demeurer, & les peuples auec lesquels ils auront à traiter, & ce qui leur fera besoin dans le pays, pour s'en munir auant que de se mettre en chemin. Puis nostre Dictionaire leur apprēdra d'abord toutes les choses principales & necessaires qu'ils auront à dire aux Hurons, & aux autres Prouinces & Nations, chez lesquels cette langue est en vsage, comme aux Petuneux, à la Nation Neutre, à la Prouince de Feu, à celle des Puants, à la Nation de Bois, à celle de la Mine de cuyure, aux Yroquois, à la Prouince des Cheueux-Releuez, & à plusieurs autres. Puis en celle des Sorciers, de ceux de l'Isle, de la petite Nation & des Algoumequins, qui la sçauent en partie, pour la necessité qu'ils en ont, lors qu'ils voyagent, ou qu'ils ont à traiter auec quelques personnes de nos Prouinces Huronnes & Sedentaires.

Ie responds à vostre pensee, que le Christianisme est bien peu aduancé dans le pays, nonobstant nos trauaux, le soin &
la

AV LECTEVR.

la diligence que les Recollets y ont apporté, bien loin des dix millions d'âmes que nos Religieux ont baptizé à succession de temps dans les Indes Orientales & Occidentales, depuis que le bien-heureux Frere Martin de Valence, & ses compagnons Recollets y eurent mis le pied, & fait les premiers la planche à tous nos autres Freres, qui y ont à present vn grand nombre de Prouinces, remplies de Conuents, & en suitte à tous les Religieux des autres Ordres, qui y ont esté depuis.

C'est nostre regret & nostre desplaisir de n'y auoir pas esté secondez, & que les choses n'y ont pas si heureusement aduancé, comme nos esperances nous promettoient, foiblement fondees sur des Colonies de bons & vertueux François qu'on y deuoit establir, sans lesquelles on n'y aduancera iamais gueres la gloire de Dieu, & le Christianisme n'y sera iamais bien fondé. C'est mon sentiment & celuy de tous les gens de bien non seulement; mais de tous ceux qui se gouuernent tant-soit-peu auec la lumiere de la raison.

Excuse, si le peu de temps que i'ay eu de composer & dresser mes Memoires &

AV LECTEVR.

mon Dictionaire (apres la resolution prise de les mettre en lumiere) y a fait escouler quelques legeres fautes ou redites : car y trauaillant auec vn esprit preoccupé de plusieurs autres charges & commissions, il ne me souuenoit pas souuent en vn temps, ce que i'auois composé & escrit en vn autre. Ce sont fautes qui portent le pardon qu'elles esperent de vostre charité, de laquelle i'implore aussi les prieres, à ce que Dieu m'exempte icy du peché, & me donne son Paradis en l'autre.

VOYAGE DV PAYS
des Hurons, situé en l'Amerique, vers la mer douce, és derniers confins de la nouuelle France, dite Canada.

CHAPITRE PREMIER.

ALLEZ par tout le monde, & preschez l'Euangile à toute creature, dit nostre Seigneur. C'est le commandement que Dieu donna à ses Apostres, & en suitte aux personnes Apostoliques, de porter l'Euangile par tout le monde, pour en chasser l'Idolatrie, & polir les mœurs barbares des Gentils, & eriger les trophées des victoires de sa Croix par son Euangile & la predication de son sainct nom. La vanité de sçauoir & apprendre les choses curieuses, & les mœurs & diuerses

Marc.c. 16.
verset. 15.

A

façons de philosopher, ont poussé ce grād Thianeus Appollonius de ne pardonner à aucun trauail, pour se remplir & rendre illustre par la cognoissance des choses les plus belles & magnifiques de l'Vniuers; c'est ce qui le fit courir de l'Egypte toute l'Afrique, passer les colomnes d'Hercules, traiter auec les grands hommes & sages d'Espagne, visiter nos Druides és Gaules, couler dans les délices de l'Italie, pour y voir la politesse, grandeur & gentillesse de l'Empire Romain, de là se couler dans la Grece; puis passer l'Elespont, pour voir les richesses d'Asie; & enfin penetrant les Perses, surmontant le Caucase, passant par les Albaniens, Scythes, Massagettes: bref, apres auoir couru les puissans Royaumes de l'Inde, trauersé le grād fleuue Phison, arriua enfin vers les Brachmanes, pour ouyr ce grād Hyarcas philosopher de la nature & du mouuement des astres: & comme insatiable de sçauoir, apres auoir couru toutes les prouinces où il pensa apprendre quelque chose d'excellent, pour se rendre plus diuin parmy les hommes; de tous ses grands trauaux ne laissa rien de memorable qu'vn chetif liure, contenant les dogmes des Pytagori-

Philostra.l. 8. c. 8.

riens, fagoté, polly, doré, qu'il feignoit auoir appris dans l'Entre-trophonine, qui fut receu auec tant d'applaudiffement des Anciates, que pour eternizer fa memoire ils le confacrerent au plus haut fefte de leur plus magnifique Temple.

Ce grand homme, qui auoit acquis par fes voyages tant de fuffifance & d'experience, que les Princes, & entr'autres l'Empereur Vefpafien, eftimoit fon amitié de telle forte, que, foit que ou par vanité, ou à bon efcient, qu'il defira fe feruir de luy en la conduite de fon grand Empire, il le conuia de s'en venir à Rome auec fes attrayantes paroles, qu'il luy feroit part de tout ce qu'il poffedoit, fans en exclure l'Empire, pour monftrer l'eftime qu'il faifoit de ce grád perfonnage; neantmoins il croyoit n'auoir rien remarqué digne de tant de trauail, puis qu'il n'auoit pû rencontrer vne egalité de iuftice (à fon aduis) en l'economie du monde, puis que par tout il auoit trouué le fol commander au fage, le fuperbe à l'humble, le querelleux au pacifique, l'impie au deuot. Et ce qui luy touchoit le plus le cœur, c'eft qu'il n'auoit point trouué l'immortalité en terre.

Philoftra.l. 5.c.14.

A ij

Pour moy, qui ne fus iamais d'vne si enragee enuie d'apprendre en voyageant, puis que nourry en l'escole du Fils de Dieu, sous la discipline reguliere de l'Ordre Seraphique sainct François, où l'on apprend la science solide des Saincts, & hors celle-là tout ce qu'on peut apprendre n'est qu'vn vain amusement d'vn esprit curieux. I'ay voulu faire part au public de ce que i'auois veu en vn voyage de la nouuelle France, que l'obeyssance de mes Superieurs m'auoit fait entreprédre, pour secourir nos Peres qui y estoient desia, pour tascher à y porter le flambeau de la cognoissance du Fils de Dieu, & en chasser les tenebres de la barbarie & infidelité suyuant le commandement que nostre Dieu nous auoit faict en la personne de ses Apostres, afin que comme nos Peres de nostre Seraphique Ordre de sainct François, auoient les premiers porté l'Euangile dans les Indes Orientales & Occidentales, & arboré l'estendart de nostre redemption és peuples qui n'en auoient iamais ouy parler, ny eu cognoissance, à leur imitation nous y portassions nostre zele & deuotion, afin de faire la mesme conqueste, & eriger les mesmes trophees de nostre salut, où le Diable auoit demeuré paisible iusqu'à present.

Ce ne sera pas à l'imitation d'Appollonius, pour y polir mon esprit, & en deuenir plus sage, que ie visiteray ces larges prouinces, où la barbarie & la brutalité y ont pris tels aduantages, que la suitte de ce discours vous donnera en l'ame quelque compassion de la misere & aueuglement de ces pauures peuples, où ie vous feray voir quelles obligations nous auons à nostre bon IESVS, de nous auoir deliurez de telles tenebres & brutalité, & poly nostre esprit iusqu'à le pouuoir cognoistre & aymer, & esperer l'adoption de ses enfans. Vous verrez comme en vn tableau de relief & en riche taille douce, la misere de la nature humaine, vitiee en son origine, priuee de la culture de la foy, destituee des bonnes mœurs, & en proye à la plus funeste barbarie que l'esloignement de la lumiere celeste peut grotesquement conceuoir. Le recit vous en sera d'autant plus agreable par la diuersité des choses que ie vous raconteray auoir remarquees, pendant enuiron deux ans que i'y ay demeuré, que ie me promets que la compassion que vous prendrez de la misere de ceux

A iij

qui participent auec vous de la nature humaine, tireront de vos cœurs des vœux, des larmes & des souspirs, pour coniurer le Ciel à lancer sur ces cœurs des lumieres celestes, qui seules les peuuent affranchir de la captiuité du Diable, embellir leurs raisons de discours salutaires, & polir leur rude barbarie de la politesse des bonnes mœurs, afin qu'ayans cogneu qu'ils sont hommes, ils puissent deuenir Chrestiens, & participer auec vous de cette foy qui nous honore du riche titre d'enfans de Dieu, coheritiers auec nostre doux IESVS, de l'heritage qu'il nous a acquis au prix de son sang, où se trouuera cette immortalité veritable, que la vanité d'Appollonius apres tant de voyages, n'auoit pû trouuer en terre, où aussi elle n'a garde de se pouuoir trouuer.

*De noſtre commencement, & ſuitte de
noſtre voyage.*

CHAPITRE II.

OSTRE Congregation
s'eſtant tenuë à Paris,
i'eus commandement
d'accompagner le Pere Nicolas, vieil Predicateur, pour aller ſecourir nos Peres, qui auoient la miſſion de la
conuerſion des peuples de la nouuelle
France. Nous partiſmes de Paris auec la
benediction de noſtre R. Pere Prouincial,
le dix huictieſme de Mars mil ſix cens
vingt-quatre, à l'Apoſtolique, à pied, &
auec l'equipage ordinaire des pauures Peres Recollets Mineurs de noſtre glorieux
Pere S. François. Nous arriuaſmes à Dieppe en bonne ſanté, où le nauire fretté &
preſt, n'attendoit que le vent propre pour
faire voile, & commencer noſtre heureux voyage: deſorte qu'à grand peine pûmes-nous prendre quelque repos, qu'il

A iiij

nous fallut embarquer le mesme iour de noſtre arriuee, deſorte que nous partiſmes dés la my-nuict auec vn vent aſſez bon; mais qui par ſa faueur inconſtante nous laiſſa bien-toſt, & fuſmes ſurpris d'vn vent contraire, ioignant la coſte d'Angleterre, qui cauſa vn mal de mer fort faſcheux à mon compagnon, qui l'incommoda fort, & le contraignit de rendre le tribut à la mer, qui eſt l'vnique remede de la gueriſon de ces indiſpoſitions maritimes. Graces à noſtre Seigneur, nous auions deſia ſcillonné enuiron cent lieuës de mer, auãt que ie fuſſe contrainct à ces faſcheuſes maladies; mais i'en reſſentis bien depuis, & peux dire auec verité, que ie ne me fuſſe iamais imaginé que le mal de mer fuſt ſi faſcheux & ennuyeux comme ie l'experimentay, me ſemblant n'auoir iamais tant ſouffert corporellement au reſte de ma vie, comme ie ſouffris pendant trois mois ſix iours de nauigation, qu'il nous fallut (a cauſe des vents contraires) pour trauerſer ce grand & eſpouuentable Occean, & arriuer à Kebec, demeure de nos Peres.

Or pour ce que le Capitaine de noſtre vaiſſeau auoit commiſſion d'aller charger du sel en Broüage, il nous y fallut aller, & passer deuant la Rochelle, à la rade de laquelle nous nous arrestâmes deux iours, pendant que nos gens allerent negocier à la ville pour leurs affaires particulieres. Il y auoit là vn grand nombre de nauires Hollandoises, tant de guerre que marchands, qui alloient charger du sel en Broüage, & à la riuiere de Suedre, proche Mareine : nous en auions desia trouué en chemin enuiron quatre-vingts ou cent en diuerses flottes, & aucun n'auoit couru sus-nous, entant que nostre pauillon nous faisoit cognoistre ; il y eut seulement vn pirate Hollandois qui nous voulut attaquer & rendre combat, ayant desia à ce dessein ouuert ses sabors, & fait boire & armer ses gens; mais pour n'estre assez forts, nous gaignasmes le deuant à petit bruit, ce miserable traisnoit desia quant-&-soy vn autre nauire chargé de sucre & autres marchandises, qu'il auoit volé sur des paures François & Espagnols qui venoient d'Espagne. *Vn piratte Hollandois.*

De la Rochelle on prend d'ordinaire vn pilote de loüage, pour conduire les nauires qui vont à la riuiere de Suedre, à cause de plusieurs lieux dangereux où il *Fusmes eschoüez.*

conuient passer, & est necessaire que ce soit vn pilotte du pays qui conduise en ces endroicts, pource qu'vn autre ne s'y oseroit hazarder, il arriua neantmoins que ce pilotte de la Rochelle pensa nous perdre; car n'ayant voulu ietter l'anchre par vn temps de bruine, comme on luy conseilloit, se fiant à sa sonde, il nous eschoüa sur les quatre heures du soir, ce fut alors pitié, car on pensoit n'en eschapper iamais : & de faict, si Dieu n'eust calmé le temps, & retenu nostre nauire de se coucher du tout, s'estoit faict du nauire, & de tout ce qui estoit dedans; on demeura ainsi iusques enuiron les six ou sept heures du lendemain matin, que la maree nous mit sus pied; en cet endroict nous n'estions pas à plus d'vn bon quart de lieuë de terre, & nous ne pensions pas estre si proches, autrement on y eust conduit la plusparty de l'equipage auec la chalouppe pendant ce danger, pour descharger d'autant le nauire, & se sauuer tous, au cas qu'il se fust encore tant-soit-peu couché; car il l'estoit desia tellement, que l'on ne pouuoit plus marcher debout, ains se traisnant & appuyant des mains. Tous estoient fort affligez, & aucun n'eut le courage de boire ny manger, encore que le souper fust prest & seruy, & les bidons & gamelles des mattelots remplis : pour moy i'estois fort debile, & eusse volōtiers pris quelque chose; mais la crainte de mal edifier m'empescha & me fit ieusner comme les autres, & demeurer en priere toute la nuict auec mon compagnon, attendant la misericorde & assistance du bon Dieu : nos gens parloient desia de ietter en mer le pilotte qui nous auoit eschoüez. Vne partie vouloient gaigner l'esquif pour tascher à se sauuer, & le Capitaine menaçoit d'vn coup de pistolet le premier qui s'y aduanceroit, car sa raison estoit; sauuer tout, ou tout perdre, & nostre Seigneur ayant pitié de ma foiblesse me fit la grace d'estre fort peu esmeu & estonné pour le danger present & eminent, ny pour tous autres que nous eusmes pendant nostre voyage, car il ne me vint iamais en la pensee (me confiant en la diuine bonté, aux merites de la Vierge, & de tous les Saincts) que deussions perir, autrement il y auoit grandement suiet de craindre pour moy, puis que les plus experimentez pilotes & mariniers n'estoient pas sans crainte, ce qui estonnoit tout plein de personnes, vn desquels, comme fasché de me voir sans apprehension, pendant vne furieuse tourmente de huict iours, me dit par reproche, qu'il auoit dans la pensee que ie n'estois pas Chrestien, de n'apprehender pas en des perils si eminens, ie luy dis que nous estions entre les mains de Dieu, & qu'il ne nous aduiendroit que selon sa saincte volonté, & que ie m'estois embarqué en intention d'aller gaigner des ames à nostre Seigneur au pays des Sauuages, & d'y endurer le martyre, si telle estoit sa saincte volonté: que si sa diuine misericorde vouloit que ie perisse en chemin, que ie ne deuois pas moins que d'en estre content, & que d'auoir tant d'apprehension n'estoit pas bon signe; mais que chacun deuoit pluftost tascher de bien mettre son ame auec Dieu, & apres faire ce qu'on pourroit pour se deliurer du danger & naufrage, puis laisser le reste du soin à Dieu, & que bien que ie fusse vn grand pecheur, que ie ne perdrois pas pourtant l'esperance & la confiance que ie deuois auoir à mon Seigneur & à ses Saincts, qui estoient tesmoins de nostre disgrace & danger, duquel ils pouuoient nous deliurer, auec le bon plaisir de sa diuine

du pays des Hurons. 13

Majesté, quand il leur plairoit.

Apres estre deliurés du peril de la mort, & de la perte du nauire, qu'on croyoit ineuitable, nous mismes la voile au vent, & arriuasmes d'assez bonne heure à la riuiere de Suedre, où l'on deuoit charger du sel des marests de Mareine. Nous nous desembarquasmes, & n'estans qu'à deux bonnes lieuës de Broüage, nous y allasmes nous rafraischir; auec nos Freres de la prouince de la Conception, qui y ont vn assez beau Conuent, lesquels nous y receurent & accommoderent auec beaucoup de charité. Nostre nauire estant chargé, & prest à se remettre à la voile, nous retournasmes nous y rembarquer, auec vn nouueau pilote de Mareine, pour nous reconduire iusqu'à la Rochelle, lequel pensa encor' nous eschoüer, ce qu'indubitablement nous aurions esté, s'il eust faict tant-soit-peu obscur, cela luy osta la presomption & vanité insupportable de laquelle enflé, il s'estimoit le plus habile pilote de cette mer, aussi estoit-il de la pretenduë Religion, & des plus opiniastres, ainsi qu'estoit le premier qui nous auoit eschoüez, quoy que plus retenu & modeste.

Vers la Rochelle il y a vne grande quantité de marsoins, mais nos mattelots ne se mirent point en peine d'en herponner aucun, mais ils pescherent quantité de seiches, qui sont grandement bonnes fricassees, & semblent des blancs d'œufs durs fricassez: ils prindrent aussi des grondins auec des lignes & hameçons qu'ils laissoient traisner apres le nauire, ce sont poissons vn peu plus gros que des rougets, & desquels on faisoit du potage qui estoit assez bon, & le poisson aussi, pendant que ie me trouuois mal cela me fortifia vn peu; mais ie me desplaisois grandement que le Chirurgien qui auoit soin des malades estoit Huguenot, & peu affectionné enuers les Religieux, c'est pourquoy i'aymois mieux patir que de le prier, aussi n'estoit-il gueres courtois à persóne. Passant deuant l'Isle de Ré on replit nos bariques d'eau douce pour nostre voyage, on mit les voiles au vent, & le cap à la route de Canada, puis nous cinglasmes par la Manche en haute mer, à la garde du bon Dieu, & à la mercy des vents.

Rencontre d'vn escumeur de mer. A deux ou trois cens lieuës de mer, vn piratte ou forban nous vint recognoistre, & par mocquerie & menace nous dit qu'il

du pays des Hurons. 15

parleroit à nous aprés souper, il ne luy fut rien respondu; mais party d'auprés de nous on tendit le pont de corde, & chacun se tint sur ses armes pour rendre combat, au cas qu'il fust reuenu, comme il auoit dict: mais il ne retourna point à nous, ayant bien opinion qu'il n'y auoit que des coups à gaigner, & non aucune marchandise: toutesfois il fut encore trois ou quatre iours à voltiger & roder à nostre veuë, cherchant à faire quelque prise & piraterie.

Il arriua vn accident dans nostre nauire, le premier iour du mois de May, qui nous affligea fort. C'est la coustume en ce mesme iour, que tous les mattelots s'arment au matin, & en ordre font vne saluë d'escoupeterie au Capitaine du vaisseau: vn bon garçon, peu vsité aux armes, par mesgard & imprudence, donna vne double ou triple charge à vn meschant mousquet qu'il auoit, & pésant le tirer il se creua, & tua le mattelot qui estoit à son costé, & en blessa vn autre legerement à la main. Ie n'ay iamais rien veu de si resolu comme ce pauure homme blessé à la mort: car ayant toutes les parties naturelles couppees & emportees, & quelques peaux des

Accident arriué d'vn mattelot blessé à mort.

cuisses & du ventre qui luy pendoient: apres qu'il fut reuenu de pasmoizon, à laquelle il estoit tombé du coup, luy-mesme appella le Chirurgien, & l'enhardit de coudre sa playe, & d'y apliquer ses remedes, & iusqu'à la mort parla auec vn esprit aussi sain & arresté, & d'vne patience si admirable, que l'on ne l'eust pas iugé malade à sa parole. Le bon Pere Nicolas le confessa, & peu de temps apres il mourut: apres il fut enueloppé dans sa paillasse, & mis le lendemain matin sur le tillac: nous dismes l'Office des morts, & toutes les prieres accoustumees, puis le corps ayant esté mis sur vne planche, fut faict glisser dans la mer, puis vn tisó de feu allumé, & vn coup de canon tiré, qui est la pompe funebre qu'on rend d'ordinaire à ceux qui meurent sur mer.

Corps ietté dans la mer.

Tourmente fort grande.

Depuis, nous fusmes agitez d'vne tourmente si furieuse, par l'espace de sept ou huict iours continuels, qu'il sembloit que la mer se deust ioindre au Ciel, de sorte que l'on auoit de l'apprehension qu'il se vint à rompre quelque membre du nauire, pour les grands coups de mer qu'il souffroit à tout moment, ou que les vagues furieuses, qui donnoient iusques par dessus

la

la Dunette, abyſmaſſent noſtre nauire: car elles auoient deſia rompu & emporté les galleries, auec tout ce qui eſtoit dedans: c'eſt pourquoy on fut contrainct de mettre bas toutes les voiles, & demeurer les bras croiſez, portez à la mercy des flots, & balotez d'vne eſtrange façon pendant ces furies. Que s'il y auoit quelque coffre mal amarré, on l'entendoit rouler, & quelquesfois la marmite eſtoit renuerſee, & en diſnant ou ſoupāt ſi nous ne tenions bien nos plats, ils voloient d'vn bout de la table à l'autre, & les falloit tenir auſſi bien que la taſſe à boire, ſelon le mouuement du nauire, que nous laiſſions aller à la garde du bon Dieu, puis qu'il ne gouuernoit plus.

Pendant ce temps-là, les plus deuots prioyent Dieu; mais pour les mattelots, ie vous aſſeure que c'eſt alors qu'ils ſont moins deuots, & qu'ils taſchent de diſſimuler l'apprehenſion qu'ils ont du naufrage, depeur que venans à en eſchapper ils ne ſoiēt gauſſez les vns des autres, pour la crainte & la peur qu'ils auroient témoigné par leurs deuotions, ce qui eſt vne vraye inuention du diable, pour faire perdre les perſonnes en mauuais eſtat. Il eſt

B

tres-bõ de ne se point troubler, voire tres-necessaire pour chose qui arriue, à cause qu'on en est moins apte de se tirer du danger; mais il ne s'en faut pas monstrer plus insolent, ains se recommander à Dieu, & trauailler à ce à quoy on pense estre expedient & necessaire à son salut & deliurance. Or ces tempestes bien souuent nous estoient presagees par les Marsoins, qui enuironnoient nostre vaisseau par milliers, se iouans d'vne façon fort plaisante, dont les vns ont le museau mousse & gros, & les autres pointu.

Au temps de cette tourmente ie me trouuay vne fois seul auec mon compagnon, dans la chambre du Capitaine, où ie lisois pour mon contentement spirituel, les Meditations de S. Bonauenture, ledict Pere n'ayant pas encore acheué son Office, le disoit à genoüils, proche la fenestre qui regarde sur la gallerie, qu'à mesme temps vn coup de mer rompit vn aiz du siege de la chambre, entre dedans, sousleue vn peu en l'air ledit Pere, & m'enueloppe vne partie du corps, ce qui m'esblouït toute la veuë: neantmoins, sans autrement m'estonner, ie me leue diligemment d'où i'estois assis, à tastons, i'ouure

Vn coup de mer entre dans la chambre.

la porte pour donner cours à l'eau, me ressouuenant auoir ouy dire qu'vn Capitaine auec son fils, se trouuerent vn iour noyez par vn coup de mer qui entra dans leur chambre. Nous eusmes aussi par fois des ressaques iusqu'au grand masts, qui sont des coups tres-dangereux pour enfoncer vn nauire dans l'abysme des eauës. Quand la tempeste nous prit nous estions bien auant au delà des Isles Assores, qui sont au Roy d'Espagne, desquelles nous n'approchasmes pas plus pres que d'vne iournee.

Ordinairement apres vne grande tempeste vient vn grand calme, comme en effet nous en auions quelquesfois de bien importuns, qui nous empeschoient d'aduancer chemin, durant lesquels les Matelots iouoient & dansoient sur le tillac; puis quand on voyoit sortir de dessous l'orizon vn nuage espais, c'estoit lors qu'il falloit quitter ces exercices, & se prendre garde d'vn grain de vent qui estoit enueloppé là dedans, lequel se desserrant, grondant & sifflant, estoit capable de renuerser nostre vaisseau sen dessus-dessous, s'il n'y eust eu des gens prests à executer ce que le maistre du nauire leur com-

B ij

mandoit. Or le calme qui nous arriua apres cette grande tempeste nous seruit fort à propos, pour tirer de la mer vn grãd tonneau de tres-bonne huile d'oliue, que nous apperceusmes assez proche de nous, flotrant sur les eauës, nous en apperceusmes encore vn autre deux ou trois iours apres : mais la mer qui commençoit fort à s'enfler, nous osta le moyen de l'auoir : ces tonneaux, comme il est à coniecturer, pouuoient estre de quelque nauire brizé en mer par ces furieuses tourmentes & tempestes que nous auions souffertes peu de temps auparauant.

Rencontre d'vn nauire Anglois. Quelques iours apres nous rencontrasmes vn petit nauire Anglois, qui disoit venir de la Virginie, & de quelqu'autre contree, car il auoit quantité de palmes, du petun, de la cochenille & des cuirs, il estoit tout desmatté des coups de vent qu'il auoit souffert, & pour pouuoir s'en retourner au pays d'Angleterre & d'Escosse, d'où la plusparr de son equipage estoit : ils auoient accommodé leur masts de mizanne qui seul leur estoit resté, à la place du grand masts qui s'estoit rompu, & les autres aussi. Il pensoit s'esquiuer & fuyr ; mais nous allasmes à luy & l'arrestasmes, luy demandant, selon la coustume de la mer, à celuy qui est, ou pense estre le plus fort: d'où est le nauire, il respondit d'Angleterre, on luy repliqua: amenez, c'est à dire, abbaissez vos voiles, sortez vostre chalouppe, & venez nous faire voir vostre congé, pour en faire l'examen, que si on est trouué sans le congé de qui il appartient, on le faict passer par la loy & commission de celuy qui le prend: mais il est vray qu'en cela, comme en toute autre chose, il se commet souuent de tres-grands abus, pour ce que tel feint estre marchand, & auoir bonne commission, qui luy mesme est pirate & marchand tout ensemble, se seruant des deux qualitez selon les occasions & rencontres, & ainsi nos mattelots desiroient-ils la rencontre de quelque petit nauire Espagnol, où il se trouue ordinairement de riches marchandises, pour en faire curee, & contenter leur conuoitise: c'est pourquoy il ne faut s'approcher d'aucun nauire en mer qu'à bonnes enseignes, depeur qu'vn forban ne soit pris par vn autre pirate. Que si demandant d'où est le nauire on respond, de la mer, c'est à dire, escumeur de mer, c'est qu'il faut venir à bord, & rédre combat, si on n'ayme mieux se rendre à leur mercy & discretion du plus fort.

C'est aussi la coustume en mer, que quand quelque nauire particulier rencontre vn nauire Royal, de se mettre au dessous du vent, & se presenter non point coste-à-coste; mais en biaisant, mesme d'abattre son enseigne (il n'est pas neantmoins de besoin d'en auoir en si grand voyage) sinon quand on approche de terre, ou quand il se faut battre.

Pour reuenir à nos Anglois, ils vindrent enfin à nous, sçauoir leur maistre de nauire, & quelques autres des principaux, non toutefois sans vne grande crainte & contradiction, car ils pensoient qu'on les traitteroit de la mesme sorte qu'ils ont accoustumé de traitter les François quand ils en ont le dessus: c'est pourquoy ce Maistre de nauire offrit en particulier à nostre Capitaine, moy present, tout ce qu'ils auoient de marchandise en leur nauire, moyennant la vie sauue, & qu'ainsi despoüillez de tout, fors d'vn peu de viures, on les laissast aller; mais on ne leur fit aucun tort, & refusa-on leur offre, seulement on accepta vn baril de patates (ce sont certaines racines des Indes, en forme de gros naueaux ; mais d'vn gouſt beaucoup plus excellent) & vn autre de petun, qu'ils offrirent volontairement au Capitaine, & à moy vn cadran ſolaire que ie ne voulois accepter depeur de leur en incommoder: car mon naturel ne ſçauroit affliger l'affligé, bien qu'il ne merite compaſſion.

Le Capitaine de noſtre vaiſſeau, comme ſage, ne voulut rien determiner en ce faict de ſoy-meſme, ſans l'auoir premierement communiqué aux principaux de ſon bord, & nous pria d'en dire noſtre aduis, qui eſtoit celuy que principalement il deſiroit ſuyure, pour ne rien faire contre ſa conſcience, ou qui fuſt digne de reprehenſion. Pendant que nous eſtions en ce conſeil, on auoit enuoyé quantité de nos hommes dans ce nauire Anglois pour y eſtre les plus forts, & en ramener les principaux des leurs dans le noſtre, excepté leur Capitaine lequel eſtoit malade, de laquelle maladie il mourut la nuict meſme. Apres auoir veu tous les papiers de ces pauures gens, & trouué prés d'vn boiſſeau de lettres qui s'adreſſoient à des particuliers d'Angleterre, on conclud qu'ils ne pouuoient eſtre forbans, bien que leur congé ne fuſt que trop vieux obtenu, attendu

B iiij

qu'outre qu'ils estoient peu de monde, & encor' fort foiblement armez, ils auoient quelques charte-parties, puis toutes ces lettres les mettoient hors de soupçon, & ainsi on les renuoya en leur nauire, apres nous auoir accompagnez trois iours, & pleurans d'ayse d'estre deliurez de l'esclauage ou de la mort qu'ils attendoient: ils nous firent mille remerciemens d'auoir parlé pour eux, & se prosternoient iusqu'en terre, contre leur coustume, en nous disans adieu.

Des Balei-nes.
Ie me recreois par fois, selon que ie me trouuois disposé, à voir ietter l'esuent aux baleines, & ioüer les petits balenots, & en ay veu vne infinité, particulierement à Gaspé, où elles nous empeschoient nostre repos par leurs soufflemens & les diuerses courses des Gibars & Baleines. Gibar est vne espece de Baleine, ainsi appellee, à cause d'vne bosse qu'il semble auoir, ayant le dos fort esleué, où il porte vne nageoire. Il n'est pas moins grand que les Baleines, mais non pas si espais ny si gros, & a le museau plus long & plus aigu, & vn tuyau sur le front, par où il iette l'eau de grande violence, quelques-vns à cette cause, l'appellent souffleur. Toutes les fe-

melles Baleines portent & font leurs petits tous vifs, les allaittent, couurent & contre-gardent de leurs nageoires. Les Gibars & autres Baleines dorment tenans leurs testes esleuees vn peu hors, tellemēt que ce tuyau est à descouuert & à fleur d'eau. Les Baleines se voyent & descouurent de loin par leur queuë qu'elles monstrent souuent s'enfonçans dans la mer, & aussi par l'eau qu'elles iettent par les esuans, qui est plus d'vn poinçon à la fois, & de la hauteur de deux lances, & de cette eau que la Baleine iette, on peut iuger ce qu'elle peut rendre d'huile. Il y en a telle d'où l'on en peut tirer iusqu'à plus de quatre cens barriques, d'autres six-vingts poinçons, & d'autres moins, & de la langue on en tire ordinairement cinq & six barriques : & Pline rapporte, qu'il s'est trouué des Baleines de six cens pieds de long, & trois cens soixante de large. Il y en a desquelles on en pourroit tirer dauantage.

A mon retour ie vis tres-peu de Baleines à Gaspé, en comparaison de l'annee precedente, & ne peux en conceuoir la cause ny le pourquoy, sinon que ce soit en partie la grande abondance de sang que rendit la playe d'vne grande Baleine, que par plaisir vn de nos Cōmis luy auoit faite d'vn coup d'arquebuse à croc, chargee d'vne double charge : ce n'est neantmoins ny la façon, ny la maniere de les auoir: car il y faut bien d'autre inuention, & des artifices desquels les Basques se sçauent bien seruir, c'est pourquoy ie n'en fais point de mention, & me contente que d'autres Autheurs en ayent escrit.

La premiere Baleine que nous vismes en pleine mer estoit endormie, & passāt tout aupres on détourna vn peu le nauire, craignant qu'à son resueil elle ne nous causast quelque accident. I'en vis vne entre les autres espouuentablement grosse, & telle que le Capitaine, & ceux qui la virent, dirent asseurement n'en auoir iamais veu de plus grosse. Ce qui fit mieux recognoistre sa grosseur & grandeur est, que se demenant & soustenant contre la mer, elle faisoit voir vne partie de son grand corps. Ie m'estōnay fort d'vn Gibar, lequel auec sa nageoire ou de sa queuë, car ie ne pouuois pas bien discerner ou recognoistre duquel c'estoit, frappoit si furieusement fort sur l'eau, qu'on le pouuoit entendre de fort loin, & me dit on que c'estoit pour

estonner & amasser le poisson, pour a-
pres s'en gorger. Ie vis vn iour vn poisson
de quelque dix ou douze pieds de longueur, & gros à proportion, passer tout
ioignant nostre nauire: on me dit que c'e-
stoit vn Requiem, poisson fort friant de
chair humaine, c'est pourquoy qu'il ne
fait pas bon se baigner où il y en a, pource
qu'il ne manque pas d'engloutir les personnes qu'il peut attraper, ou du moins
quelque membre du corps, qu'il couppe
aysement auec ses deux ou trois rangees
de dents qu'il a en sa gueule, & n'estoit
qu'il luy conuient tourner le ventre en
haut ou de costé pour prendre sa proye,
à cause que comme vn Esturgeon, il a sa
gueule sous vn long museau, il deuoreroit
tout: mais il luy faut du temps à se tourner, & par ainsi il ne faict pas tout le mal
qu'il feroit, s'il auoit sa gueule autrement.

Assez proche du Grand banc, vn de
nos mattelots herponna vne Dorade,
c'est, à mon aduis, le plus beau poisson de
toute la mer; car il semble que la Nature
se soit delectee & ait pris plaisir à l'embellir de ses diuerses & viues couleurs: desorte mesme qu'il esblouït presque la veuë

Poisson appellé Dorade.

des regardans, en se diuersifiant & changeant comme le Cameleon, & selon qu'il approche de sa mort il se diuersifie & se change en ses viues couleurs. Il n'auoit pas plus de trois pieds de longueur, & sa nageoire qu'il auoit dessus le dos luy prenoit depuis la teste iusqu'à la queuë, toute doree & couuerte comme d'vn or tres-fin: comme aussi la queuë, ses aillerons ou nageoires, sinon que par-fois il paroissoit de petites taches de la couleur d'vn tres-fin azur, & d'autres de vermillon, puis comme d'vn argenté; le reste du corps est tout doré, argenté, azuré, vermillonné, & de diuerses autres couleurs, il n'est pas gueres large sur le dos, ains estroict, & le ventre aussi; mais il est haut & bien proportionné à sa grandeur : nous le mangeasmes, & trouuasmes tres-bon, sinon qu'il estoit vn peu sec, quand il fut pris il suyuoit & se iouoit à nostre vaisseau, car le naturel de ce poisson suit volontiers les nauires: mais on en voit peu ailleurs qu'aux Molucques. Nous tirasmes aussi de la mer vn poisson mort, de mesme façon qu'vne grosse perche, qui auoit la moitié du corps entierement rouge ; mais aucun de nos gens ne peut iamais dire ny iuger quel poisson c'estoit, l'ay aussi quelquesfois veu voler hors de l'eau des petits poissons, enuiron de la longueur de quatre ou cinq pieds, fuyans de plus gros poissons qui les poursuyuoient. Nos mattelots herponnerent vn gros Marsoin femelle, qui en auoit vn petit dans le ventre, lequel fut lardé & rosty en guise d'vn leuraut, puis mangé, & la femelle aussi, laquelle nous seruit plusieurs iours : ce qui nous fut vne grande regale pour estre las de Salines, qui est la viande ordinaire de la mer.

Assez prés du Grand-banc il se voit vn grand nombre d'oyseaux de mer de diuerses especes, dont les plus frequents sont des Godets, Happe-foyes & autres, que nous appellons Foucquets, ressemblans aucunement au pigeon, sinon qu'ils sont encor' vne fois plus gros, ont les pattes d'oyes, & se repaissent de poisson. Ces oyseaux seruent de signal aux mariniers de l'approche dudict Grand-Banc, & de certitude de leur droicte route : mais ie m'esmerueille, auec plusieurs autres, où ils peuuent faire leurs nids, & esclore leurs petits, estans si esloignez de terre. Il y en a qui asseurent, apres Pline, que sept iours auant, & sept iours apres le Solstice d'hyuer la mer se tient calme, & que pendant ce temps-là les Alcyons font leurs nids, leurs œufs, & escloient leurs petits, & que la nauigation en est beaucoup plus asseuree : mais d'autres ne l'asseurent neantmoins que de la mer de Sicile, c'est pourquoy ie laisse la chose à decider à de plus sages que moy. Nous prismes à Gaspé vn de ces Fouquets auec vne longue ligne, à l'ain de laquelle y auoit des entrailles de molluës fraisches, qui est l'inuention dont on se sert pour les prendre. Nous en prismes encor' vn autre de cette façon, vn de ces Fouquets grandement affamé, voltigeoit à l'entour de nostre nauire cherchât quelque proye : l'vn de nos mattelots aduisé, luy presente vn harang qu'il tenoit en sa main, & l'oyseau affamé y descend, & le garçon habile le prit par la patte, & fut pour nous. Nous le nourrismes & conseruasmes vn assez long temps dans vn seau couuert, où il ne se démenoit aucunement; mais il sçauoit fort bien pincer du bec quand on s'en vouloit approcher. Plusieurs appellent communement cet oyseau Happe-foyes, à cause de leur auidité à recueillir & se gorger des foyes des molluës que l'on iette en mer apres

du pays des Hurons. 31

qu'on leur a ouuert le ventre, desquels ils sont si frians, qu'ils se hazardent d'approcher du vaisseau & nauire, pour en attrapper à quelque prix que ce soit.

Le Grand banc, duquel nous auons desja parlé, & au trauers duquel il nous conuenoit passer : ce sont hautes montagnes, assises en la profonde racine des abysmes des eaux, lesquelles s'esleuent iusqu'à trente, quarante & soixante brasses de la surface de la mer. On le tient de six-vingts lieuës de long, d'autres disent de deux cens, & soixante de large, passé lequel on ne trouue plus de fond, non plus que par-deçà, iusqu'à ce qu'on aborde la terre. Nous y eusmes le plaisir de la pesche des molluës : car c'est le lieu où plus particulierement on y en pesche grande quantité, & sont des meilleures de Terre-neuue : en passant nous y en peschasmes vn grand nombre, & quelques Flettans fort gros, qui est vn fort bon poisson ; mais il faict grandement la guerre aux molluës, qu'il mange en quantité, bien que sa gueule soit petite, à proportion de son corps, qui est presque faict en la forme d'vn turbot ou barbuë, mais dix fois plus grand : ils sont fort bons à manger grillés &

Du Grandbanc.

boüillis par tranches. Cela est admirable, cōbien les molluës sōt aspres à aualler ce qu'elles rencontrēt & leur viēt au deuant, soit l'amorce, fer, pierre, ou toute autre chose qui tombe dans la mer, que l'on retrouue par-fois dans leur ventre, quand elles ne le peuuent reuomir, c'est la cause pourquoy l'on en prend si grand quantité: car à mesme temps qu'elles apperçoiuent l'amorce, elles l'engloutissent; mais il faut estre soigneux de tirer promptement la ligne, autrement elles renomissent l'ain, & s'eschappent souuent.

Ie ne sçay d'où en peut proceder la cause; mais il fait continuellement vn broüillas humide, froid & pluuieux sur ce Grand-banc, aussi bien en plein Esté comme en Automne, & hors dudict Banc il n'y a rien de tout cela, c'est pourquoy il y feroit grandement ennuyeux & triste, n'estoit le diuertissement & la recreation de la pesche. Vne chose, entr'autres, me donnoit bien de la peine lors que ie me portois mal: vne grande enuie de boire vn peu d'eau douce, & nous n'en auiōs point, par ce que la nostre estoit deuenuë puante, à cause du long-temps que nous estiōs sur mer, & si le cidre ne me sembloit
point

point bon pendant ces indispositions, & encor' moins pouuois-ie vser d'eau de vie, ny sentir le petun ou merluche, & beaucoup d'autres choses, sans me trouuer mal du cœur, qui m'estoit comme empoisonné, & souuent bondissant contre les meilleures viandes & rafraischissemens: estre couché ou appuyé me donnoit quelque allegement, lors principalement que la mer n'estoit point trop haute; mais lors qu'elle estoit fort enflee, i'estois bercé d'vne merueilleuse façon, tantost couché de costé, tantost les pieds esleuez en haut, puis la teste, & tousiours auec incommodité à l'ordinaire; que si on se portoit bien tout cela ne seroit rien neantmoins, & s'y accoustumeroit-on aussi gayement que les mattelots: mais en toutes choses les commencemens sont tousiours difficiles, qui durent quelques-fois fort long-temps sur mer, selon la complexion des personnes, & la force de leurs estomachs.

Quelque temps apres auoir passé le Grand banc, nous passasmes le Banc à vers, ainsi nommé, à cause qu'aux molluës qu'on y pesche, il s'y trouue des petits boyaux comme vers, qui remuent: & si elles ne sont si bonnes ny si blanches à

C

Cap-breton. mon aduis. Nous paſſaſmes apres tout ioignant le Cap Breton (qui eſt eſtimé par la hauteur de 45. degrez 3. quarts de latitude, & 14. degrez 50. minutes de declinaiſon de l'Aimant) entre ledict Cap Breton & l'Iſle ſainct Paul, laquelle Iſle eſt inhabitee, & en partie pleine de rochers, & ſemble n'auoir pas plus d'vne lieuë de longueur ou enuiron ; mais ledit Cap-breton que nous auions à main gauche, eſt vne grande Iſle en forme triangulaire, qui a 80. ou 100. lieuës de circuit, & eſt vne terre eſleuee, & me ſembloit voir l'Angleterre ſelon qu'elle ſe preſenta à mon obiet, pendant les quatre iours que pour cauſe des vents contraires nous conuiaſmes contre la coſte : cette terre du Cap-breton eſt vne terre ſterile, neantmoins agreable en quelques endroicts, bien qu'on y voye peu ſouuent des Sauuages, à ce qu'on nous diſt. A la poincte du Cap, qui regarde & eſt vis-à-vis de l'Iſle ſainct Paul, il y a vn Tertre eſleué en forme quarree, & plate au deſſus, ayant la mer de trois coſtez, & vn foſſé naturel qui le ſepare de la terre ferme : ce lieu ſemble auoir eſté faict par induſtrie humaine, pour y baſtir vne fortereſſe au deſſus qui seroit imprenable, mais l'ingratitude de la terre ne merite pas vne si grande despence, ny qu'on pense à s'habituer en lieu si miserable & sterile.

Estans entrez dans le Golfe, ou Grande-baye S. Laurens, par où on va à Gaspé & Isle percee, &c. nous trouuasmes dés le lendemain l'Isle aux oyseaux, tant renommee pour le nombre infiny d'oyseaux qui l'habitent : elle est esloignee enuiron quinze ou seize lieuës de la Grand'terre, desorte que de là on ne la peut aucunement descouurir. Cette Isle est estimee en l'esleuation du Pole de 49. degrez 40. minutes. Ce rocher ou Isle, à mon aduis, plat vn peu en talus, & a enuiron vne petite lieuë de circuit, & est presque en oualle, & d'assez difficile accez : nous auions proposé d'y monter s'il eust faict calme, mais la mer vn peu trop agitee nous en empescha. Quand il y faict vent, les oyseaux s'esleuent facilement de terre, autrement il y en a de certaines especes qui ne peuuent presque voler, & qu'on peut aysement assommer à coups de bastons, comme auoient faict les Mattelots d'vn autre nauire, qui auant nous en auoient emply leur chalouppe, & plusieurs ton-

Isle aux oyseaux.

C ij

neaux des œufs qu'ils trouuerent aux nids; mais ils y penserent tomber de foiblesse, pour la puanteur extreme des ordures desdicts oyseaux. Ces oyseaux pour la pluspart, ne viuent que de poisson, & bien qu'ils soient de diuerses especes, les vns plus gros, les autres plus petits, ils ne font point pour l'ordinaire plusieurs trouppes; ains comme vne nuee espaisse volent ensemblement au dessus de l'Isle, & aux enuirons, & ne s'escartent que pour s'égayer, esleuer & se plōger dans la mer: il y auoit plaisir à les voir librement approcher & roder à l'entour de nostre vaisseau, & puis se plōger pour vn long temps dans l'eau, cherchans leur proye. Leurs nids sont tellement arrangez dans l'Isle selon leurs especes, qu'il n'y a aucune confusion; mais vn bel ordre. Les grands oyseaux sont arrangez plus proches de leurs semblables, & les moins gros ou d'autres especes, auec ceux qui leur conuiennent, & de tous en si grande quantité, qu'à peine le pourroit-on iamais persuader à qui ne l'auroit veu. I'en mangeay d'vn, que les Mattelots appellēt Guillaume, & ceux du pays *Apponath*, de plumage blanc & noir, & gros comme vne poule, auec vne

courte queuë, & de petites aisles, qui ne
cedoit en bonté à aucun gibier que nous
ayons. Il y en a d'vne autre espece, plus
petits que les autres, & sont appellez Godets. Il y en a aussi d'vne autre sorte, mais
plus grands, & blancs, separez des autres
en vn canton de l'Isle, & sont tres difficiles à prendre, pour ce qu'ils mordent
comme chiens, & les appelloient Margaux.

Proche de la mesme Isle il y en a vne autre plus petite, & presque de la mesme forme, sur laquelle quelques-vns de nos Matelots estoiét montez en vn autre voyage *Elephant*
precedent, lesquels me dirent & asseure- *de mer.*
rent y auoir trouué sur le bord de la mer,
des poissons gros cōme vn bœuf, & qu'ils
en tuerent vn, en luy donnant plusieurs
coups de leurs armes par dessous le ventre, ayans aupatauant frappé en vain vne
infinité de coups, & endommagé leurs armes sur les autres parties de son corps, sans
le pouuoir blesser, pour la grand' dureté
de sa peau, bien que d'ailleurs il soit quasi
sans deffence & fort massif.

Ce poisson est appellé par les Espagnols
Maniti, & par d'autres *Hippotame*, c'est à
dire, cheual de riuiere, & pour moy ie le

C iij

prends pour l'Elephant de mer : car outre qu'il ressemble à vne grosse peau enflee, il a encor deux pieds qui sont ronds, auec quatre ongles faictes comme ceux d'vn Elephant, à ses pieds il a aussi des aillerons ou nageoires, auec lesquelles il nage, & les nageoires qu'il a sur les espaules s'estendent par le milieu iusques à la queuë.

Il est de poil tel que le loup marin, sçauoir gris, brun, & vn peu rougeastre. Il a la teste petite comme celle d'vn bœuf, mais plus descharnee, & le poil plus gros & rude, ayant deux rangs de dents de chacun costé, entre lesquelles y en a deux en chacune part, pendant de la machoire superieure en bas, de la forme de ceux d'vn ieune Elephant, desquelles cet animal s'ayde pour grimper sur les rochers (à cause de ces dents, nos Mariniers l'appellent la beste à la grand dent.) Il a les yeux petits, & les aureilles courtes, il est long de vingt pieds, & gros de dix, & est si lourd qu'il n'est possible de plus. La femelle rend ses petits comme la vache, sur la terre, aussi a-elle deux mammelles pour les allaicter : en le mangeant il semble plustost chair que poisson, quand il est fraiz vous diriez

du pays des Hurons. 39

que ce seroit veau : & d'autant qu'il est des poissons cetases, & portans beaucoup de lard, nos Basques & autres Mariniers en tirent des huiles fort-bonnes, comme de la Baleine, & ne rancit point, ny ne sent iamais le vieil. Il a certaines pierres en la teste, desquelles on se sert contre les douleurs de la pierre, & contre le mal de costé. On le tuë quand il paist de l'herbe à la riue des riuieres ou de la mer, on le prend aussi auec les rets quand il est petit; mais pour la difficulté qu'il y a à l'auoir, & le peu de profit que cela apporte, outre les hazards & dágers où il se faut mettre, cela faict qu'on ne se met pas beaucoup en peine d'en chercher & chasser. Nostre Pere Ioseph me dit auoir veu les dents de celuy qui fut pris, & qu'elles estoient fort grosses, & longues à proportion.

Le lendemain nous eusmes la veuë de la montagne, que les Matelots ont surnommee Table de Roland, à cause de sa hauteur, & les diuerses entre coupures qui sont au coupeau, puis peu à peu nous approchasmes des terres iusques à Gaspé, qui est estimé sous la hauteur de 40. degrés deux tiers de latitude, où nous posasmes l'anchre pour quelques iours. Cela nous

Baye de Gaspé.

C iiij

fut vne grande confolation : car outre le defir & la neceffité que nous auions de nous approcher du feu, à caufe des humiditez de la mer, l'air de la terre nous fembloit grandement foüef: toute cette Baye eftoit tellement pleine de Baleines, qu'à la fin elles nous eftoient fort importunes, & empefchoiét noftre repos par leur continuel tracas, & le bruit de leurs efuents. Nos Mattelots y pefcherent grande quantité de Houmars, Truittes & autres diuerfes efpeces de poiffons, entre lefquels y en auoit de fort laids, & qui reffembloient aux crapaux.

Toute cette contree de terre eft fort montagneufe & haute prefque par tout, ingrate & fterile, n'y ayant rien que des Sapiniers, Bouleaux, & peu d'autres bois. Deuant la rade, en vn lieu vn peu efleué, on a faict vn petit jardin, que les Matelots cultiuent quand ils font arriuez là, ils y fement de l'ozeille & autres petites herbes, lefquelles feruent à faire du potage: ce qu'il y a de plus commode & confolatif, apres la pefche & la chaffe qui y eft mediocrement bonne, eft vn beau ruiffeau d'eau douce, tres-bonne à boire, qui defcend au port dans la mer, de deffus les hautes montagnes qui sont à l'opposite, sur le coupeau desquelles me promenant par-fois, pour contempler l'emboucheure du grand fleuue sainct Laurens, par lequel nous deuions passer pour aller à Tadoussac: apres auoir doublé cette langue de terre & Cap de Gaspé, i'y vis quelques leuraux & perdrix, comme celles que i'ay veuës du depuis dans le pays de nos Hurons : & comme ie desirois m'employer tousiours à quelque chose de pieux, & qui me fournit d'vn renouuellement de feruer à la poursuitte de mon dessein, ie grauois auec la poincte d'vn cousteau dans l'escorce des plus grands arbres, des Croix & des noms de IESVS, pour signifier à Sathan & à ses supposts, que nous prenions possession de cette terre pour le Royaume de Iesus-Christ, & que doresnauant il n'y auroit plus de pouuoir, & que le seul & vray Dieu y seroit recogneu & adoré.

Ayant laissé nostre grand vaisseau au port, & donné ordre pour la pesche de la Molluë, nous nous embarquasmes dans vne pinace nommée la Magdeleine, pour aller à Tadoussac, la voile au vent, & le cap estant doublé seulement au troisiesme iour, à cause des vents & marées contraires, nous passasmes tousiours costoyans à main gauche, la terre qui est fort haute, & en suitte les Monts nostre Dame, pour lors encore en partie couuerts de neige, bien qu'il n'y en eust plus par tout ailleurs. Or les Matelots, qui ordinairement ne demandent qu'à rire & se recreer, pour addoucir & mettre dans l'oubly les maux passez, font icy des ceremonies ridicules à l'endroict des nouueaux venus, (qui n'ont encore pû estre empeschées par les Religieux) vn d'entr'eux contre-faict le Prestre, qui feint de les confesser, en marmotant quelques mots entre ses dents, puis auec vne gamelle ou grand plat de bois, luy verse quantité d'eau sur la teste, auec des ceremonies dignes des Matelots ; mais pour en estre bien-tost quittes, & n'encourir vne plus grande rigueur, il se faut racheter de quelque bouteille de vin, ou d'eau de vie, ou bien il se faut attendre d'estre bien moüillé. Que si on pense faire le mauuais ou le retif, l'on a la teste plongée iusques par sous les espaules, dans vn grand bacquet d'eau qui est là disposé tout exprez, comme ie vis faire à vn grand garçon qui pensoit resister en la

Ceremonie des Matelots aux Monts nostre-Dame.

du pays des Hurons. 43

presence du Capitaine, & de tous ceux qui assistoiët à cette ceremonie; mais comme le tout se faict selon leur coustume ancienne, par recreation: aussi ne veulent-ils point que l'on se desdaigne de passer par la loy, ains gayement & de bonne volonté s'y sousmettre, i'entends les personnes seculieres, & de mediocre condition, ausquels seuls on fait obseruer cette loy.

L'Isle d'Anticosty, où l'on tient qu'il y a des Ours blancs monstrueusement grãds, & qui deuorent les hommes comme en Noruegue, longue d'enuiron 30. ou 40. lieuës, nous estoit à main droicte, & en suitte des terres plattes couuertes de Sapiniers, & autres petits bois, iusqu'à la rade de Tadoussac. Cette Isle, auec le Cap de Gaspé, opposite, font l'emboucheure de cet admirable fleuue, que nous appellons de sainct Laurens, admirable, en ce qu'il est vn des plus beaux fleuues du monde, comme m'ont aduoüé dans le pays des personnes mesmes qui auoient faict le voyage des Molucques & Antipodes. Il a son entree selon qu'on peut presumer & iuger, pres de 20. ou 25. lieuës de large, plus de 200. brasses de profondeur, & plus de 800. lieuës de cognoissance; & au bout de

400. lieuës elle est encore auſſi large que les plus grands fleuues que nous ayons remarquez, remplie (par endroicts) d'Isles & de rochers innumerables; & pour moy ie peux aſſeurer que l'endroict le plus eſtroict que i'ay veu, paſſe la largeur de 3. & 4. fois la riuiere de Seine, & ne penſe point me tromper, & ce qui eſt plus admirable, quelques-vns tiennent que cette riuiere prend ſon origine de l'vn des lacs qui ſe rencontrent au fil de ſon cours, ſi bien (la choſe eſtant ainſi) qu'il faut qu'il ait deux cours; l'vn en Oriét vers la France, l'autre en Occident, vers la mer du Su, & me ſemble que le lac des *Shequaneronons* a de meſme deux deſcharges oppoſites, produiſant vne grande riuiere, qui ſe va rendre dans le grand lac des Hurons, & vne autre petite tout à l'oppoſite, qui deſcend & prend ſon cours du coſté de Kebec, & ſe perd dans vn lac qu'elle rencontre à 7. ou 8. lieuës de ſa ſource: ce fut le chemin par où mes Sauuages me ramenerent des Hurons, pour retrouuer noſtre grand fleuue ſainct Laurens, qui conduit à Kebec.

Continuant noſtre route, & voguant ſur noſtre beau fleuue, à quelques iours de là nous arriuasmes à la rade de Tadouſſac, qui eſt à vne lieuë du port, & cent lieuës de l'emboucheure de la riuiere, qui n'a en cet endroict plus que ſept ou huict lieuës de large : le lendemain nous doublaſmes la poincte aux Vaches, & entraſmes au port, qui eſt iuſques où peuuent aller les grands vaiſſeaux : c'eſt pourquoy on tient là des barques & chalouppes exprez, pour deſcharger les nauires, & porter ce qui eſt neceſſaire à Kebec, y ayant encor enuiron 50. lieuës de chemin par la riuiere : car de penſer y aller par terre, c'eſt ce qui ne ſe peut eſperer, ou du moins ſemble il impoſſible pour les hautes montagnes, rochers & precipices où il ſe conuiendroit expoſer & paſſer : ce lieu de Tadouſſac eſt comme vn'ance à l'entrée de la riuiere de Saguenay, où il y a vne maree fort eſtrange pour ſa viſteſſe, où quelques fois il vient des vents impetueux, qui ameinent de grandes froidures : c'eſt pourquoy il y fait plus froid qu'en pluſieurs autres lieux plus eſloignez du Soleil de quelque degré.

Ce port eſt petit, & n'y pourroit qu'enuiron 20. ou 25. vaiſſeaux au plus. Il y a de l'eau aſſez, & eſt à l'abry de la riuiere du

Saguenay, & d'vne petite Isle de rochers, qui est presque couppee de la mer, le reste sont montagnes hautes esleuees, où il y a peu de terre, mais force rochers & sables remplis de bois, comme Sapins & Bouleaux, puis vne petite prairie & forest auprés, tout ioignãt la petite Isle de rochers; à main droicte tirant à Kebec, est la belle riuiere du Saguenay, bordee des deux costez de hautes & steriles montagnes, elle est d'vne profondeur incroyable, comme de 150. ou 200. brasses, elle contient de large demie-lieuë en des endroicts, & vn quart en son entree, où il y a vn courant si grand, qu'il est trois quarts de maree couru dedans la riuiere qu'elle porte encore dehors, c'est pourquoy on apprehende grandement, ou que son courant ne reiette & empesche d'entrer au port, ou que la forte maree n'entraisne dans la riuiere, comme il est vne fois arriué à Monsieur du Pont-graué, lequel s'y pensa perdre, à ce qu'il nous dit, pour ce qu'il n'y peut prendre fonds, ny ne sçauoit comment en sortir, ses anchres ne luy seruans de rien, ny toutes les industries humaines, sans l'assistance particuliere de Dieu, qui seul le sauua, &

empescha de briser son infortuné nauire.

A la rade de Tadoussac, au lieu appellé la Poincte-aux Vaches, estoit dressé au haut du mont, vn village de Canadiens, fortifié à la façon simple & ordinaire des Hurons, pour crainte de leurs ennemis. Le nauire y ayāt ietté l'anchre attendāt le vēt & la maree propre pour entrer au port ie descendis à terre, fus visiter le village, & entray dans les cabannes des Sauuages, lesquels ie trouuay assez courtois, m'asseant par-fois auprés d'eux, ie prenois plaisir à leurs petites façons de faire, & à voir trauailler les femmes, les vnes à matachier & peinturer leurs robes, & les autres à coudre leurs escuelles d'escorces, & faire plusieurs autres petites ioliuetez auec des poinctes de porcs espics, teintes en rouge cramoisi. A la verité ie trouuay leur manger maussade & fort à contre-cœur, comme n'estant accoustumé à ces mets sauuages, quoy que leur courtoisie & ciuilité non sauuage m'en offrit, comme aussi d'vn peu d'eau de riuiere à boire, qui estoit là dans vn chaudron fort-mal net, dequoy ie les remerciay humblemēt. Apres, ie m'en allay au port par le chemin

Village de Canadiens.

de la forest, auec quelques François que i'auois de compagnie: mais à peine y fusmes-nous arriuez, & entrez dans nostre barque, qu'il pensa nous y arriuer quelque disgrace. Ce fut que le principal Capitaine des Sauuages, que nous nommons la Foriere, estant venu nous voir dans nostre barque, & n'estant pas content du petit present de figues que nostre Capitaine luy auoit faict au sortir du vaisseau, il les ietta dans la riuiere par despit, & aduisa ses Sauuages d'entrer tous fil-à-fil dans nostre barque, & d'y prendre & emporter toutes les marchandises qui leur faisoient besoin, & d'en donner si peu de pelleteries qu'ils voudroient, puis qu'on ne l'auoit pas contenté. Ils y entrerent donc tous auec tant d'insolence & de brauade, qu'ayans eux-mesmes ouuert les coutils, & tiré hors de dessous les tillacs ce qu'ils voulurent, ils n'en donnerent pour lors de pelleterie qu'à leur volonté, sans que personne les en peust empescher où resister. Le mal pour nous fut, d'y en auoir laissé entrer trop à la fois, veu le peu de gens que nous estions, car nous n'y estions lors que six ou sept, le reste de l'equipage ayant esté enuoyé ailleurs: c'est ce qui fit
filer

filer doux à nos gens, & les laisser ainsi faire, depeur d'estre assommez ou iettez dans la riuiere, comme ils en cherchoient l'occasion, ou quelque couuerture honneste pour le pouuoir librement faire, sans en estre blasmez.

Le soir tout nostre equipage estant de retour, les Sauuages ayans crainte, ou marris du tort qu'ils auoiét faict aux François, tindrent conseil entr'eux, & auiserent en quoy & de combien ils les pouuoient auoir trompez, & s'estans cottisez apporterent autant de pelletieres, & plus que ne valloir le tort qu'ils auoient faict, ce que l'on receut, auec promesse d'oublier tout le passé, & de continuer tousjours dans l'amitié ancienne, & pour asseurance & confirmation de paix, on tira deux coups de canon, & les fit on boire vn peu de vin, ce qui les contenta fort, & nous encor' plus: car à dire vray, on craint plus de mescontenter les Sauuages, qu'ils n'ont d'offencer les Marchands.

Ce Capitaine Sauuage m'importuna fort de luy donner nostre Croix & nostre Chappelet, qu'il appelloit IESVS (du nom mesme qu'ils appellent le Soleil) pour pendre à son col; mais ie ne pûs luy accor-

D

der, pour estre en lieu où ie n'en pouuois recouurer vn autre. Pendant ce peu de iours que nous fusmes là, on pescha grande quantité de Harangs & des petits Oursins, que nous amassions sur le bord de l'eau, & les mangions en guise d'Huitres. Quelques-vns croyent en France que le Harang fraiz meurt à mesme temps qu'il sort de son element, i'en ay veu neantmoins sauter vifs sur le tillac vn bien peu de temps, puis mouroient; les Loups marins se gorgeoient aussi par-fois en nos filets des Harangs que nous y prenions, sans les en pouuoir empescher, & estoiët si fins & si rusez, qu'ils sortoient par-fois leurs testes hors de l'eau, pour se donner garde d'estre surpris, & voir de quel costé estoient les pescheurs, puis rentroient dans l'eau, & pendant la nuict nous oyons souuent leurs voix, qui ressembloient presqu'à celles des Chats huans (chose contraire à l'opinion de ceux qui ont dict & escrit que les poissons n'auoient point de voix.)

Isle aux Alloüettes. Proche de là, sur le chemin de Kebec, est l'Isle aux Alloüetes, ainsi nommee, pour le nombre infiny qui s'y en trouue par-fois. I'en ay eu quelques-vnes en vie, elles ont leur petit capuce en teste comme les nostres, mais elles sont vn peu plus petites, & de plumage vn peu plus gris & moins obscur, mais le goust de la chair en est de mesme. Cette Isle n'est presque couuerte, pour la pluspart, que de sable, qui faict que l'on en tuë vn grand nombre d'vn seul coup d'arquebuse: car donnant à fleur de terre, le sable en tuë plus que ne faict la poudre de plomb, tesmoin celuy qui en tua trois cens & plus d'vn seul coup.

Sur ce mesme chemin de Kebec, nous trouuasmes aussi en diuers endroicts plusieurs grandes troupes de Marsoins, entierement & parfaictement blancs comme neige par tout le corps, lesquels proche les vns des autres, se ioüoyent, & se sousleuans monstroient ensemblement vne partie de leurs grands corps hors de l'eau, qui est, à peu prés, gros comme celuy d'vne vache, & long à proportion, & à cause de cette pesanteur, & que ce poisson ne peut seruir que pour en tirer de l'huile: l'on ne s'amuse pas à cette pesche, par tout ailleurs nous n'en n'auons point veu de blancs ny de si gros: car ceux de la mer sont noirs, bons à manger, & beau-

Marsoins blancs.

D ij

coup plus petits. Il y a auſſi en chemin des Echos admirables, qui repetēt & ſonnent tellement les paroles & ſi diſtinctement, qu'ils n'en obmettent vne ſeule ſyllabe, & diriez proprement que ce ſoient perſonnes qui contrefont ou repetent ce que vous dites & chantez.

Nous paſſaſmes apres, ioignans l'Iſle aux Coudres, laquelle peut cōtenir enuiron vne lieuë & demie de lōg, elle eſt quelque peu vnie, venant en diminuant par les deux bouts, aſſez agreable, à cauſe des bois qui l'enuironnent, diſtante de la terre du Nord d'enuiron demye lieuë. De l'Iſle aux Coudres, coſtoyans la terre, nous fuſmes au Cap de Tourmente, diſtant de Kebec ſept ou huict lieuës : Il eſt ainſi nommé, d'autant que pour peu qu'il faſſe de vent la mer s'y esleue comme ſi elle eſtoit pleine, en ce lieu l'eau commence à eſtre douce, & les Hyuernaux de Kebec y vont prendre & amaſſer le foin en ces grandes prairies (en la ſaiſon) pour le beſtail de l'habitation. De là nous fuſmes à l'Iſle d'Orleans, où il y a deux lieuës, en laquelle du coſté du Su, y a nombre d'Isles qui ſont baſſes, couuertes d'arbres, & fort agreables, remplies

Cap de Tourmente.

du pays des Hurons. 53

de grandes prairies & force gibier, contenans les vnes enuiron deux lieuës, & les autres vn peu plus ou moins. Autour d'icelles y a force rochers & basses, fort dangereuses à passer, qui sont esloignees enuiron de deux lieuës de la grand' terre du Su. Ce lieu est le commencement du beau & bon pays de la grande riuiere. Au bout de l'Isle il y a vn saut ou torrent d'eau, appellé de Montmorency, du costé du Nord, qui tombe dans la grand' riuiere, auec grand bruit & impetuosité. Il vient d'vn lac qui est quelques dix ou douze lieuës dans les terres, & descend de dessus vne coste qui a prés de 25. toises de haut, au dessus de laquelle la terre est vnie & plaisante à voir, bien que dans le pays on voye des hautes montagnes qui paroissent, mais esloignees de plusieurs lieuës.

Saut de Montmorency.

De Kebec, demeure des François, & des Peres Recollets.

CHAPITRE III.

DE l'Isle d'Orleans nous voyons à plein Kebec deuant nous, basty sur le bord d'vn destroit, de la grande riuiere sainct Laurens, qui n'a en cet endroict qu'enuiron vn bon quart de lieuë de largeur, au pied d'vne montagne, au sommet de laquelle est le petit fort de bois, basty pour la deffence du pays, pour Kebec, ou maison des Marchands : il est à present vn assez beau logis, enuironné d'vne muraille en quarré, auec deux petites tourelles aux coins que l'on y a faictes depuis peu pour la seureté du lieu. Il y a vn autre logis au dessus de la terre haute, en lieu fort commode, où l'on nourrit quantité de bestail qu'on y a mené de France, on y seme aussi tous les ans force bled d'Inde & des bois, que l'on traicte par apres aux Sauuages pour des pelleteries : Ie vis en ce desert vn ieune pommier, qui y auoit esté apporté de Normandie, chargé de fort-belles pommes, & des ieunes plantes de vignes qui y estoient bien belles, & tout plein d'autres petites choses qui tesmoignoient la bonté de la terre. Nostre petit Conuent est à demye lieuë de là, en vn tres bel endroict, & autant agreable qu'il s'en puisse trouur, proche vne petite riuiere, que nous appellons de sainct Charles, qui a flux & reflux, là où les Sauuages peschent vne infinité d'anguilles en Automne, & les François tuent le gibier qui y vient à foison : les petites prairies qui la bordent sont esmaillees en Esté de plusieurs petites fleurs, particulierement de celles que nous appellons Cardinales & des Martagons, qui portent quantité de fleurs en vne tige, qui a prés de six, sept & huict pieds de haut, & les Sauuages en mangent l'oignon cuit sous la cendre qui est assez bon. Nous en auions apporté en France, auec des plantes de Cardinales, comme fleurs rares, mais elles n'y point profité, ny paruenuës à la perfection, comme elles font dans leur propre climat & terre natale.

Nostre jardin & verger est aussi tres-

Nostre Conuent.

beau, & d'vn bond fond de terre: car toutes nos herbes & racines y viennent tresbien, & mieux qu'en beaucoup de jardins que nous auons en France, & n'estoit le nombre infiny de Mousquites & Cousins qui s'y retrouuent, comme en tout autre endroict de Canada pendant l'Esté, ie ne sçay si on pourroit rencontrer vne plus agreable demeure: car outre la beauté & bonté de la contree auec le bon air, nostre logis est fort commode pour ce qu'il contient, ressemblant neantmoins plustost à vne petite maison de Noblesse des chãps, que non pas à vn Monastere de Freres Mineurs, ayans esté contraincts de le bastir ainsi, tant à cause de nostre pauureté, que pour se fortifier en tout cas contre les Sauuages, s'ils vouloient nous en dechasser. Le corps de logis est au milieu de la court, comme vn donjon, puis les courtines & rempars faits de bois, auec quatre petits bastions faits de mesme aux quatre coins, esleuez enuiron de douze à quinze pieds du raiz de terre, sur lequel on a dressé & accommodé des petits jardins, puis la grand' porte auec vne tour quarree au dessus faicte de pierre, laquelle nous sert de Chapelle, & vn beau fossé

du pays des Hurons. 57

naturel, qui circuit apres tout l'alentour de la maison & du jardin qui est ioignant, auec le reste de l'enclos, qui contient quelques six ou sept arpens de terre, ou plus, à mon aduis. Les Framboisiers qui sont là és enuirons, y attirent tant de Tourterelles (en la saison) que c'est vn plaisir d'y en voir des arbres tous couuers, aussi les François de l'habitation y vont souuent tirer, comme au meilleur endroict & moins penible. Que si nos Religieux veulent aller à Kebec, ou ceux de Kebec venir chez-nous, il y a à choisir de chemin, par terre ou par eau, selon le temps & la saison, qui n'est pas vne petite commodité, de laquelle les Sauuages se seruent aussi pour nous venir voir, & s'instruire auec nous du chemin du Ciel, & de la cognoissance d'vn Dieu faict homme, qu'ils ont ignoré iusques à present. On tient que ce lieu de Kebec est par les 46. degrez & demy plus sud que Paris, de prés de deux degrez, & neantmoins l'Hyuer y est plus long, & le pays plus froid, tant à cause d'vn vent de Nor-ouest qui y ameine ces furieuses froidures quand il donne, que pour n'estre pas le pays encore guères habité & deserté, & ce par la negligence & peu d'affection des Marchans qui se sont contentez iusques à present d'en tirer les pelleteries & le profit, sans y auoir voulu employer aucune despense, pour la culture, peuplade ou aduance du pays, c'est pourquoy ils n'y sont gueres plus aduâcez que le premier iour, pour crainte, disent-ils, que les Espagnols ne les en missent dehors, s'ils y auoient faict valoir la contree. Mais c'est vne excuse bien foible, & qui n'est nullement receuable entre gens d'esprit & d'experience, qui sçauent tres-bien qu'on s'y peut tellement accommoder & fortifier, si on y vouloit faire la despense necessaire, qu'on n'en pourroit estre chassé par aucun ennemy; mais si on n'y veut rien faire dauantage que du passé, la France Antartique aura tousiours vn nom en l'air, & nous vne possession imaginaire en la main d'autruy, & si la conuersion des Sauuages sera tousiours imparfaicte, qui ne se peut faire que par l'assistance de quelques colonnes de bons & vertueux Chrestiens, auec la doctrine & l'exemple des bons Religieux.

Apres nous estre rafraischis deux ou trois iours auec nos Freres dans nostre pe-

du pays des Hurons. 59

tit Conuent, nous montasmes auec les barques par la mesme riuiere sainct Laurens, iusques au Cap de Victoire, que les Hurons appellent *Onthrandéen*, pour y faire la traicte : car là s'estoient cabanez grand nombre de Sauuages de diuerses Nations ; mais auant que d'y arriuer nous passasmes par le lieu appellé de saincte Croix, puis par les trois riuieres, qui est vn pays tres-beau, & remply de quantité de beaux arbres, & toute la route vnie & fort plaisante, iusques à l'entree du Saut sainct Loüis, où il y a de Kebec plus de 60. ou 70. lieuës de chemin. Des trois riuieres nous passasmes par le lac sainct Pierre, qui contient quelques huict lieuës de longueur, & quatre de large, duquel l'eau y est presque dormante, & fort poissonneux ; puis nous arriuasmes au Cap de Victoire le iour de la saincte Magdeleine.

Du Cap de Victoire aux Hurons, & comme les Sauuages se gouuernent allans en voyage & par pays.

Chapitre IIII.

Cap de Victoire.

E lieu du Cap de la Victoire ou de Massacre, est à douze ou quinze lieuës au deçà de la Riuieré des Prairies, ainsi nommee, pour la quantité d'Isles plattes & prairies agreables que cette riuiere, & vn beau & grand lac y contient, la riuiere des Yroquois y aboutit à main gauche, comme celle des Ignierhonons, qui est encore vne Nation d'Yroquois, aboutit à celle du Cap de Victoire: toutes ces contrees sont tres-agreables, & propres à y bastir des villes, les terres y sont plattes & vnies, mais vn peu sablonneuses, les riuieres y sont poissonneuses, & la chasse & l'air fort bon, ioint que pour la grandeur & profondeur de la riuiere, les barques y peuuent aller à la voile quand les

vents sont bons, & à faute de bon vent on se peut seruir d'auirons.

Pour reuenir donc au Cap de Victoire, la riuiere en cet endroict, n'a enuiron que demye lieuë de large, & dés l'entree se voyent tout d'vn rang 6. ou 7. Isles fort agreables, & couuertes de beaux bois, les Hurons y ayans faict leur traitte, & agreé pour quelques petits presens de nous conduire en leur pays le Pere Ioseph, le Pere Nicolas & moy: nous partismes en mesme temps auec eux, apres auoir premierement inuoqué l'assistance de nostre Seigneur, à ce qu'il nous conduist & donnast vn bon & heureux succez à nostre voyage, le tout à sa gloire, à nostre salut, & au bien & conuersion de ces pauures peuples.

Mais pour ce que les Hurons ne s'asso- *Prenons*
cient que cinq à cinq, ou six à six pour cha- *party auec*
cun cauot, ces petits vaisseaux n'en pou- *les Hurós.*
uans pour le plus, contenir qu'vn d'auantage auec leurs marchandises: il nous fallut necessairement separer, & nous accommoder à part, chacun auec vne de ses societez ou petit cauot, qui nous conduirent iusques dans leur pays, sans nous plus reuoir en chemin que les deux premiers

iours que nous logeasmes auec le Pere Ioseph, & puis plus, iusques à plusieurs sepmaines apres nostre arriuee au pays des Hurons ; mais pour le Pere Nicolas, ie le trouuay pour la premiere fois, enuiron deux cens lieuës de Kebec, en vne Nation que nous appellons Epicerinis ou Sorciers, & en Huron *Squekaneronons*.

Nostre premier giste.

Nostre premier giste fut à la riuiere des Prairies, qui est à cinq lieuës au dessous du Saut sainct Loüis, où nous trouuasmes desia d'autres Sauuages cabanez, qui faisoient festin d'vn grand Ours, qu'ils auoient pris & poursuiuy dans la riuiere, pensant se sauuer aux Isles voysines, mais la vitesse des Canots l'ataignit, & fut tué à coups de flesches & de massuë. Ces Sauuages en leur festin, & caressans la chaudiere, chantoiét tous ensemblement, puis alternatiuement d'vn chant si doux & agreable, que i'en demeuray tout estonné, & rauy d'admiration : desorte que depuis ie n'ay rien ouy de plus admirable entr'eux ; car leur chant ordinaire est assez mal-gracieux.

Nous cabanasmes assez proche d'eux, & fismes chaudiere à la Huronne, mais ie ne pû encor' manger de leur *Sagamité*

du pays des Hurons. 63

pour ce coup, pour n'y estre pas accoustumé, & me fallut ainsi coucher sans souper, car ils auoient aussi mangé en chemin vn petit sac de biscuit de mer que i'auois pris aux barques, pensant qu'il me deust durer iusques aux Hurons, mais ils n'y laisserent rien de reste pour le lendemain, tant ils le trouuerent bon. Nostre lict fut la terre nuë, auec vne pierre pour mon cheuet, plus que n'auoient nos gens, qui n'ont accoustumé d'auoir la teste plus haute que les pieds; nostre maison estoit deux escorces de Bouleaux, posees contre quatre petites perches fichees en terre, & accómodees, en panchás au dessus de nous. Mais pour ce que leur façon de faire, & leur maniere de s'accommoder allans en voyage, est presque tousiours de mesme; Ie diray succinctement cy-après comme ils s'y gouuernent.

C'est, que pour pratiquer la patience à bon escient, & patir au delà des forces humaines, il ne faut qu'entreprendre des voyages auec les Sauuages, & specialement long temps, comme nous fismes: car il se faut resoudre d'y endurer & patir, outre le danger de perir en chemin, plus que l'on ne sçauroit penser, tát de la faim, *Trauaux en voyageant auec les Sauuages.*

que de la puanteur que ces salles mauffa-
des rendent presque continuellement
dans leurs Canots, ce qui seroit capable
de se desgouter du tout de si desagreables
compagnies, que pour coucher toufiours
sur la terre nuë par les champs, marcher
auec grand trauail dans les eauës & lieux
fangeux, & en quelques endroicts par des
rochers & bois obscurs & touffus, souffrir
les pluyes sur le dos, toutes les iniures des
saisons & du temps, & la morsure d'vne
infinie multitude de Mousquites & Cousins, auec la difficulté de la langue pour
pouuoir s'expliquer suffisamment, & ma-
nifester ses necessitez, & n'auoir aucun
Chrestien auec soy pour se communiquer
& consoler au milieu de ses trauaux, bien
que d'ailleurs les Sauuages soient toutes-
Humanité de nos Sau-uages. fois assez humains (au moins l'estoient les
miens) voire plus que ne sont beaucoup
de personnes plus polies & moins sauuages : car me voyant passer plusieurs iours
sans pouuoir presque manger de leur *Sagamité*, ainsi sallement & pauurement accommodé, ils auoient quelque compassion de moy, & m'encourageoient & assi-
stoient au mieux qu'il leur estoit possible,
& ce qu'ils pouuoient estoit peu de chose :
cela

cela alloit bien pour moy, qui m'estois resous de bonne-heure à endurer de bon cœur tout ce qu'il plairoit à Dieu m'enuoyer ; ou la mort, ou la vie : c'est pourquoy ie me maintenois assez ioyeux, nonobstant ma grande debilité, & chantois souuent des Hymnes pour ma consolation spirituelle, & le contentemēt de mes Sauuages, qui m'en prioient par-fois, car ils n'ayment point à voir les personnes tristes & chagrines, ny impatientes, pour estre eux-mesmes beaucoup plus patiens que ne sont communément nos François, ainsi l'ay ie veu en vne infinité d'occasions : ce qui me faisoit grandement rentrer en moy mesme, & admirer leur constance, & le pouuoir qu'ils ont sur leurs propres passions, & comme ils sçauent bien se supporter les vns les autres, & s'entresecourir & assister au besoin ; & peux dire auec verité, que i'ay trouué plus de bien en eux, que ie ne m'estois imaginé, & que l'exemple de leur patience estoit cause que ie m'esforçois d'auantage à supporter ioyeusement & constamment tout ce qui m'arriuoit de fascheux, pour l'amour de mon Dieu, & l'edification de mon prochain.

E

Comme les Sauuages cabanent & se traictent en voyageant.

Estans donc par les champs, l'heure de se cabaner venuë, ils cherchoient à se mettre en quelque endroict commode sur le bord de la riuiere, ou autre part, où se pût ayfement trouuer du bois sec à faire du feu, puis vn auoit soin d'en chercher & amasser, vn autre de dresser la Cabane, & le bois à pendre la chaudiere au feu, vn autre de chercher deux pierres plattes pour cōcasser le bled d'Inde sur vne peau estenduë contre terre, & apres le verser & faire boüillir dans la chaudiere ; estant cuit fort clair, on dressoit le tout dans les escuelles d'escorces, que pour cet effect nous portions quant-&-nous auec des grandes cueilliers, comme petits plats, desquelles on se sert à manger cette Menestre & Sagamité soir & matin ; qui sont les deux fois seulement que l'on fait chaudiere par iour, sçauoir quand on est cabané au soir, & au matin auant que partir, & encore quelquesfois ne la faisions-nous point, de haste que nous auions de partir, & par-fois la faisions-nous auant-iour : que si nous nous rencontrions deux mesnages en vne mesme Cabane, chacun faisoit sa chaudiere à part, puis tous ensemblement les mangions l'vne apres l'autre, sans aucun debat ny contention, & chacun participoit & à l'vne & à l'autre : mais pour moy ie me contentois, pour l'ordinaire, de la Sagamité des deux qui m'agreoit d'auantage, bien qu'à l'vne & à l'autre il y eust tousiours des salletez & ordures, à cause, en partie, qu'on seruoit tous les iours de nouuelles pierres, & assez mal nettes, pour concasser le bled, ioint que les escuelles ne pouuoient sentir gueres bon : car ayans necessité de faire de l'eau en leur Canot, ils s'en seruoient ordinairemẽt en cette action : mais sur terre ils s'accroupissoient en quelque lieu à l'escart auec de l'honnesteté & de la modestie qui n'auoit rien de sauuage.

Ils faisoient par-fois chaudiere de bled d'Inde non concassé, & bien qu'il fust tousiours fort dur, pour la difficulté qu'il y a à le faire cuire, il m'agreoit d'auantage au commencement, pour ce que ie le prenois grain à grain, & par ainsi ie le mangeois nettement & à loisir en marchant, & dãs nostre Canot. Aux endroits de la riuiere & des lacs où ils pensoient auoir du poisson, ils y laissoient traisner apres-eux vne ligne, à l'ain de laquelle ils auoient accommodé & lié de la peau

E ij

Peschoient par-fois de bons poissons. de quelque grenoüille qu'ils auoient escorchee, & par fois ils y prenoient du poisson, qui seruoit à donner goust à la chaudiere : mais quand le temps ne les pressoit point, comme lors qu'ils descendoient pour la traicte, le soir ayans cabané, vne partie d'eux alloient tendre leurs rets dans la riuiere, en laquelle ils prenoient souuent de bons poissons, comme Brochets, Esturgeons & des Carpes, qui ne sont neantmoins telles, ny si bonnes, ny si grosses que les nostres, puis plusieurs autres especes de poissons que nous n'auons pas par-deçà.

Cachoient du bled dãs les bois pour leur retour. Le bled d'Inde que nous mangions en chemin, ils l'alloient chercher de deux en deux iours en de certains lieux escartez, où ils l'auoient caché en descendans, dans de petits sacs d'escorces de Bouleau : car autrement ce leur seroit trop de peine de porter tousiours quant-&-eux tout le bled qui leur est necessaire en leur voyage, & m'estonnois grandement comme ils pouuoient si bien remarquer tous les endroicts où ils l'auoient caché, sans se mesprendre aucunement, bien qu'il fust par-fois fort esloigné du chemin, & bien auant dans les bois, ou enterré dãs le sable.

La maniere & l'inuention qu'ils auoient *Comme ils*
à tirer du feu, & laquelle est pratiquee par *tirent du*
tous les peuples Sauuages, est telle. Ils pre- *feu auec*
noient deux bastons de bois de saulx, til- *stons.*
let, ou d'autre espece, secs & legers, puis
en accommodoient vn d'enuiron la longueur d'vne coudee, ou peu moins, & es-
paiz d'vn doigt ou enuiron, & ayans sur le
bord de sa largeur vn peu caué de la poincte d'vn cousteau, ou de la dent d'vn Castor, vne petite fossette auec vn petit cran
à costé, pour faire tomber à bas sur quelque bout de meiche, ou chose propre à
prendre feu, la poudre reduite en feu, qui
deuoit tomber du trou: ils mettoient la
poincte d'vn autre baston du mesme bois,
gros comme le petit doigt, ou peu moins,
dans ce trou ainsi commencé, & estans
contre terre le genoüil sur le bout du baston large, ils tournoient l'autre entre les
deux mains si soudainement & si long-
temps, que les deux bois estans bien eschauffez, la poudre qui en sortoit à cause
de cette continuelle agitation, se conuer-
tissoit en feu, duquel ils allumoient vn
bout de leur corde seiche, qui conserue le
feu cōme meiche d'arquebuze: puis aprés
auec vn peu de menu bois sec ils faisoient

E iij

du feu pour faire chaudiere. Mais il faut noter que tout bois n'eſt propre à en tirer du feu, ains de particulier, que les Sauuages ſçauent choiſir. Or quand ils auoient de la difficulté d'en tirer, ils deminçoient dans ce trou vn peu de charbon, ou vn peu de bois ſec en poudre, qu'ils prenoiēt à quelque ſouche : s'ils n'auoient vn baſton large, comme i'ay dict, ils en prenoient deux ronds, & les lioient enſemble par les deux bouts, & eſtans couchez le genoüil deſſus pour les tenir, mettoiēt entre-deux la poincte d'vn autre baſton de ce bois, faict de la façon d'vne nauette de tiſſier, & le tournoient par l'autre bout entre les deux mains, comme i'ay dit.

Pour reuenir donc à noſtre voyage, nous ne faiſions chaudiere que deux fois le iour, & n'en pouuant gueres manger à la fois, pour n'y eſtre encor' accouſtumé, il ne faut pas demander ſi ie patiſſois grandement de neceſſité plus que mes Sauuages, qui eſtoient accouſtumez à cette maniere de viure, ioint que petunant aſſez ſouuent durant le iour, cela leur amortiſſoit la faim.

Humanité de mon Sauuage. L'humanité de mon hoſte eſtoit remarquable, en ce que n'ayant pour toute couuerture qu'vne peau d'Ours à se couurir, encor' m'en faisoit-il part quand il pleuuoit la nuict, sans que ie l'en priasse, & mesme me disposoit la place le soir, où ie deuois reposer la nuict, y accommodant quelques petis rameaux, & vne petite natte de jōc qu'ils ont accoustumé de porter quant & eux en de longs voyages, & compatissant à ma peine & foiblesse, il m'exemptoit de nager & de tenir l'auiron, qui n'estoit pas me descharger d'vne petite peine, outre le seruice qu'il me faisoit de porter mes hardes & mon pacquet aux Saults, bien qu'il fust desia assez chargé de sa marchandise, & du Canot qu'il portoit sur son espaule parmy de si fascheux & penibles chemins.

Vn iour ayant pris le deuant, comme ie faisois ordinairement, pendant que mes Sauuages deschargeoient le Canot, pource qu'ils alloient (bien que chargez) d'vn pas beaucoup plus viste que moy, & m'approchant d'vn lac, ie sentis la terre bransler sous moy, comme vne Isle flotante sur les eaues; & de faict, ie m'en retiray bien doucement, & allay attendre mes gens sur vn grand Rocher là aupres, depeur que quelque inconuenient ne m'arri-

Isle tremblante.

E iiij

uast: il nous falloit aussi par-fois passer par de fascheux bourbiers, desquels à toute peine pouuions-nous retirer, & particulierement en vn certain marest ioignant vn lac, où l'on pourroit facilement enfoncer iusques par-dessus la teste, comme il arriua à vn François qui s'enfonça tellement, que s'il n'eust eu les jambes escarquillees au large, il eust esté en grand danger, encore enfonça-il iusques aux reins. On a aussi quelques-fois bien de la peine à se faire passage auec la teste & les mains parmy les bois touffus, où il s'y en rencontre aussi grand nombre de pourris & tombez les vns sur les autres, qu'il faut enjamber, puis des rochers, pierres, & autres incommoditez qui augmentent le trauail du chemin, outre le nombre infiny de Mousquites qui nous faisoient incessamment vne tres-cruelle & fascheuse guerre, & n'eust esté le soin que ie portois à me conseruer les yeux, par le moyen d'vne estamine que i'auois sur la face, ces meschans animaux m'auroient rendu aueugle beaucoup de fois, comme on m'auoit aduerty, & ainsi en estoit il arriué à d'autres, qui en perdirent la veuë par plusieurs iours, tant leur picqueure & morsure est

Importunité des Mousquites.

venimeuse à l'endroict de ceux qui n'ont encor' pris l'air du pays. Neantmoins pour toute diligence que ie pûs apporter à m'en deffendre, ie ne laissay pas d'en auoir le visage, les mains & les iambes offencees. Aux Hurons, à cause que le pays est descouuert & habité, il n'y en a pas si grand nombre, sinon aux forests & lieux où les vents ne donnent point pendant les grandes chaleurs de l'Esté.

Nous passasmes par plusieurs Nations Sauuages; mais nous n'arrestions qu'vne nuict à chacune, pour tousiours aduancer chemin, excepté aux Epicerinys & Sorciers, où nous seiournasmes deux iours, tant pour nous reposer de la fatigue du chemin, que pour traitter quelque chose auec cette Nation. Ce fut là où ie trouuay le Pere Nicolas proche le lac, où il m'attendoit. Cette heureuse rencontre & entre-veuë nous resiouyt grandement, & nous nous cõsolasmes auec quelques Frãçois, pendant le peu de seiour que nos gens firent là. Nostre festin fut d'vn peu de poisson que nous auiõs, & des Citroüilles cuittes dans l'eau, que ie trouuay meilleures que viáde que i'aye iamais mangee, tant i'estois abbatu & attenué de necessité,

Des Epicerinys.

& puis fallut partir chacun feparément à l'ordinaire auec fes gens. Ce peuple Epicerinyen eft ainfi furnommé Sorcier, pour le grand nombre qu'il y en a entr'eux, & des Magiciens, qui font profeffion de parler au Diable en des petites tours rondes & feparees à l'efcart, qu'ils font à deffein, pour y receuoir les Oracles, & predire ou apprédre quelque chofe de leur Maiftre. Ils font auffi couftumiers à donner des forts & de certaines maladies, qui ne fe gueriffent que par autre fort & remede extraordinaire, dont il y en a, du corps defquels fortent des ferpents & des longs boyaux, & quelquefois feulement à demy, puis rentrent, qui font toutes chofes diaboliques, & inuentees par ces malheureux Sorciers: & hors ces forts magiques, & la communication qu'ils ont auec les Demons, ie les trouuois fort humains & courtois.

Ce fut en ce village, où par m'efgard, ie perdis, à mon tref-grand regret, tous les memoires que i'auois faits, des pays, chemins, rencontres & chofes remarquables que nous auions veuës depuis Dieppe en Normandie, iufques-là, & ne m'en apperceuz qu'à la rencontre de deux Canots

du pays des Hurons. 75

de Sauuages, de la Nation du Bois: cet- — Nation de Bois.
te Nation est fort esloignee & de-
pendante des Cheueux Releuez, qui ne
couurent point du tout leur honte & nudité, sinon pour cause de grand froid &
de longs voyages, qui les obligent à se seruir d'vne couuerture de peau. Ils auoient à
leur col de petites fraises de plumes, &
leurs cheueux accommodez de mesme pa-
rure. Leur visage estoit peint de diuerses
couleurs en huile, fort ioliuement, les vns — Sauuages matachez & peints au visage.
estoient d'vn costé tout vert, & de l'autre
rouge: autres sembloient auoir tout le visage couuert de passements naturels, &
autres tout autrement. Ils ont aussi accoustumé de se peindre & matacher, particulierement quand ils doiuent arriuer,
ou passer par quelqu'autre Nation, comme auoient faict mes Sauuages arriuans
aux *Squekaneronons*: c'est pour ce suiect
qu'ils portent de ces peintures & de l'huile auec eux en voyageans, & aussi à cause
des festins, dances, ou autres assemblees,
afin de sembler plus beaux, & attirer les
yeux des regardans sur eux.

Vne iournee, apres auoir trouué ces — Chanterie de malade.
Sauuages, nous nous arrestames quelque
temps en vn village d'*Algouhequins*, &

y entendant vn grand bruit, ie fus curieux de regarder par la fente d'vne Cabane, pour sçauoir que c'estoit, là où ie vis au dedans (ainsi que i'ay veu du depuis par plusieurs fois aux Hurons, pour semblables occasions) vne quantité d'hommes, my-partis en deux bandes, assis contre terre, & arrangez des deux costez de la Cabane, chaque bande auoit deuant soy vne longue perche platte, large de trois ou quatre doigs, & tous les hommes ayans chacun vn baston en main, en frappoient continuellement ces perches plattes, à la cadence du son des Tortuës, & de plusieurs chansons qu'ils chantoient de toute la force de leur voix. Le *Loki* ou Medecin, qui estoit au haut bout auec sa grande Tortuë en main, cómençoit, & les autres à pleine teste poursuyuoient, & sembloit vn sabat & vne vraye confusion & harmonie de Demons. Deux femmes cependant tenoient l'enfant tout nud, le ventre en haut proche d'eux, vis-à-vis de *Lok*; à quelque temps de là le *Loki* à quatre pattes, s'approchoit de l'enfant, auec des cris & hurlemens comme d'vn furieux Taureau, puis le souffloit enuiron les parties naturelles, & apres recómençoient leur tintamarre & leur ceremonie, qui finit par vn festin qui se disposoit au bout de la Cabane: de sçauoir que deuint l'enfant, & s'il fut guery on non, ou si on y adiousta encore quelqu'autre ceremonie, ie n'en ay rien sceu depuis, pour ce qu'il nous fallut partir incontinent, apres auoir repeu, & vn peu reposé.

De cette Nation nous allasmes cabaner en vn village d'*Andatahouats*, que nous disons Cheueux ou Poil leué, qui s'estoiēt venus poser proche la mer douce, à dessein de traitter auec les Hurons & autres qui retournoient de la traitte de Kebec, & fusmes deux iours à traitter & negotier auec eux. Ces Sauuages, sont vne certaine Nation qui portent leurs cheueux releuez sur le front, plus droicts que les perruques des Dames, & les font tenir ainsi droicts par le moyen d'vn fer, ou d'vne hache chaude, ce qui n'est point autremēt de mauuaise grace; ouy bien de ce que les hommes ne couurent point du tout leurs parties naturelles, qu'ils tiennent à descouuert, auec tout le reste du corps, sans honte ny vergongne; mais pour les femmes, elles ont vn petit cuir à peu prés grand comme vne seruiette, ceint à l'en-

Nation de Cheueux releuez.

tour des reins, & descend iusques sur le milieu des cuisses, à la façon des Huronnes. Il y a vn grand peuple en cette Nation, & la pluspart des hommes sont grands guerriers, chasseurs & pescheurs. Ie vis là beaucoup de femmes & filles qui faisoient des nattes de ioncs, grandement bien tissuës, & embellies de diuerses couleurs, qu'elles traittoient par apres pour d'autres marchandises, des Sauuages de diuerses contrees, qui abordoient en leur village. Ils sont errans, sinon que quelques villages d'entr'eux sement des bleds d'Inde, & font la guerre à vne autre Nation, nommee *Assitagueronon*, qui veut dire gens de feu : car en langue Huronne *Assista*, signifie du feu, & *Eronon*, signifie Nation. Ils sont esloignez d'eux d'enuiron deux cens lieuës & plus; ils vont par trouppes en plusieurs regions & contrees, esloignees de plus de quatre cens lieuës (à ce qu'ils m'ont dit) où ils trafiquent de leurs marchandises, & eschangent pour des pelleteries, peintures, pourceleines, & autres fatras.

Femmes & filles qui ont leurs mois. Les femmes viuent fort bien auec leurs marys, & ont cette coustume auec toutes les autres femmes des peuples errans, que lors qu'elles ont leurs mois, elles se retirent d'auec leurs marys, & la fille d'auec ses pere & mere, & autres parens, & s'en vont en de certaines Cabanes escartees & esloignees de leur village, où elles sejournent & demeurent tout le temps de ces incommoditez, sans auoir aucune compagnie d'hommes, lesquels leur portent des viures & ce qui leur est necessaire, iusqu'à leur retour, si elles-mesmes n'emportent suffisamment pour leur prouision, comme elles font ordinairement. Entre les Hurons, & autres peuples sedentaires, les femmes ny les filles ne sortent point de leur maison ou village, pour semblables incommoditez : mais elles font leur manger en de petits pots à part pendant ce temps-là, & ne permettent à personne de manger de leurs viandes & menestres : desorte qu'elles semblent imiter les Iuifues, lesquelles s'estimoient immondes pendant le temps de leurs fleurs. Ie n'ay peu apprendre d'où leur estoit arriué cette coustume de se separer ainsi, quoy que ie l'estime pleine d'honnesteté.

De noſtre arriuee au pays des Hurons, quels eſtoient nos exercices, & de noſtre maniere de viure & gouuernement dans le pays.

Chapitre V.

Vis, qu'auec la grace du bon Dieu, nous ſommes arriuez iuſques-là, que d'auoiſiner le pays de nos Hurons, il eſt maintenant temps que ie commence à en traicter plus amplement, & de la façon de faire de ſes habitans, non à la maniere de certaines perſonnes, leſquelles deſcriuans leurs Hiſtoires, ne diſent ordinairement que les choſes principales, & les enrichiſſent encore tellement, que quand on en vient à l'experience, on n'y voit plus la face de l'Autheur: car i'eſcris non ſeulement les choſes principales, comme elles ſont; mais auſſi les moindres & plus petites, auec la meſme naïfueté & ſimplicité que i'ay accouſtumé.

C'eſt

C'est pourquoy ie prie le Lecteur d'auoir pour agreable ma maniere de proceder, & d'excuser si pour mieux faire comprendre l'humeur de nos Sauuages, i'ay esté contrainct inserer icy plusieurs choses inciuiles & extrauagantes; dautāt que l'on ne peut pas donner vne entiere cognoissance d'vn pays estranger, ny ce qui est de son gouuernement, qu'en faisant voir auec le bien, le mal & l'imperfection qui s'y retroune: autrement il ne m'eust fallu descrire les mœurs des Sauuages, s'il ne s'y trouuoit rien de sauuage, mais des mœurs polies & ciuiles, comme les peuples qui sont cultiuez par la religion & pieté, ou par des Magistrats & Sages, qui par leurs bonnes loix eussent donné quelque forme aux mœurs si difformes de ces peuples barbares, dans lesquels on void bien peu reluire la lumiere de la raison, & la pureté d'vne nature espurée.

Deux iours auant nostre arriuée aux Hurons, nous trouuasmes la mer douce, sur laquelle ayans trauersé d'Isle en Isle, & pris terre au pays tant desiré, par vn iour de Dimanche, feste sainct Bernard, enuiron midy, que le Soleil donnoit à plomb: mes Sauuages ayans serré leur Canot en

F

vn bois là auprés me chargerent de mes hardes & pacquets, qu'ils auoient auparauant touſ-jours portez par le chemin: la cauſe fut là grande diſtance qu'il y auoit de là au Bourg, & qu'ils eſtoient deſia plus que ſuffiſamment chargez de leurs marchandiſes. Ie portay donc mon pacquet auec vne tres grande peine, tant pour ſa peſanteur, & de l'exceſſiue chaleur qu'il faiſoit, que pour vne foibleſſe & debilité grande que ie reſſentois en tous mes membres depuis vn long temps, ioinct que pour m'auoir fait prendre le deuant, comme ils auoient accouſtumé (à cauſe que ie ne pouuois les ſuyure qu'à toute peine) ie me perdis du droict chemin, & me trouuay long temps ſeul, ſans ſçauoir où i'allois. A la fin, apres auoir bien marché & trauerſé pays, ie trouuay deux femmes Huronnes proche d'vn chemin croizé, & leur demanday par où il falloit aller au Bourg où ie me deuois rendre, ie n'en ſçauois pas le nom, & moins lequel ie deuois prendre des deux chemins: ces pauures femmes ſe peinoient aſſez pour ſe faire entendre, mais il n'y auoit encore moyen. Enfin, inſpiré de Dieu, ie pris le bon chemin, & au bout de quelque temps

Ie me perdis en chemin.

ie trouuay mes Sauuages assis à l'ombre sous vn arbre, en vne belle grande prairie, où ils m'attendoient, bien en peine que i'estois deuenu; ils me firent seoir auprés d'eux, & me donnerent des cannes de bled d'Inde à succer, qu'ils auoient cueillies en vn champ tout proche de là: Ie pris garde comme ils en vsoient, & les trouuay d'vn assez bon suc; apres, passant par vn autre champ plein de Fezolles, i'en cueillay vn plein plat, que ie fis par apres cuire dans nostre Cabane auec de l'eau, quoyque l'escorce en fust desia assez dure: cela nous seruit pour vn second festin apres nostre arriuee.

A mesme temps que ie fus apperceu de nostre ville de *Quieuindahian*, autrement nommee *Téqueunonkiayé*, lieu assez bien bien fortifié à leur mode, & qui pouuoit contenir deux ou trois cens mesnages, en trente ou quarante Cabannes qu'il y auoit, il s'esleua vn si grand bruit par toute la ville, que tous sortirent presque de leurs Cabanes pour me venir voir, & fus ainsi conduit auec grande acclamation iusques dans la Cabane de mon Sauuage, & pour ce que la presse y estoit fort grande, ie fus contrainct de gaigner le

Multitude de Sauuages me viénent voir.

haut de l'establie, & me desrober de leur presse. Les pere & mere de mon Sauuage me firent vn fort bon accueil à leur mode, & par des caresses extraordinaires, me tesmoignoient l'ayse & le contentement qu'ils auoient de ma venuë, ils me traiterét aussi doucement que leur propre enfant, & me donnerent tout suiet de loüer Dieu, voyant l'humanité & fidelité de ces pauures gens, priuez de sa cognoissance. Ils prirent soin que rien ne se perdist de mes petites hardes, & m'aduertirent de me donner garde des larrons & trompeurs, particulierement des *Quieunontateronons*, qui me venoient souuent voir, pour tirer quelque chose de moy : car entre les Nations Sauuages celle-cy est l'vne des plus subtiles de toutes, en faict de tromperie & de vol.

Mon Sauuage, qui me tenoit en qualité de frere, me donna aduis d'appeller sa mere *Sendoué*, c'est à dire, ma mere, puis luy & ses freres *Ataquen*, mon frere, & le reste de ses parens en suitte, selon les degrez de consanguinité, & eux de mesme m'appelloient leur parent. La bonne femme disoit *Ayein*, mon fils, & les autres *Ataquon*, mon frere, *Earassé*, mon cousin; *Hi-*

Comme i'estois traicté & gouuerné dans la Cabane de mon Sauuage.

uoittan, mon nepueu, *Houatinoron*, mon oncle, *Ayſtan*, mon pere : ſelon l'aage des perſonnes i'eſtois ainſi appellé oncle ou nepueu, &c. & des autres qui ne me tenoient en qualité de parent, *Yatoro*, mon compagnon, mon camarade, & de ceux qui m'eſtimoient d'auātage ; *Garihouanne*, grand Capitaine. Voyla comme ce peuple n'eſt pas tant dans la rudeſſe & la ruſticité qu'on l'eſtime.

Le feſtin qui nous fut faict à noſtre arriuee, fut de bled d'Inde pilé, qu'ils appellent *Ottet*, auec vn petit morceau de poiſſon boucanné à chacun, cuit en l'eau, car c'eſt toute la ſaulce du pays, & mes Fezolles me ſeruirent pour le lendemain : dés lors ie trouuay bonne la Sagamite qui eſtoit faicte dans noſtre Cabane, pour eſtre aſſez nettement accommodee, ie n'en pouuois ſeulement manger lors qu'il y auoit du poiſſon puant demincé parmy, ou d'autres petits, qu'ils appellent *Auhaitſique*, ny auſſi de *Leindohy*, qui eſt vn bled qu'ils font pourrir dans les fanges & eauës croupies & mareſcageuſes, trois ou quatre mois durant, duquel ils font neantmoins grand eſtat : nous mangions par-fois des Citroüilles du pays, cuittes

F iij

dans l'eau, ou bien sous la cendre chaude, que ie trouuois fort bonnes, comme semblablement des espics de bled d'Inde, que nous faisions rostir deuant le feu, & d'autre esgrené, grillé comme pois dans les cendres : pour des Meures champestres nostre Sauuagesse m'en apportoit souuent au matin pour mon desieuner, ou bien des Cannes d'*Honneha* à succer, & autre chose qu'elle pouuoit, & auoit ce soin de faire dresser ma Sagamite la premiere, dans l'escuelle de bois ou d'escorce la plus nette, large comme vn plat-bassin, & la cueillier auec laquelle ie mangeois, grande comme vn petit plat ou sauciere. Pour mon departement & quartier, ils me donnerent à moy seul, autant de place qu'en pouuoit occuper vn petit mesnage, qu'ils firent sortir à mon occasion, dés le lendemain de mon arriuee : en quoy ie remarquay particulierement leur bonne affection, & comme ils desiroient de me contenter, & m'assister & seruir auec toute l'honnesteté & respect deu à vn grand Capitaine & chef de guerre, tel qu'ils me tenoient. Et pour ce qu'ils n'ont point accoustumé de se seruir de cheuet, ie me seruois la nuict d'vn billot de bois, ou d'vne pierre, que ie mettois sous ma teste, & au reste couché simplement sur la natte comme eux, sans couuerture ny forme de couche, & en lieu tellement dur, que le matin me leuant, ie me trouuois tout rompu & brisé de la teste & du corps.

Le matin, apres estre esueillé, & prié vn peu Dieu, ie desieunois de ce peu que nostre Sauuagesse m'auoit apporté, puis ayāt pris mon Cadran solaire, ie sortois de la ville en quelque lieu escarté, pour pouuoir dire mon seruice en paix, & faire mes prieres & meditations ordinaires: estant enuiron midy ou vne heure, ie retournois à nostre Cabane, pour disner d'vn peu de Sagamité, ou de quelque Citroüille cuitte ; apres disner ie lisois dans quelque petit liure que i'auois apporté, ou bien i'escriuois, & obseruant soigneusement les mots de la langue, que i'apprenois, i'en dressois des memoires que i'estudiois, & repetois deuant mes Sauuages, lesquels y prenoient plaisir, & m'aydoient à m'y perfectionner auec vne assez bonne methode, m'y disant souuent, *Auiel*, au lieu de Gabriel, qu'ils ne pouuoient prononcer, à cause de la lettre B, qui ne se trouue point en toute leur langue, non

l'apprenois la langue du pays.

plus que les autres lettres labiales, *Asseho-ua, Agnonra*, & *Seatonqua* : Gabriel, prends ta plume & escris, puis ils m'expliquoient au mieux qu'ils pouuoient ce que ie desirois sçauoir d'eux.

Et comme ils ne pouuoient par fois me faire entendre leurs conceptions, ils me les demonstroient par figures, similitudes & demonstrations exterieures, par-fois par discours, & quelquesfois auec vn baston, traçant la chose sur la terre, au mieux qu'ils pouuoient, ou par le mouuement du corps, n'estans pas honteux d'en faire de bien indecents, pour se pouuoir mieux donner à entendre par ces comparaisons, plustost que par longs discours & raisons qu'ils eussent pû alleguer, pour estre leur langue assez pauure & disetteuze de mots en plusieurs choses, & particulierement en ce qui est des mysteres de nostre saincte Religon, lesquels nous ne leur pouuions expliquer, ny mesme le *Pater noster*, sinon que par periphrase, c'est à dire, que pour vn de nos mots, il en falloit vser de plusieurs des leurs : car entr'eux ils ne sçauent que c'est de Sanctification, de Regne celeste, du tres-sainct Sacrement, ny d'induire en tentation. Les

du pays des Hurons. 89

nots de Gloire, Trinité, sainct Esprit, Anges, Resurrection, Paradis, Enfer, Eglise, Foy, Esperance & Charité, & autres infinis, ne sont pas en vsage chez-eux. De sorte qu'il n'y a pas besoin de gens bien sçauans pour le commencemét; mais bien de personnes craignans Dieu, patiens, & pleins de charité : & voila enquoy il faut principalement exceller pour conuertir ce pauure peuple, & le tirer hors du peché & de son aueuglement.

Ie sortois aussi fort souuet par le Bourg, & les visitois en leurs Cabanes & ménages, ce qu'ils trouuoient tres-bon, & m'en aymoient d'auantage, voyans que ie traittois doucement & affablement auec eux, autrement ils ne m'eussent point veu de bon œil, & m'eussent creu superbe & desdaigneux, ce qui n'eust pas esté le moyen de rien gaigner sur-eux; mais pluftoft d'acquerir la disgrace d'vn chacun, & se faire hayr de tous : car à mesme temps qu'vn Estranger a donné à l'vn d'eux quelque petit suiet ou ombrage de mescontentement ou fascherie, il est aussi-tost sceu par toute la ville de l'vn à l'autre : & comme le mal est pluftoft creu que le bien, ils vous estiment tel pour vn temps, que le mescontent vous a depeint.

Nostre Bourg estoit de ce costé là le plus proche voysin des Yroquois, leurs ennemis mortels, c'est pourquoy on m'aduertissoit souuent de me tenir sur mes gardes, depeur de quelque surprise pendant que i'allois au bois pour prier Dieu, ou aux champs cueillir des Meures champestres : mais ie n'y rencontray iamais aucun danger ny hazard (Dieu mercy) il y eut seulement vn Huron qui bandit son arc contre moy, pensant que ie fusse ennemy : mais ayant parlé il se rasseura, & me salüa à la mode du pays, *Quoye*, puis il passa outre son chemin, & moy le mien.

Ie visitois aussi par-fois leur Cimetiere, qu'ils appellent *Agosayé*, admirant le soin que ces pauures gens ont des corps morts de leurs parens & amis deffuncts, & trouuois qu'en cela ils surpassoient la pieté des Chrestiens, puis qu'ils n'espargnent rien pour le soulagement de leurs ames, qu'ils croyent immortelles, & auoir besoin du secours des viuans. Que si par-fois i'auois quelque petit ennuy, ie me recreois & consolois en Dieu par la priere, ou en chantant des Hymnes & Cantiques spirituels, à la loüange de sa diuine Majesté, lesquels les Sauuages escoutoient auec attention & contentement, & me prioyent de chanter souuent, principalement apres que ie leur eûs dict, que ces chants & Cantiques spirituels estoient des prieres que ie faisois & addressois à Dieu nostre Seigneur, pour leur salut & conuersion.

Pendant la nuict i'entendois aussi parfois la mere de mon Sauuage pleurer, & s'affliger grandement, à cause des illusions du Diable. I'interrogeay mon Sauuage pour en sçauoir le suiet, il me fit responce que c'estoit le Diable qui la trauailloit & affligeoit, par des songes & representations fascheuses de la mort de ses parens, & autres imaginations. Cela est particulierement commun aux femmes plustost qu'aux hommes, à qui cela arriue plus rarement, bien qu'il s'y en trouue par-fois quelques-vns qui en deuiennent fols & furieux, selon leur forte imagination, & la foiblesse de leur esprit, qui leur fait adiouster foy à ces resueries diaboliques.

Il se passa vn assez long temps apres mon arriuee, auant que i'eusse aucune co-

92   *Le grand Voyage*

Venuë du Pere Nicolas à mon village.

gnoiſſance ny nouuelle du lieu où eſtoiét arriuez mes Confreres, iuſques à vn certain iour que le Pere Nicolas, accompagné d'vn Sauuage, me vint trouuer de ſon village, qui n'eſtoit qu'à cinq lieuës du noſtre. Ie fus fort reſiouy de le voir en bonne ſanté & diſpoſition, nonobſtant les penibles trauaux & diſertes qu'il auoit ſouffertes depuis noſtre departement de la traicte; mes Sauuages le receurent auſſi volontiers à coucher en noſtre Cabane, & luy firent feſtin de ce qu'ils pûrent, à cauſe qu'il eſtoit mon Frere, & à nos autres François, pour eſtre nos bons amys. Apres donc nous eſtre congratulez de noſtre heureuſe arriuee, & vn peu diſcouru de ce qui nous eſtoit arriué pendant vn ſi long & penible chemin, nous aduiſaſmes d'aller trouuer le Pere Ioſeph, qui eſtoit demeurant en vn autre village, à quatre ou cinq lieuës de nous; car ainſi Dieu nous auoit il faict la grace, que ſans l'auoir premedité, nous nous miſmes à la conduite de perſonnes qui demeuraſſent ſi proches les vns des autres: mais pource que i'eſtois fort aymé de *Oonchiarey* mon Sauuage, & de la pluſpart de ſes parens, ie ne ſçauois comment l'aduertir de nostre dessein, sans le mescontenter grandement. Nous trouuasmes enfin moyen de luy persuader que i'auois quelque affaire à communiquer à nostre Frere Ioseph, & qu'allant vers luy il falloit necessairement que i'y portasse tout ce que i'auois, qui estoit autant à luy comme à moy, afin de prendre chacun ce qui luy appartenoit, ce qu'ayant dict, ie pris congé d'eux, leur donnant esperance de reuenir en bref, ainsi ie partis auec le bon Pere Nicolas, & fusmes trouuer le Pere Ioseph, qui demeuroit à *Quieunonascaran*, où ie ne vous sçaurois expliquer la ioye & le contentement que nous eusmes de nous reuoir tous trois ensemble, qui ne fut pas sans en rendre graces à Dieu, le priant de benir nostre entreprise pour sa gloire, & conuersion de ces pauures Infideles : en suitte nous fismes bastir vne Cabane pour nous loger, où à grand' peine eusmes-nous le loisir de nous entre-caresser, que ie vis mes Sauuages (ennuyez de mon absence) nous venir visiter, ce qu'ils reitererent plusieurs fois, & nous nous estudions à les receuoir & traicter si humainement & ciuilement, que nous les gaignasmes, en sorte, qu'ils sembloient debattre de courtoisie à receuoir les François en leur Cabane, lors que la necessité de leurs affaires les iettoit à la mercy de ces Sauuages, que nous experimentasmes auoir esté vtils à ceux qui doiuent traiter auec eux, esperant par ce moyen de nous insinuer au principal dessein de leur conuersion, seul motif d'vn si long & fascheux voyage.

Or nous voyans parmy eux nous nous resolusmes d'y bastir vn logement, pour prendre possession, au nõ de Iesus Christ, de ce pays, afin d'y faire les fonctions, & exercer les ministeres de nostre Mission: ce qui fut cause que nous priàmes le Chef, qu'ils nomment *Garihoüa Andionria* c'est à dire, Capitaine & Chef de la police, de nous le permettre, ce qu'il fit, apres auoir assemblé le Conseil des plus notables, & ouy leur aduis : & apres qu'ils se furent efforcez de nous dissuader ce dessein, nous persuadans de prendre plustost logement en leurs Cabanes pour y estre mieux traitez. Nous obtinsmes ce que nous desirions, leur ayans faict entendre qu'il estoit ainsi necessaire pour leur bien ; car estans venus de si loing pays pour leur faire entendre ce qui concernoit le salut de leurs

du pays des Hurons. 95

ames, & le bien de la felicité eternelle, auec la cognoissance d'vn vray Dieu, par la predication de l'Euangile, il n'estoit pas possible d'estre assez illuminez du Ciel, pour les instruire parmy le tracas de la mesnagerie de leurs Cabanes; ioint que desirans leur conseruer l'amitié des François qui traitoient auec-eux, nous aurions plus de credit à les conseruer ainsi à part, que non pas quand nous serions cabanez parmy-eux. De sorte que s'estans laissez persuader par ces discours & autres semblables, ils nous dirent que nous fissions cesser les pluyes (qui pour lors estoient fort grandes & importunes) en priant ce grand Dieu, que nous appellions Pere, & nous disions ses seruiteurs, afin qu'il les fist cesser, pour pouuoir nous accommoder la Cabane que nous desirions : si bien que Dieu fauorisant nos prieres (apres auoir passé la nuict suyuante à le solliciter de ses promesses) il nous exauça, & les fit cesser si parfaictement, que nous eusmes vn temps fort serain ; dequoy ils furent si estonnez & rauis, qu'ils le publierent pour miracle, dont nous rendismes graces à Dieu. Et ce qui les confirma d'auantage, ce fut qu'apres auoir employé quelques iours à ce pieux trauail, & apres l'auoir mis à sa perfection, les pluyes recommencerent : de sorte qu'ils publierent par tout la grandeur de nostre Dieu.

Ie ne puis obmettre vn gentil debat qui arriua entr'eux, à raison de nostre bastiment, d'vn ieune garçon lequel n'y trauaillant pas de bonne volonté, se plaignoit aux autres de la peine & du soin qu'ils se donnoient, de bastir vne Cabane à des gens qui ne leur estoient point parens, & eust volontiers desiré qu'on eust delaissé la chose imparfaite, & nous en peine de loger auec-eux dans leurs Cabanes, ou d'estre exposez à l'iniure de l'air, & incommodité du temps : mais les autres Sauuages portez de meilleure volonté, ne luy voulurent point acquiescer, & le reprirent de sa paresse, & du peu d'amitié qu'il tesmoignoit à des personnes si recommandables, qu'ils deuoient cherir comme parens & amys, bien qu'estrangers, puis qu'ils n'estoient venus que pour leur propre bien & profit.

Ces bons Sauuages ont cette loüable coustume entr'eux, que quand quelques-vns de leurs Concitoyens n'ont point de Cabane

Cabane à se loger, tous vnanimement prestent la main, & luy en font vne, & ne l'abandonnent point que la chose ne soit mise en sa perfection, ou du moins que celuy ou ceux pour qui elle est destinée, ne la puissent aysement parachever: & pour obliger vn chacun à vn si pieux & charitable office, quand il est question d'y travailler, la chose se decide tousiours en plein conseil, puis le cry s'en faict tous les iours par le Bourg, afin qu'vn chacun s'y trouue à l'heure ordonnee, ce qui est vn tres-bel ordre, & fort admirable pour des personnes sauuages, que nous croyōs, & sont en effet, moins policees que nous: Mais pour nous, qui leur estions estrangers, & arriuez de nouueau, c'estoit beaucoup, de se monstrer si humains que de nous en bastir auec vne si commune & vniuerselle affection; veu qu'ils ne donnent ordinairement rien pour rien aux estrangers, si ce n'est à des personnes qui le meritent, ou qui les ayent bien obligez, quoy qu'ils demandent tousiours, particulierement aux François, qu'ils appellent *Agnonha*, c'est à dire gens de fer, en leur langue; & les Canadiens & Montagnars nous sur-nomment *Mistigoche*, qui signifie en leur lägue Canot ou Basteau de bois: ils nous apellét ainsi, à cause que nos Nauires & Basteaux sont faicts de bois, & non d'escorces comme les leurs: mais pour le nom que nous donnent les Hurons, il vient de ce qu'auparauant nous, ils ne sçauoient que c'estoit de fer, & n'en auoient aucun vsage, non plus que de tout autre metail ou mineral.

Pour reuenir au paracheuement de nostre Cabane, ils la dresserent enuiron à deux portees de flesches loin du Bourg, en vn lieu que nous-mesmes auions choisi pour le plus commode, sur le costau d'vn fond, où passoit vn beau & agreable ruisseau, de l'eau duquel nous nous seruions à boire, & à faire nostre Sagamité, excepté pendant les grandes neiges de l'hyuer, que pour cause du fascheux chemin, nous prenions de la neige proche de nous pour faire nostre manger, & ne nous en trouuasmes point mal, Dieu mercy. Il est vray qu'on passe d'ordinaire les sepmaines & les mois entiers sans boire: car ne mangeant iamais rien de sallé ny espicé, & son manger quotidien n'estát que de ce bled d'Inde boüilly en eau, cela sert de boisson & de mangeaille, & nous

nous trouuions fort bien de ne point manger de sel; aussi estions-nous pres de trois cens lieuës loin de toute eau sallee, de laquelle eussions pû esperer du sel. Et à mon retour en Canada, ie me trouuois mal au commencement d'en manger, pour l'auoir discontinué trop long temps; ce qui me faict croire que le sel n'est pas necessaire à la conseruation de la vie, ny à la santé de l'homme.

Nostre pauure Cabane pouuoit auoir enuiron vingt pieds de longueur, & dix ou douze de large, faicte en forme d'vn berceau de jardin, couuerte d'escorce par tout, excepté au faiste, où on auoit laissé vne fente & ouuerture exprez pour sortir la fumee, estāt ainsi acheuee de nous-mesmes au mieux qu'il nous fut possible, & auec quelques haches que nous auions apportees, nous fismes vne cloison de pieces de bois, separant nostre Cabane en deux: du costé de la porte estoit le lieu où nous faisions nostre mesnage, & prenions nostre repos, & la chambre interieure nous seruoit de Chappelle, car nous y auions dressé vn Autel pour dire la saincte Messe, & y serrions encores nos ornemens & autres petites commoditez, &

Comme estoit faite nostre Cabane.

G ij

de peur de la main larronnesse des Sauuages, nous tenions la petite porte d'escorce, qui estoit à la cloison, fermee & attachee auec vne cordelette. A l'entour de nostre petit logis nous y accommodasmes vn petit jardin, fermé d'vne petite pallissade, pour en oster le libre accez aux petits enfans Sauuages, qui ne cherchent qu'à mal faire pour la plus-part : les pois, herbes, & autres petites choses que nous auions semees en ce petit jardin, y profiterent assez bien, encore que la terre en fust fort maigre, comme l'vn des pires & moindres endroicts du pays.

Mais pour auoir faict nostre Cabane hors de saison, elle fut couuerte de tres-mauuaise escorce, qui se décreua & fendit toute, desorte qu'elle nous garentissoit peu ou poinct des pluyes qui nous tomboient partout, & ne nous en pouuions deffendre ny le iour ny la nuict ; non plus que des neiges pendant l'hyuer, de laquelle nous nous trouuiõs par-fois couuerts le matin en nous leuant. Si la pluye estoit aspre, elle esteignoit nostre feu, nous priuoit du disner, & nous causoit tant d'autres incommoditez, que ie puis dire auec verité, que iusqu'à ce que nous y eussions vn peu remedié, qu'il n'y auoit pas vn seul petit coin en nostre Cabane, où il ne pleust comme dehors, ce qui nous contraignoit d'y passer les nuicts entieres sans dormir, cherchans à nous tenir & ranger debouts ou assis en quelque petit coin pendant ces orages.

La terre nuë ou nos genoüils, nous seruoient de table à prendre nostre repas, ainsi comme les Sauuages, & n'auions non plus de nappes ny seruiettes à essuyer nos doigts, ny de cousteau à couper nostre pain ou nos viandes : car le pain nous estoit interdict, & la viande nous estoit si rare, que nous auõs passé des 6. sepmaines, & deux & trois mois entiers sans en manger, encor' n'estoit-ce que quelque petit morceau de Chien, d'Ours ou de Renard, qu'on nous dõnoit en festin, excepté vers Pasques & en l'Automne, que quelques François nous firent part de leur chasse & gibier. La chandelle de quoy nous nous seruions la nuict, n'estoit que de petits cornets d'escorce de Bouleau, qui estoient de peu de dúree, & la clairté du feu nous seruoit pour lire, escrire, & faire autres petites choses pendant les longues nuicts de l'hyuer, ce qui n'estoit vne petite incommodité.

De nostre pauureté.

G iij

De nostre nourriture ordinaire.

Nostre vie & nourriture ordinaire estoit des mesmes mets & viandes que celles que les Sauuages vsent ordinairemēt, sinon que celle de nos Sagamites estoient vn peu plus nettement accommodées, & que nous y meslions encore par-fois de petites herbes, comme de la Marjolaine sauuage, & autres, pour luy dōner goust & saueur, au lieu de sel & d'espice; mais les Sauuages s'apperceuans qu'il y en auoit, ils n'en vouloient nullement gouster, disans que cela sentoit mauuais, & par ainsi ils nous la laissoient manger en paix, sans nous en demander, comme ils auoient accoustumé de faire lors qu'il n'y en auoit point, & nous leur en donnions volontiers; aussi ne nous en refusoient-ils point en leurs Cabanes quand nous leur en demandions, & eux-mesmes nous en offroient souuent.

Au temps que les bois estoient en seue, nous faisions par-fois vne fente dans l'escorce de quelque gros Fouteau, & tenans au dessous vne escuelle, nous receuions le ius & la liqueur qui en distilloit, laquelle nous seruoit pour nous fortifier le cœur lors que nous nous en sentions incōmodez : mais c'est neantmoins vn remede bien simple & de peu d'effect, & qui affadist pluſtoſt qu'il ne fortifie, & ſi nous nous en ſeruions, c'eſtoit faute d'autre choſe plus propre & meilleure.

Auant que de partir pour aller à la mer douce, le vin des Meſſes, que nous auions porté en vn petit baril de deux pots, eſtant failly, nous en fiſmes d'autre auec des raiſins du pays, qui eſtoit tres-bon, & boüillit en noſtre petit baril, & en deux autres bouteilles que nous auions, de meſme qu'il euſt pû faire en des plus grands vaiſſeaux; & ſi nous en euſſions encore eu d'autres, il y auoit moyen d'en faire vne aſſez bonne prouiſion, pour la grande quantité de vignes & de raiſins qui ſont en ce pays-là. Les Sauuages en mangent bien le raiſin, mais ils ne les cultiuent ny n'en font aucun vin, pour n'en auoir l'inuention, ny les inſtrumens propres : Noſtre mortier de bois, & vne ſeruiette de noſtre Chappelle nous ſeruirent de preſſoir, & vn Anderoqua, ou ſceau d'eſcorce, nous ſeruit de cune : mais nos petits vaiſſeaux n'eſtans capables de contenir tout noſtre vin nouueau, nous fuſmes contraincts, pour ne point perdre le reſte, d'en faire du raiſiné, qui fut auſſi

Fiſmes du vin pour la ſaincte Meſſe.

G iiij

bon que celuy que l'on faict en France, lequel nous seruit aux iours de recreation & bonne feste de l'annee, à en prendre vn petit sur la poincte d'vn cousteau.

Portions des raquettes aux pieds pendant les neiges.

Pendant les neiges nous estions contraincts de nous attacher des raquettes sous les pieds, aussi bien que les Sauuages, pour aller querir du bois pour nous chauffer, qui est vne tres-bonne inuention : car auec icelles on n'enfonce point dans les neiges, & si on faict bien du chemin en peu de temps. Ces raquettes, que nos Sauuages Hurons appellent *Agnonra*, sont deux ou trois fois grandes comme les nostres. Les Montagnars, Canadiens & Algoumequins, hommes, femmes, filles & enfans auec icelles, suyuent la piste des animaux, & la beste estant trouuee, & abbatuë à coups de flesches & espees emmanchees au bout d'vne demye picque, qu'ils sçauent dextrement darder : ils se cabanent, & là se consolent, & iouïssent du fruict de leur trauail, & sans ces raquettes ils ne pourroient courir l'Eslan ny le Cerf, & par consequent il faudroit qu'ils mourussent de faim en temps d'hyuer.

Les Sauuages

Pendant le iour nous estions continuellement visitez d'vn bon nombre de Sauuages, & à diuerses intentions; car les vns y venoient pour l'amitié qu'ils nous portoient, & pour s'instruire & entretenir de discours auec nous: d'autres pour voir s'ils nous pouroient rien desrober, ce qui arriuoit assez souuent, iusqu'à prendre de nos cousteaux, cueilliers, escuelles d'escorce ou de bois, & autres chose qui nous faisoient besoin : & d'autres plus charitables nous apportoient de petits presens, comme du bled d'Inde, des Citroüilles, des Fezolles, & quelquesfois des petits Poissons boucanez, & en recompense nous leur donnions aussi d'autres petits presens, comme quelques aleines, fer à flesches, ou vn peu de rassade à pendre à leur col, ou à leurs oreilles; & comme ils sont pauures en meubles, empruntans quelqu'vn de nos chaudrons, ils nous le rendoient tousiours auec quelque reste de Sagamité dedans, & quand il arriuoit de faire festin pour vn deffunct, plusieurs de ceux qui nous aymoient nous en enuoyoient, comme ils faisoient au reste de leurs parens & amys, selon leur coustume. Ils nous venoient aussi souuent prier de festin; mais nous n'y allions que le plus rarement qu'il nos estoit possible,

nous visitoient.

pour ne nous obliger à leur en rendre, & pour plusieurs autres bonnes raisons.

Leur maniere de saluer.

Quand quelque particulier Sauuage de nos amys nous venoit visiter, entrant chez-nous, la salutation estoit ho, ho, ho, qui est vne salutation de ioye, & la seule voix ho, ho, ne se peut faire que ce ne soit quasi en riant, tesmoignās par là la ioye & le contentement qu'ils auoient de nous voir ; car leur autre salutation *Quoye*, qui est comme si on disoit ; Qu'est-ce, que dites-vous, se peut prendre en diuers sens, aussi est-elle commune enuers les amys, comme enuers les ennemis, qui respondent en la mesme maniere *Quaye*, ou bien plus gracieusement *Yatoro*, qui est à dire, mon amy, mon compagnon, mon camarade, ou disent *Attaquen*, mon frere, & aux filles *Eadsé*, ma bonne amie, ma compagne, & quelquesfois aux vieillards *Yaistan*, mon pere, *Honratinoron*, oncle, mon oncle, &c.

Ils nous demandoient aussi à petuner, & le plus souuent pour espargner le petun qu'ils auoient dans leur sac ; car ils n'en sont iamais desgarnis ; mais comme la foule y estoit souuent si grande, qu'à peine auions-nous place en nostre Cabane, nous ne pouuions pas leur en fournir à tous, & nous en excusions, en ce qu'eux mesmes nous traictoient ce peu que nous en auions, & cette raison les rendoit contens. Vne grande inuention du Diable, qui fait du singe par tout est; que comme entre nous on saluë de quelque deuote priere celuy ou celle qui esternuë, eux au contraire, poussez de Sathan, & d'vn esprit de vengeance, entendans esternuer quelqu'vn, leur salut ordinaire n'est que des imprecations, des iniures, & la mort mesme qu'ils souhaittent & desirent aux Yroquois, & à tous leurs ennemis, dequoy nous les reprenions, mais il n'estoit pas encore entré en leur esprit que ce fust mal faict, d'autant que la vengeance leur est tellement coustumiere & ordinaire, qu'ils la tiennent comme vertu à l'endroict de l'ennemy estranger, & non toutefois enuers ceux de leur propre Nation, desquels ils sçauent assez bien dissimuler, & supporter vn tort ou iniure quand il faut. Et à ce propos de la vengeance ie diray que comme le General de la flotte assisté des autres Capitaines de nauire, eussent par certaine ceremonie, ietté vne espee dans la riuiere sainct Laurens au temps de la

De la haine & vengeance.

traicte, en la presence de tous les Sauuages, pour asseurance aux meurtriers Canadiens qui auoient tué deux François, que leur faute leur estoit entierement pardonnee, & enseuelie dans l'oubly, en la mesme sorte que cette espee estoit perduë & enseuelie au fonds des eauës. Nos Hurons, qui sçauent bien dissimuler, & qui tiennent bône mine en cette action, estans de retour dans leur pays, tournerent toute cette ceremonie en risee, & s'en mocquerent, disans que toute la colere des François auoit esté noyee en cette espee, & que pour tuer vn François on en seroit doresnauant quitte pour vne douzaine de castors.

{marginal: Les Sauuages se mocquent des François.}

Pendant l'hyuer, que les Epicerinys se vindrent cabaner au pays de nos Hurons, à trois lieuës de nous, ils venoient souuent nous visiter en nostre Cabane pour nous voir, & pour s'entretenir de discours auec nous: car comme i'ay dict ailleurs, ils sont assez bonnes gens, & sçauent les deux langues, la Huronne & la leur, ce que n'ont pas les Hurons, lesquels ne sçauent ny n'apprennent autre langue que la leur, soit par negligence, ou pour ce qu'ils ont moins affaire de leurs voysins, que leurs

du pays des Hurons. 109

voysins n'ont affaire d'eux. Ils nous parlerent par plusieurs fois d'vne certaine Nation à laquelle ils vont tous les ans vne fois à la traite, n'en estans esloignez qu'enuiron vne Lune & demye, qui est vn mois ou six sepmaines de chemin, tant par terre que par eau & riuiere. A laquelle vient aussi trafiquer vn certain peuple qui y aborde par mer, auec des grands basteaux ou nauires de bois, chargez de diuerses marchandises, comme haches, faictes en queuë de perdrix, des bas de chausses, auec les souliers attachez ensemble, souples neantmoins comme vn gand, & plusieurs autres choses qu'ils eschangent pour des pelleteries. Ils nous dirent aussi que ces personnes-là ne portoiēt point de poil, ny à la barbe ny à la teste, (& pource par nous sur-nommez Testes pelles) & nous asseurerent que ce peuple leur auoit dict qu'il seroit fort ayse de nous voir, pour la façon de laquelle on nous auoit dépeinct en son endroit, ce qui nous fit coniecturer que ce pouuoit estre quelque peuple & nation policee & habituee vers la mer de la Chine, qui borne ce pays vers l'Occident, comme il est aussi borné de la mer Oceane, enuiron les 40. degrez vers l'Orient,

Nation des testes pelees.

& esperions y faire vn voyage à la premiere commodité auec ces Epicerinys, comme ils nous en donnoient quelque esperance, moyennant quelque petit present, si l'obedience ne m'eust r'appellé trop-tost en France : car bien que ces Epicerinys ne veulent pas mener de François seculiers en leur voyage, non plus que les Montagnars & Hurons n'en veulét point mener au Saguenet, depeur de descouurir leur bonne & meilleure traitte, & le pays où ils vont amasser quantité de pelleteries : ils ne sont pas si referrez en nostre endroict, sçachans desia par experience, que nous ne nous meslons d'aucun autre trafic que de celuy des ames, que nous nous efforçons de gaigner à Iesus-Christ.

Nous visitions les Sauuages. Quand nous allions voir & visiter nos Sauuages en leurs Cabanes, ils en estoient pour la plufpart bien ayses, & le tenoient à honneur & faueur, se plaignans de ne nous y voir pas assez souuent, & nous faisoient par-fois comme font ordinairement les Merciers & Marchands du Palais de Paris, nous appellans chacun à son foyer, & peut-estre sous esperance de quelque aleine, ou d'vn petit bout de rassade, de laquelle ils sont fort curieux à se parer. Ils nous faisoient aussi bonne place sur la natte auprés d'eux au plus bel endroict, puis nous offroient à manger de leur Sagamité, y en ayant souuent quelque reste dans leur pot : mais pour mon particulier i'en prenois fort rarement, tant à cause qu'il sentoit pour l'ordinaire trop le poisson puât, que pour ce que les chiens y mettoiët souuent leur nez, & les enfans leur reste. Nous auions aussi fort à dégoust & à contre cœur de voir les Sauuagesses manger les poulx d'elles & de leurs enfans; car elles les mangent comme si c'estoit chose fort excellente & de bon goust. Puis comme par-deçà que l'on boit l'vn à l'autre, en presentant le verre à celuy à qui on a beu, ainsi les Sauuages qui n'ont que de l'eau à boire, pour toute boisson, voulans festoyer quelqu'vn, & luy monstrer signe d'amitié, apres auoir petuné luy presentent le petunoir tout allumé, & nous tenans en cette qualité d'amis & de parens, ils nous en offroient & presentoient de fort bonne grace : Mais comme ie ne me suis iamais voulu habituer au petun, ie les en remerciois, & n'en prenois nullement, dequoy ils estoient au commencement tous estonnez, pour n'y auoir personne en tous ces pay-là, qui n'en prenne & vse, pour à faute de vin & d'espices eschauffer cet estomach, & aucunement corrompre tant de cruditez prouenantes de leur mauuaise nourriture.

Logions dans leurs Cabanes allans par les champs

Lorsque pour quelque necessité ou affaire, il nous falloit aller d'vn village à vn autre, nous allions librement loger & manger en leurs Cabans, ausquelles ils nous receuoient & traittoient fort humainemēt; bien qu'ils ne nous eussent aucune obligation: car ils ont cela de propre d'assister les passans, & receuoir courtoisement entr'eux toute personne qui ne leur est point ennemie: & à plus forte raison, ceux de leur propre Nation, qui se rendent l'hospitalité reciproque, & assistent tellement l'vn l'autre, qu'ils pouruoyent à la necessité d'vn chacun, sans qu'il y ait aucun paure mendiant parmy leurs villes & villages, & trouuoient fort mauuais entendans dire qu'il y auoit en France grand nombre de ces necessiteux & mendians, & pensoient que cela fust faute de charité qui fust en nous, & nous en blasmoient grandement.

Du

Du pays des Hurons, & de leurs villes, villages & cabanes.

Chapitre VI.

M**AIS, pour parler en general du pays des Hurons, de sa situation, des mœurs de ses habitans, & de leurs principales ceremonies & façons de faire. Disons premierement, qu'il est situé sous la hauteur de quarantequatre degrez & demy de latitude, & deux cens trête lieuës de lōgitude à l'Occident, & dix de latitude; pays fort deserté, beau & agreable, & trauersé de ruisseaux qui se desgorgent dedans le grand lac. On n'y voit point vne face hydeuse de grands rochers & montagnes steriles, comme on voit en beaucoup d'autres endroicts és contrees Canadiennes & Algoumequines.

Le pays est plein de belles collines, campagnes, & de tres-belles & grandes prairies, qui portent quantité de bon foin,

Situation du pays des Hurons.

H

Froment & pois sauuages.

qui ne sert qu'à y mettre le feu par plaisir, quand il est sec: & en plusieurs endroits il y a quantité de froment sauuage, qui a l'espic comme seigle, & le grain comme de l'auoine: i'y fus trompé, pensant au commencement que i'en vis, que ce fussent champs qui eussent esté ensemencez de bon grain: ie fus de mesme trompé aux pois sauuages, où il y en a en diuers endroicts aussi espais, comme s'ils y auoient esté semez & cultiuez: & pour monstrer la bonté de la terre, vn Sauuage de Toenchen ayant planté vn peu de pois qu'il auoit apportez de la traicte, rendirent leurs fruicts deux fois plus gros qu'à l'ordinaire, dequoy ie m'estonnay, n'en ayant point veu de si gros, ny en France, ny en Canada.

Il y a de belles forests, peuplees de gros Chesnes, Fouteaux, Herables, Cedres, Sapins, Ifs & autres sortes de bois beaucoup plus beaux, sans comparaison, qu'aux autres Prouinces de Canada que nous ayons veuës: aussi le pays est il plus chaud & plus beau, & plus grasses & meilleures sont les terres, que plus on aduance tirant au Su: car du costé du Nord les terres y sont plus pierreuses & sablonneuses, ainsi

du pays des Hurons. 115

que ie vis allant sur la mer douce, pour la pesche du grand poisson.

Il y a plusieurs contrées ou prouinces au pays de nos Hurons qui portent diuers noms, aussi bien que les diuerses prouintes de France: car celle où commandoit le grand Capitaine *Atironta*, s'appelle *Henarhonon*; celle d'*Entauaque* s'appelle *Atigagnongueha*, & la Nation des Ours, qui est celle où nous demeurions, sous le grand Capitaine *Auoindaon*, s'appelle *Atingyahointan*, & en cette estenduë de pays, il y a enuiron vingt-cinq tant villes que villages, dont vne partie ne sont point clos ny fermez, & les autres sont fortifiez de fortes pallissades de bois à triples rangs, entre-lassez les vns dans les autres, & redoublez par dedans de grandes & grosses escorces, à la hauteur de huict à neuf pieds, & par dessous il y a de grands arbres posez de leur long, sur des fortes & courtes fourchettes des troncs des arbres: puis au dessus de ces pallissades il y a des galleries ou guerittes, qu'il appellent *Ondaqua*, qu'ils garnissent de pierres en temps de guerre, pour ruer sur l'ennemy, & d'eau pour esteindre le feu qu'on pourroit appliquer contre leurs pallissades; nos Hurons

Villes des Sauuages fortifiees.

H ij

y montent par vne eschelle assez mal fa-
çonnee & difficile, & deffendent leurs
rempars auec beaucoup de courage &
d'industrie.

Nombre du peuple.
Ces vingt-cinq villes & villages peuuent estre peuplez de deux ou trois mille
hommes de guerre, au plus, sans y comprendre le commun, qui peut faire en
nombre enuiron trente ou quarante mille
ames en tout. La principale ville auoit autre fois deux cens grandes Cabanes, pleines chacune de quantité de mesnages;
mais depuis peu, à raison que les bois
leur manquoient, & que les terres commençoient à s'amaigrir, elle est diminuee
de grandeur, separee en deux, & bastie en
vn autre lieu plus commode.

Villes frontieres & fortifiees.
Leurs villes frontieres & plus proches
des ennemis, sont tousiours les mieux fortifiees, tant en leurs enceintes & murailles, hautes de deux lances ou enuiron, &
les portes & entrees qui ferment à barres,
par lesquelles on est contrainct de passer
de costé, & non de plein saut, qu'en l'as-
siette des lieux qu'ils sçauent assez bien
choisir, & aduiser que ce soit ioignant
quelque bon ruisseau, en lieu vn peu esleué, & enuironné d'vn fossé naturel, s'il se

peut, & que l'enceinte & les murailles ſoient baſties en rond, & la ville bien ramaſſee, laiſſans neantmoins vne grande eſpace vuide entre les Cabanes & les murailles, pour pouuoir mieux combattre & ſe deffendre contre les ennemis qui les attaqueroient ſans laiſſer de faire des ſorties aux occaſions.

Il y a de certaines contrees où ils changent leurs villes & villages, de dix, quinze ou trente ans, plus ou moins, & le font seulement lors qu'ils ſe trouuent trop eſloignez des bois, qu'il faut qu'ils portent ſur leur dos, attaché & lié auec vn collier, qui prend & tient ſur le front; mais en hyuer ils ont accouſtumé de faire de certaines traiſnees, qu'ils appellent *Arocha*, faictes de longues planchettes de bois de Cedre blanc, ſur leſquelles ils mettent leur charge, & ayans des raquettes attachees ſous leurs pieds, traiſnent leur fardeau par deſſus les neiges, ſans aucune difficulté. Ils changent leur ville ou village, lors que par ſucceſſion de temps les terres ſont tellement fatiguees, qu'elles ne peuuent plus porter leur bled auec la perfection ordinaire, faute de fumier, & pour ne ſçauoir cultiuer la terre, ny ſemer dans

Tranſportent leur village.

H iij

d'autres lieux, que dans les trous ordinaires.

<small>Comme sont faictes leurs Cabanes.</small>

Leurs Cabanes, qu'ils appellent *Ganonchia*, sont faictes, comme i'ay dict, en façon de tonnelles ou berceaux de jardins, couuertes d'escorces d'arbres, de la longueur de 25. à 30. toises, plus ou moins, (car elles ne sont pas toutes egales en longueur) & six de large, laissans par le milieu vne allee de 10. à 12. pieds de large, qui va d'vn bout à l'autre; aux deux costez il y a vne maniere d'establi de la hauteur de quatre ou cinq pieds, qui prend d'vn bout de la Cabane à l'autre, où ils couchent en esté, pour éuiter l'importunité des puces, dont ils ont grande quantité, tant à cause de leurs chiens qui leur en fournissent à bon escient, que pour l'eau que les enfans y font, & en hyuer ils couchent en bas sur des nattes proches du feu, pour estre plus chaudement, & sont arrangez les vns proches des autres, les enfans au lieu plus chaud & eminent, pour l'ordinaire, & les pere & mere apres, & n'y a point d'entredeux ou de separation, ny de pied, ny de cheuet, non plus en haut qu'en bas, & ne font autre chose pour dormir, que de se coucher en la mesme place où ils sont assis, & s'affubler la teste auec leur robe, sans autre couuerture ny lict.

Ils empliſſent de bois ſec, pour bruſler en hyuer, tout le deſſous de ces eſtablies, qu'ils appellent *Garihagueu* & *Eindichaguer*: mais pour les gros troncs ou tiſons appellez *Aneincuny*, qui ſeruent à entretenir le feu, eſleuez vn peu en haut par vn des bouts, ils en font des piles deuant leurs Cabanes, ou les ſerrent au dedans des porches, qu'ils appellent *Aque*. Toutes les femmes s'aydent à faire cette prouiſion de bois, qui ſe faict dés le mois de Mars, & d'Auril, & auec cet ordre en peu de iours chaque meſnage eſt fourny de ce qui luy eſt neceſſaire.

Ils ne ſe ſeruent que de tres-bon bois, aymant mieux l'aller chercher bien loin, que d'en prendre de vert, ou qui faſſe fumee; c'eſt pourquoy ils entretiennent touſiours vn feu clair auec peu de bois: que s'ils ne rencontrent point d'arbres bien ſecs, ils en abbattent de ceux qui ont les branches ſeiches, leſquelles ils mettent par eſclats, & couppent d'vne égale longueur, comme les cotrays de Paris. Ils ne ſe ſeruent point du fagotage, non plus que du tronc des plus gros arbres qu'ils abbattent ; car ils les laissent là pourrir sur la terre, pource qu'ils n'ont point de scie pour les scier, ny l'industrie de les mettre en pieces qu'ils ne soient secs & pourris. Pour nous qui n'y prenions pas garde de si pres, nous nous contentions de celuy qui estoit plus proche de nostre Cabane, pour n'employer tout nostre temps à cette occupation.

En vne Cabane il y a plusieurs feux, & à chaque feu il y a deux mesnages, l'vn d'vn costé, l'autre de l'autre, & telle Cabane aura iusqu'à huict, dix ou douze feux, qui font 24. mesnages, & les autres moins, selon qu'elles sont longues ou petites, & où il fume à bon escient, qui faict que plusieurs en reçoiuent de tres-grandes incommoditez aux yeux, n'y ayant fenestre ny aucune ouuerture, que celle qui est au dessus de leur Cabane, par où la fumee sort. Aux deux bouts il y a à chacun vn porche, & ces porches leur seruent principalement à mettre leurs grandes cuues ou tonnes d'escorce, dans quoy ils serrent leur bled d'Inde, apres qu'il est bien sec & esgrené. Au milieu de leur logement il y a deux grosses perches suspendues, qu'ils appellent *Ouaronta*, où ils pendent leur cramaliere, & mettent leurs habits, viures & autres choses, depeur des souris, & pour tenir les choses seichement: Mais pour le poisson duquel ils font prouision pour leur hyuer, apres qu'il est boucané, ils le serrent en des tonneaux d'escorce, qu'ils appellent *Acha*, excepté *Leinchataon*, qui est vn poisson qu'ils n'esuentrent point, & lequel ils pendent au haut de leur Cabane, attaché auec des cordelettes, pource qu'enfermé en quelque tonneau il sentiroit trop mauuais, & se pourriroit incontinent.

Crainte du feu, auquel ils sont assez sujets, ils serrent souuent en des tonneaux ce qu'ils ont de plus precieux, & les enterrent en des fosses profondes qu'ils font dans leurs Cabanes, puis les couurent de la mesme terre, & cela les conserue non seulement du feu, mais aussi de la main des larrons, pour n'auoir autre coffre ny armoire en tout leur mesnage, que ces petits tonneaux. Il est vray qu'ils se font peu souuent du tort les vns aux autres; mais encore s'y en trouue-t'il par-fois de meschans, qui leur font du desplaisir quand ils ne pensent estre descouuerts, & que ce soit principalement quelque chose à manger.

Exercice ordinaire des hommes & des femmes.

CHAPITRE VII.

LE bon Legiſlateur des Atheniens, Solon, fit vne Loy, dont Amaſis, Roy d'Egypte, auoit eſté jadis Autheur: Que chacun monſtre tous les ans d'où il vit, par deuant le Magiſtrat, autrement à faute de ce faire qu'il ſoit puny de mort. L'occupation de nos Sauuages eſt la peſche, la chaſſe, & la guerre; aller à la traicte, faire des Cabanes & Canots, où les outils propres à cela. Le reſte du temps ils le paſſent en oyſiueté, à joüer, dormir, chanter, dancer, petuner, ou aller en feſtins, & ne veulent s'entremettre d'aucun autre ouurage qui ſoit du deuoir de la femme, ſans grande neceſſité.

L'exercice du jeu eſt tellement frequent & couſtumier entr'eux, qu'ils y employent beaucoup de temps, & par fois tant les hommes que les femmes, joüent tout ce qu'elles ont, & perdent auſſi gayement &

du pays des Hurons. 123

patiemment, quand la chanſe ne leur en dict point, que s'ils n'auoient rien perdu, & en ay veus s'en retourner en leur village tous nuds, & chantans, apres auoir tout laiſſé au noſtre, & eſt arriué vne fois entre les autres, qu'vn Canadien perdit & ſa femme & ſes enfans au jeu côtre vn François, qui luy furent neantmoins rendus par apres volontairement. *Vn Sauuage perdit ſa femme & ſes enfans.*

Les hommes ne s'addonnent pas ſeulement au jeu de paille, nommé Aeſcara, qui ſont trois ou quatre cens de petits joncs blancs egalement couppez, de la grandeur d'vn pied ou enuiron; mais auſſi à pluſieurs autres ſortes de jeu; comme de prendre vne grande eſcuelle de bois, & dans icelle auoir cinq ou ſix noyaux ou petites boulettes vn peu plattes, de la groſſeur du bout du petit doigt, & peintes de noir d'vn coſté, & blanche & jaune de l'autre: & eſtans tous aſſis à terre en rond, à leur accouſtumée, prennēt tour à tour, ſelon qu'il eſchet, cette eſcuelle, auec les deux mains, qu'ils eſleuent vn peu de terre, & à meſme temps l'y repoſent, & frappent vn peu rudement, de ſorte que ces boulettes ſont contraintes de ſe remuer & ſauter, & voyent comme au jeu *Ieu des Sauuages.*

des dez, de quel cofté elles se repofent, & si elles font pour eux, pendant que celuy qui tient l'escuelle la frappe, & regarde à son jeu, il dit continuellement & sans intermission, *Tet,tet,tet,tet*, pensant que cela excite & faict bon jeu pour luy. Mais le jeu des femmes & filles, auquel s'entretiennent aussi par-fois des hommes & garçons auec elles, est particulierement auec cinq ou six noyaux, comme ceux de nos abricots, noirs d'vn costé, lesquels elles prennent auec la main, comme on faict les dez, puis les iettent vn peu en haut, & estans tombez sur vn cuir, ou peau estenduë contre terre exprez, elles voyent ce qui faict pour elles, & continuent à qui gaignera les coliers, oreillettes, ou autres bagatelles qu'elles ont; & non iamais aucune monnoye; car ils n'en ont nulle cognoissance ny vsage; ains mettent, donnent & eschangent vne chose pour vne autre, en tout le pays de nos Sauuages.

Ie ne puis obmettre aussi qu'ils prattiquent en quelques-vns de leurs villages, ce que nous appellons en France porter les momons : car ils deffient & inuitent les autres villes & villages de les venir voir, joüer auec eux, & gaigner leurs vſtencilles, s'il eſchet, & cependant les feſtins ne manquent point: car pour la moindre occaſion la chaudiere eſt touſiours preſte, & particulierement en hyuer, qui eſt le temps auquel principalement ils ſe feſtinent les vns les autres. Ils ayment la peinture, & y reüſiſſent aſſez induſtrieuſement, pour des perſonnes qui n'y ont point d'art ny d'inſtrumens propres, & font neantmoins des repreſentations d'hommes, d'animaux, d'oyſeaux & autres groteſques; tant en relief de pierres, bois & autres ſemblables matieres, qu'en platte peinture ſur leurs corps, qu'ils font non pour idolatrer; mais pour ſe contenter la veuë, embellir leurs Calumets & Petunoirs, & pour orner le deuant de leurs Cabanes.

Pendant l'hyuer, du filet que les femmes & filles ont filé, ils font les rets & fillets à peſcher & prendre le poiſſon en eſté, & meſme en hyuer ſous la glace à la ligne, ou à la ſeine, par le moyen des trous qu'ils y font en pluſieurs endroicts. Ils font auſſi des fleſches auec le couſteau, fort droictes & longues, & n'ayans point de couſteaux, ils ſe ſeruent de pierres trenchantes, & les empennent de plumes de queuës & d'aisles d'Aigles, par ce qu'elles sont fermes & se portét bien en l'air, la poincte auec vne colle forte de poisson ils y accommodent vne pierre acereé, ou vn os, ou des fers, que les François leur traictent. Ils font aussi des masses de bois pour la guerre, & des pauois qui couurent presque tout le corps, & auec des boyaux ils font des cordes d'arcs & des raquettes, pour aller sur la neige, au bois & à la chasse.

Ils font aussi des voyages par terre, aussi bien que par mer, & les riuieres. & entreprendront (chose incroyable) d'aller dix, vingt, trente & quarante lieuës par les bois, sans rencontrer ny sentiers ny Cabanes, & sans porter aucuns viures sinon du petun & vn fuzil, auec l'arc au poing, & le carquois sur le dos. S'ils sont pressez de la soif, & qu'ils n'ayent point d'eau, ils ont l'industrie de succer les arbres, particulierement les Fouteaux, d'où distile vne douce & fort agreable liqueur, comme nous faisions aussi, au temps que les arbres estoient en seue. Mais lors qu'ils entreprennent des voyages en pays loingtain, ils ne les font point pour l'ordinaire inconsiderément, & sans en auoir eu la

du pays des Hurons. 127

permission des Chefs, lesquels en vn conseil particulier ont accoustumé d'ordonner tous les ans, la quantité des hommes qui doiuent partir de chaque ville ou village, pour ne les laisser desgarnis de gens de guerre, & quiconque voudroit partir autrement, le pourroit faire à toute rigueur; mais il seroit blasmé, & estimé fol & imprudent.

I'ay veu plusieurs Sauuages des villages circonuoysins, venir à *Quieunonascaran*, demander congé à *Onorotandi*, frere du grand Capitaine *Auoindaon*, pour auoir la permission d'aller au Saguenay: car il se disoit Maistre & Superieur des chemins & riuieres qui y conduisent, s'entend iusques hors le pays des Hurons. De mesme il falloit auoir la permission d'*Auoindaon* pour aller à Kebec, & comme chacun entend d'estre maistre en son pays, aussi ne laissent ils passer aucun d'vne autre Nation Sauuage par leur pays, pour aller à la traicte, sans estre recogneus & gratifiez de quelque present: ce qui se faict sans difficulté, autrement on leur pourroit donner de l'empeschement, & faire du desplaisir.

Sur l'hyuer, lors que le poisson se retire

sentant le froid, les Sauuages errans, comme sont les Canadiens, Algoumequins & autres, quittent les riues de la mer & des riuieres, & se cabanent dans les bois, là où ils sçauent qu'il y a de la proye. Pour nos Hurons, Hōqueronons & peuples Sedentaires, ils ne quittent point leurs Cabanes, & ne transportent point leurs villes & villages, que (pour les raisons & causes que i'ay deduites cy-dessus au Chapitre sixiesme.).

Lors qu'ils ont faim ils consultent l'Oracle, & apres ils s'en vont l'arc en main, & le carquois sur le dos, la part que leur *Oki* leur a indiqué, ou ailleurs où ils pensent ne point perdre leur temps. Ils ont des chiens qui les suyuent, & nonobstant qu'ils ne jappent point; toutesfois ils sçauent fort bien descouurir le giste de la beste qu'ils cherchent, laquelle estant trouuee ils la poursuyuent courageusemēt, & ne l'abandonnent iamais qu'ils ne l'ayent terrassee, & enfin l'ayant naurée à mort ils la font tant harceler par leurs chiens, qu'il faut qu'elle tombe. Lors ils luy ouurent le ventre, baillent la curee aux chiens, festinent, & emportent le reste. Que si la beste, pressee de trop prés,

rencontre

rencontre vne riuiere, la mer ou vn lac, elle s'eslance librement dedans : mais nos Sauuages agiles & dispos sont aussi tost apres auec leurs Canots, s'il s'y en trouue, & puis luy donnent le coup de la mort.

Leurs Canots sont de 8. à 9. pas de long, & enuiron vn pas, ou pas & demy de large par le milieu, & vont en diminuant par les deux bouts, comme la nauette d'vn Tessier, & ceux-là sont des plus grands qu'ils fassent; car ils en ont encores d'autres plus petits, desquels ils se seruent selon l'occasion & la difficulté des voyages qu'ils ont à faire. Ils sont fort suiets à tourner, si on ne les sçait bien gouuerner, comme estans faits d'escorce de Bouleau, renforcés par le dedans de petits cercles de Cedre blanc, bien proprement arrangez, & sont si legers qu'vn homme en porte aysement vn sur sa teste, ou sur son espaule, chacun peut porter la pesanteur d'vne pippe, & plus ou moins, selon qu'il est grand. On faict aussi d'ordinaire par chacun iour, quand l'on est pressé, 25. ou 30. lieuës dans lesdicts Canots, pourueu qu'il n'y ait point de saut à passer, & qu'on aille au gré du vét & de l'eau : car ils võt d'vne vitesse & lege-

De leurs Canots.

reté si grande, que ie m'en estonnois, & ne pense pas que la poste peust aller plus viste, quand ils sont conduits par de bons Nageurs.

De mesme que les hommes ont leur exercice particulier, & sçauent ce qui est du deuoir de l'homme, les femmes & filles aussi se maintiennent dans leur condition, & font paisiblement leurs petits ouurages, & les œuures seruiles: elles trauaillent ordinairement plus que les hommes, encore qu'elles n'y soient point forcees ny contraintes. Elles ont le soin de la cuisine & du mesnage, de semer & cueillir les bleds, faire les farines, accommoder le chanvre & les escorces, & de faire la prouision de bois necessaire. Et pour ce qu'il leur reste encore beaucoup de temps à perdre, elles l'employent à iouer, aller aux dances & festins, à deuiser & passer le temps, & faire tout ainsi comme il leur plaist du temps qu'elles ont de bon, qui n'est pas petit, puis que tout leur mesnage consiste à peu, veu mesmes qu'elles ne sont admises en plusieurs de leurs festins, ny en aucun de leurs conseils, ny à faire leurs Cabanes & Canots, entre nos Hurons. Elles ont l'inuention de filer le chanvre

Exercice des femmes.

Sauuages

sur leur cuisse, n'ayans pas l'vsage de la quenoüille & du fuseau, & de ce filet les hommes en lassent leurs rets & filets, comme i'ay dit. Elles pilent aussi le bled pour la cuisine, & en font rostir dans les cendres chaudes, puis en tirent la farine pour leurs marys, qui vont l'esté trafiquer en d'autres Nations esloignees. Elles font de la poterie, particulierement des pots tous ronds, sans ances & sans pieds, dans quoy elles font cuire leurs viandes, chair ou poisson. Quand l'hyuer vient, elles font des nattes de joncs, dont elles garnissent les portes de leurs Cabanes, & en font d'autres pour s'asseoir dessus, le tout fort proprement. Les femmes des Cheueux-Releuez mesmes, baillent des couleurs aux joncs, & font des compartimens d'ouurages auec telle mesure qu'il n'y a que redire. Elles couroyent & addoucissent les peaux des Castors & d'Eslans, & autres, aussi bien que nous sçaurions faire icy, dequoy elles font leurs manteaux ou couuertures, & y peignent des passements & bigarures, qui ont fort bonne grace.

Elles font semblablement des paniers de jonc, & d'autres auec des escorces de

(marginalia: ses filent, & font des nattes de jonc.)

Bouleaux pour mettre des fezoles, du bled & des pois, qu'ils appellēt Acointa, de la chair, du poisson, & autres petites prouisions: elles font aussi comme vne espece de gibesiere de cuir, ou sac à petun, sur lesquels elles font des ouurages dignes d'admiration, auec dn poil de porc-espic, coloré de rouge, noir, blanc & bleu, qui sont les couleurs qu'elles font si viues, que les nostres ne semblēt point en aprocher. Elles s'exercent aussi à faire des escuelles d'escorces pour boire & manger, & mettre leurs viandes & menestres. De plus, les escharpes, carquans & brasselets qu'elles & les hommes portent, sont de leurs ouurages: & nonobstant qu'elles ayent beaucoup plus d'occupation que les hommes, lesquels tranchent du Gentil-homme entr'eux, & ne pensent qu'à la chasse, à la pesche, ou à la guerre, encore ayment-elles communément leurs marys plus que ne font pas celles de deçà: & s'ils estoient Chrestiens ce seroient des familles auec lesquelles Dieu se plairoit & demeureroit.

Comme ils défrischent, sement & cultiuent leurs terres, & apres comme ils accommodent le bled & les farines, & de la façon d'apprester leur manger.

CHAPITRE VIII.

LEVR couſtume eſt, que chaque meſnage vit de ce qu'il peſche, chaſſe & ſeme, ayans autant de terre comme il leur eſt neceſſaire: car toutes les foreſts, prairies & terres non défriſchees ſont en commun, & eſt permis à vn chacun d'en défriſcher & enſemencer autant qu'il veut, qu'il peut, & qu'il luy eſt neceſſaire; & cette terre ainſi défrichee demeure à la perſonne autant d'annees qu'il continuë de la cultiuer & s'en ſeruir, & eſtant entieremēt abandonnee du maiſtre, s'en ſert par apres qui veut, & non autrement. Ils les défrichent auec grand peine, pour n'auoir des inſtrumens propres: ils coupent les arbres à la hauteur de deux ou trois pieds de terre, puis ils eſ-

I iij

mondent toutes les branches, qu'ils font bruſler au pied d'iceux arbres pour les faire mourir, & par ſucceſſion de temps en oſtent les racines ; puis les femmes nettoyent bien la terre entre les arbres, & beſchent de pas en pas vne place ou foſſé en rond, où ils ſement à chacune 9. ou 10. grains de Maïz, qu'ils ont premierement choiſy, trié & fait tremper quelques iours en l'eau, & continuent ainſi, iuſques à ce qu'ils en ayent pour deux ou trois ans de prouiſion; ſoit pour la crainte qu'il ne leur ſuccede quelque mauuaiſe annee, ou bien pour l'aller traicter en d'autres Nations pour des pelleteries, ou autres choſes qui leur ſont beſoin, & tous les ans ſement ainſi leur bled aux meſmes places & endroits, qu'ils rafraiſchiſſent auec leur petite pelle de bois, faicte en la forme d'vne oreille, qui a vn manche au bout ; le reſte de la terre n'eſt point labouré, ains ſeulement nettoyé des meſchantes herbes : de ſorte qu'il ſemble que ce ſoient tous chemins, tant ils ſont ſoigneux de tenir tout net, ce qui eſtoit cauſe qu'allant par-fois ſeul de village à autre, ie m'eſgarois ordinairement dans ces champs de bled, pluſtoſt que dans les prairies & foreſts.

du pays des Hurons. 135

Le bled estant donc ainsi semé, à la façon que nous faisons les febues, d'vn grain sort seulement vn tuyau ou canne, & la canne rapporte deux ou trois espics, & chaque espic rend cent, deux cents, quelquefois 400. grains, & y en a tel qui en rend plus. La canne croist à la hauteur de l'homme, & plus, & est fort grosse, (il ne vient pas si bien & si haut, ny l'espic si gros, & le grain si bon en Canada ny en France que là.) Le grain meurit en quatre mois, & en de certains lieux en trois: apres ils le cueillent, & le lient par les fueilles retroussees en haut, & l'accommodent par pacquets, qu'ils pendent tous arrangez le long des Cabanes, de haut en bas, en des perches qu'ils y accommodent en forme de rattelier, descendant iusqu'au bord deuant l'establie, & tout cela est si proprement ajancé, qu'il semble que ce soient tapisseries tenduës le long des Cabanes, & le grain estant bien sec & bon à serrer, les femmes & filles l'esgrenent, nettoyent & mettent dans leurs grandes cuues ou tonnes à ce destinees, & posees en leur porche, ou en quelque coin de leurs Cabanes.

Pour le manger en pain, ils font premierement vn peu boüillir le grain en l'eau, puis l'essuyet, & le font vn peu seicher: en apres ils le broyent, le paistrissent auec de l'eau tiede, & le font cuire sous la cendre chaude, enueloppé de fueilles de bled, & à faute de fueilles le lauent apres qu'il est cuit: s'ils ont des Fezoles ils en font cuire dans vn petit pot, & en meslent parmy la paste sans les escacher, ou bien des fraizes, des bluës, framboises, meures champestres, & autres petits fruicts secs & verts, pour luy donner goust & le rendre meilleur; car il est fort fade de soy, si on n'y mesle de ces petits ragousts. Ce pain, & toute autre sorte de biscuit que nous vsons, ils l'appellent *Andataroni*, excepté le pain mis & accommodé comme deux balles iointes ensemble, enueloppé entre des fueilles de bled d'Inde, puis boüilly & cuit en l'eau, & non sous la cendre, lequel ils appellent d'vn nom particulier *Coinkia*. Ils font encore du pain d'vne autre sorte, c'est qu'ils cueillent vne quantité d'espics de bled, auant qu'il soit du tout sec & meur, puis les femmes, filles & enfans auec les dents en destachent les grains, qu'ils reiettent par apres auec la bouche dans de grandes escuelles qu'elles tiennent auprès d'elles, & puis on l'acheue de piler dans le grand Mortier: & pource que cette paste est fort molasse, il faut necessairement l'enuelopper dans des fueilles pour la faire cuire sous les cendres à l'accoustumée; ce pain masché est le plus estimé entr'eux, mais pour moy ie n'en mangeois que par necessité & à contre-cœur, à cause que le bled auoit esté ainsi à demy masché, pilé & pestry auec les dents des femmes, filles & petits enfans.

Le pain de Maiz, & la Sagamité qui en est faicte, est de fort bonne substance, & m'estonnois de ce qu'elle nourrit si bien qu'elle faict: car pour ne boire que de l'eau en ce pays-là, & ne manger que fort peu souuent de ce pain, & encore plus rarement de la viande, n'vsans presque que des seuls Sagamités, auec vn bien peu de poisson, on ne laisse pas de se bien porter, & estre en bon poinct, pourueu qu'on en ait suffisamment, comme on n'en manque point dans le pays ; mais seulement en de longs voyages, où l'on souffre souuent de grandes necessitez.

Ils diuersifient & accommodent en plusieurs façons leur bled pour le manger;

car comme nous sommes curieux de diuerses saulces pour contenter nostre appetit, aussi sont-ils soigneux de faire leur Menestre de diuerses manieres, pour la trouuer meilleure, & celle qui mé sembloit la plus agreable, estoit la Neintahouy; puis l'Eschionque. La Neintahouy se faict en cette façon, Les femmes font rostir quantité d'espics de bled, auant qu'il soit entierement meur, les tenans appuyez contre vn baston couché sur deux pierres deuant le feu, & les retournent de costé & d'autre, iusqu'à ce qu'ils soient suffisamment rostis, ou pour auoir plustost faict, elles les mettent & retirent de dedans vn monceau de sable, premierement bien eschauffé d'vn bon feu qui aura esté faict dessus, puis en destachent les grains, & les font encore seicher au Soleil, espandus sur des escorces, apres qu'il est assez sec ils le serrent dans vn tonneau, auec le tiers ou le quart de leur Fezole, appellee *Ogaressa*, qu'ils meslent parmy; & quand ils en veulent manger ils le font boüillir ainsi entier en leur pot ou chaudiere, qu'ils appellent *Anoo*, auec vn peu de viande ou de poisson, fraiz ou sec, s'ils en ont.

Pour faire de l'Eschionque, ils font griller dans les cendres de leur foyer, meslees de sable, quantité de bled sec, comme si c'estoient pois, puis ils pilent ce Maiz fort menu, & apres auec vn petit vent d'escorce ils en tirent la fine fleur, & cela est l'Eschionque: cette farine se mange aussi bien seiche que cuite en vn pot, ou bien destrempee en eau, tiede ou froide. Quand on la veut faire cuire on la met dans le boüillon, où l'on aura premierement fait cuire quelque viande ou poisson qui y sera deminçé, auec quantité de citroüilles, si on veut, sinon dans le boüillon tout clair, & en telle quantité que la Sagamité en soit suffisamment espaisse, laquelle on remuë continuellement auec vne Espatule, par eux appellee *Estoqua*, de peur qu'elle ne se tienne par morceaux; & incontinent apres qu'elle a vn peu boüilly on la dresse dans les escuelles, auec vn peu d'huile ou de graisse fonduë par-dessus, si l'on en a, & cette Sagamité est fort bonne, & rassasie grandement. Pour le gros de cette farine, qu'ils appellent *Acointa*, c'est à dire pois (car ils luy donnent le mesme nom qu'à nos pois) ils le font boüillir à part dans l'eau, auec du poisson, s'il y en a, puis le mangent. Ils font de mesme du bled qui n'est point pilé ; mais il est fort dur à cuire.

Pour la Sagamité ordinaire, qu'ils appellent *Ottet*, c'est du Maïz crû, mis en farine, sans en separer ny la fleur ny les pois, qu'ils font boüillir assez clair, auec vn peu de viande ou poisson, s'ils en ont, & y meslent aussi par-fois des citroüilles decouppees par morceaux, s'il en est la saison, & assez souuent rien du tout: depeur que la farine ne se tienne au fond du pot, ils la remuent souuët auec l'Estoqua, puis le mangent ; c'est le potage, la viande & le mets quotidien, & n'y a rien plus à attendre pour le repas; car lors mesme qu'ils ont quelque peu de viande ou poisson à départir entr'eux (ce qui arriue rarement, excepté au temps de la chasse ou de la pesche) il est partagé, & mangé le premier, auparauant le potage ou Sagamité.

Pour Leindohy ou bled puant, ce sont grande quantité d'espys de bled, non encore du tout sec & meur, pour estre plus susceptible à prendre odeur, que les femmes mettent en quelque mare ou eau puante, par l'espace de deux ou trois mois, au bout desquels elles les en retirent, &

cela sert à faire des festins de grande importance, cuit comme la *Neintahouy*, & aussi en mangent de grillé sous les cendres chaudes, lechans leurs doigts au maniement de ces espys puants, de mesme que si c'estoient cannes de sucre, quoy que le goust & l'odeur en soit tres-puante, & infecte plus que ne sont les esgouts mesmes, & ce bled ainsi pourry n'estoit point ma viande, quelque estime qu'ils en fissent, ny ne le maniois pas volontiers des doigts ny de la main, pour la mauuaise odeur qu'il y imprimoit & laissoit par plusieurs iours : aussi ne m'en presenterent ils plus, lors qu'ils eurent recogneu le dégoust que i'en auois. Ils font aussi pitance de glands, qu'ils font boüillir en plusieurs eauës pour en oster l'amertume, & les trouuois assez bons : ils mangent aussi d'aucunes fois d'vne certaine escorce de bois cruë, semblable au saulx, de laquelle i'ay mangé à l'imitation des Sauuages ; mais pour des herbes ils n'en mangent point du tout, ny cuites ny cruës, sinon de certaines racines qu'ils appellent *Sondhratatte*, & autres semblables.

Auparauant l'arriuee des François au pays des Canadiens, & des autres peuples errans, tout leur meuble n'eſtoit que de bois, d'eſcorces ou de pierres; de ces pierres ils en faiſoient les haches & couſteaux, & du bois & de l'eſcorce ils en fa-

Chaudiere de bois. briquoient toutes les autres vſtenciles & pieces de meſnage, & meſme les chaudieres, bacs ou auges à faire cuire leur viande, laquelle ils faiſoient cuire, ou pluſtoſt mortifier en cette maniere.

Ils faiſoient chauffer & rougir quantité de graiz & cailloux dans vn bon feu, puis les iettoient dans la chaudiere pleine d'eau, en laquelle eſtoit la viande ou le poiſſon à cuire, & à meſme temps les en retiroient, & en remettoient d'autres en leur place, & à ſucceſſion de temps l'eauë s'eſchauffoit, & cuiſoit ainſi aucunement la viande. Mais pour nos Hurons, & autres peuples & nations Sedentaires, ils auoient (comme ils ont encore) l'vſage & l'induſtrie de faire des pots de terre, qu'ils

Font des pots de terre. cuiſent en leur foyer, & ſont fort bons, & ne ſe caſſent point au feu, encore qu'il n'y ait point d'eau dedans; mais ils ne peuuent auſſi ſouffrir lōg-temps d'humidité & l'eau froide, qu'ils ne s'attendriſſent & caſſent, au moindre heurt qu'on leur donne, autrement ils durent fort

du pays des Hurons. 143

long temps. Les Sauuagesses les font, prenans de la terre propre, laquelle ils nettoyent & pestrissent tres-bien, y meslans parmy vn peu de graiz, puis la masse estant reduite comme vne boule, elles y font vn trou auec le poing, qu'ils agrandissent tousiours, en frappant par dedans auec vne petite palette de bois, tant & si long temps qu'il est necessaire pour les parfaire : ces pots sont faits sans pieds & sans ances, & tous ronds comme vne boule, excepté la gueule qui sort vn peu en dehors.

De leurs festins & conuiues.

Chapitre IX.

E grand Philosophe Platon cognoissant le dommage que le vin apporte à l'homme, disoit qu'en partie les dieux l'auoient enuoyé çà-bas pour faire punition des hommes, & prendre vengeance de leurs offences, les faisans (apres qu'ils sont yures) tuer & occire l'vn l'autre.

144 *Le grand Voyage*

Comme les Sauuages vont en festin.

Quand quelqu'vn de nos Hurons veut faire festin à ses amys, il les enuoye inuiter de bonne heure, comme l'on faict icy, mais personne ne s'excuse entr'eux, & tel sort d'vn festin, qui du mesme pas s'en va à vn autre; car ils tiendroient à affront d'estre esconduits, s'il n'y auoit excuse vrayement legitime. Le monde estant inuité, on met la chaudiere sur le feu, grande ou petite, selon le nombre des personnes qu'on doit auoir : tout estant cuit & prest à dresser, on va diligemment aduertir ses gens de venir, leur disans à leur mode, *Saconcheta, Saconcheta*, c'est à dire, venez au festin, venez au festin (qui est vn mot qui ne deriue point pourtant du mot de festin, car *Agochin*, entr'eux, veut dire festin) lesquels s'y en vont à mesme temps, & y portent grauement chacun deuant soy en leurs deux mains, leur escuelle & la cueillier dedans : que si c'estoient Algoumequins qui fissent le festin, les Hurons y porteroient chacun vn peu de farine dans leurs escuelles, à raison que ces *Aquanaques* en sont pauures & disetteux. Entrans dans la Cabane, chacun s'assied sur les Nattes de costé & d'autre de la Cabane, les hommes au haut bout, & les femmes & enfans

plus

du pays des Hurons. 145

plus bas tout de suitte. Estans tous entrez on dit les mots, apres lesquels il n'est loisible à personne d'y plus entrer, fust-il vn des conuiez ou non, ayans opinion que cela apporteroit mal-heur, ou empescheroit l'effect du festin, lequel est tousjours faict à quelque intention, bonne ou mauuaise.

Les mots du festin sont, *Nequarré*, la chaudiere est cuite (prononcez hautement & distinctement par le Maistre du festin, ou par vn autre depute par luy) tout le monde respond, *Ho*, & frappent du poing contre terre, *Gaymeno*n *Youry*, il y a vn chien de cuit: si c'est du cerf, ils disent, *Sconoton Youry*, & ainsi des autres viandes, nommant l'espece ou les choses qui sont dans la chaudiere les vnes apres les autres, & tous respondent *Ho* à chaque chose, puis frappent & donnent du poing contre terre, comme demonstrans & approuuans la valeur d'vn tel festin : cela estant dict, ceux qui doiuent seruir, vont de rang en rang prendre les escuelles d'vn chacun, & les emplissent du broüet auec leurs grandes cueilliers, & recommencent & continuent tousiours à remplir, tant que la chaudiere soit vuide, il faut

Mots du festin.

K

aussi que chacun mange ce qu'on luy donne, & s'il ne le peut, pour estre trop saoul, il faut qu'il se rachete de quelque petit present enuers le Maistre du festin, & auec cela il faut qu'il fasse acheuer de vuider son escuelle par vn autre, tellement qu'il s'y en trouue qui ont le ventre si plein, qu'ils ne peuuent presque respirer.

Apres que tout est faict, chacun se retire sans boire; car on n'en presente iamais si on n'en demande particulierement, ce qui arriue fort rarement; aussi ne mangent-ils rien de trop salé ou espicé, qui les peust prouoquer à boire de l'eau, qu'ils ont pour toute boisson, ce qui est vn grand bien, pour euiter les dissolutions, noises & querelles que le vin, ou autre boisson yurante leur pourroit causer, comme à beaucoup de nos beuueurs & yurongnes: car ils ont cela par-dessus eux, qu'ils sont plus retenus & graues, auec vn peu de superbe pourtant, vont aux festins d'vn pas modeste, & representans des Magistrats, s'y comportent auec la mesme modestie & silence, & s'en retournent en leurs maisons & cabanes auec la mesme sagesse: de maniere que vous diriez voir en ces Messieurs là, les vieillards de l'ancienne Lacedemone, allans à leur broüet.

Ils font quelquesfois des festins, où l'on ne prend rien que du petun, auec leur pippe ou calumet, qu'ils appellent *Anondahoin*: & en d'autres où l'on ne mange rien que du pain ou foüasse pour tout mets, & pour l'ordinaire ce sont festins de songeries, ou qui ont esté ordonnez par le Medecin; les songes, resueries & ordonnances duquel sont tellement bien obseruees, qu'ils n'en obmettroient pas vn seul jota, qu'ils n'y fassent toutes les façons, pour l'opinion & croyance qu'ils y ont. Aucunesfois il faut que tous ceux qui sont au festin soient à plusieurs pas l'vn de l'autre, sans s'entre-toucher. Autresfois quand les festinez sortent, l'adieu & remerciement qu'ils doiuent faire, est vne laide grimace au Maistre du festin, ou au malade, à l'intention duquel le festin aura esté faict. A d'autres, il ne leur est permis de lascher du vent 24. heures, dans lequel temps s'ils faisoient au contraire, ils se persuaderoiẽt qu'ils mourroient, tant ils sont ridicules & superstitieux à leurs songes, quoy qu'ils mangent de *l'Andararoni*, c'est à dire foüasse ou galette, qui sont choses fort venteu-

K ij

ses. Quelquefois il faut qu'apres qu'ils sont bien saouls, & ont le ventre bien plein, qu'ils rendent gorge, & reuomissent aupres d'eux tout ce qu'ils ont mangé, ce qu'ils font facilement. Ils en font de tant d'autres sortes, & de si impertinents, que cela seroit ennuyeux à lire, & trop long à escrire ; c'est pourquoy ie m'en deporte, & me contente de ce que i'en ay escrit, pour contenter aucunement les plus curieux des ceremonies estrangeres.

La teste de la beste est pour le Capitaine.

De quelque animal que se fasse le festin, la teste entiere est tousiours donnée & presentee au principal Capitaine, ou à vn autre des plus vaillans de la trouppe, à la volonté du Maistre du festin, pour tesmoigner que la vaillance & la vertu sont en estime ; comme nous remarquons chez Homere aux festins des Heros, qu'on leur enuoyoit quelque piece de bœuf pour honorer leur vertu, ce qui semble estre vn tesmoignage tiré de la Nature, puisque ce que nous trouuons auoir esté pratiqué és festins solenels des Grecs, peuples polis, se rencontre en ces Sauuages, par l'inclination de la Nature, sans cette politesse.

Pour les autres conuiez, qui sont de

moindre confidéartion, si la beste est grosse, comme d'vn Ours, d'vn Eslan, d'vn Esturgeon, ou bien de quelque homme de leurs ennemis, chacun a vn morceau du corps, & le reste est demincé dãs le broüet pour le rendre meilleur. C'est aussi la coustume que celuy qui faict le festin ne mange point pendant iceluy; ains petune, chante, ou entretient la compagnie de quelques discours: I'y en ay veu quelques-vns manger, contre leur coustume, mais peu souuent.

Et pour dresser la ieunesse à l'exercice des armes, & les rendre recommandables par le courage & la proüesse qu'ils estimẽt grandement, ils ont accoustumé de faire des festins de guerre, & de resiouyssance, ausquels les vieillards mesmes, & les ieunes hommes à leur exemple, les vns apres les autres, ayans vne hache en main, ou quelqu'autre instrument de guerre, font des merueilles de s'escrimer & combattre d'vn bout à l'autre de la place où se faict le festin, comme si en effect ils estoient aux prises auec l'ennemy: & pour s'exciter & esmouuoir encore d'auantage à cet exercice, & faire voir que dans l'occasion ils ne manqueroiẽt pas de courage;

Festin de guerre.

K iij

ils chantent d'vn ton menaçant & furieux, des iniures, imprecatious & menaces contre leurs ennemis, & se promettent vne entiere victoire sur eux. Si c'est vn festin de victoire & de resiouyssance, ils chantent d'vn ton plus doux & agreable, les loüanges de leurs braues Capitaines qui ont bien tué de leurs ennemis, puis se rassoient, & vn autre prend la place, iusqu'à la fin du festin.

Des dances, chansons & autres ceremonies ridicules.

CHAPITRE X.

NOs Sauuages, & generalement tous les peuples des Indes Occidentales, ont de tout temps l'vsage des dances; mais ils l'ont à quatre fins : ou pour agreer à leurs Demons, qu'ils pensent leur faire du bien, ou pour faire feste à quelqu'vn, ou pour se resiouyr de quelque signalee victoire, ou pour preuenir & guerir les maladies & infirmitez qui leur arriuent.

Lors qu'il se doit faire quelques dances, nuds, ou couuerts de leurs brayers, selon qu'aura songé le malade, ou ordonné le Medecin, ou les Capitaines du lieu; le cry se faict par toutes les ruës de la ville ou du village, aduertissant & inuitant les ieunes gens de s'y porter au iour & heure ordonnez, le mieux matachié & paré qu'il leur sera possible, ou en la maniere qu'il aura esté ordonné, & qu'ils prennent courage, que c'est pour vne telle intention, nommant le suiet de la dance : ceux des villages circonuoysins ont le mesme aduertissement, & sont aussi priez de s'y trouuer, comme ils font à la volonté d'vn chacun: car l'on n'y contraint personne.

Cependant on dispose vne des plus grandes Cabanes du lieu, & là estans tous arriuez, ceux qui ne sont là que pour estre spectateurs, comme les vieillards, les vieilles femmes & les enfans se tiennent assis sur les nattes contre les establies, & les autres au dessus, du long de la Cabane, puis deux Capitaines estans debout, chacun vne Tortuë en la main (de celles qui seruent à chanter & souffler les malades) chantent ainsi au milieu de la dance, vne chanson, à laquelle ils accordent le son

K iiij

de leur Tortuë; puis estant finie ils font tous vne grande acclamation, disans, Hé é é é, puis en recommencent vne autre, ou repetent la mesme, iusques au nombre des reprises qui auront esté ordonnees, & n'y a que ces deux Capitaines qui chantent, tout le reste dit seulement, Het, het, het, comme quelqu'vn qui aspire auec vehemence: & puis tousiours à la fin de chaque chanson vne haute & longue acclamation, disans. H é é é é.

Des danses. Toutes ces dances se font en rond, du moins en oualle, selon la longueur & largeur des Cabanes; mais les danceurs ne se tiennent point par la main comme par deçà, ains ils ont tous les poings fermez: les filles les tiennent l'vn sur l'autre, esloignez de leur estomach, & les hommes les tiennent aussi fermez, esleuez en l'air, & de toute autre façon, en la maniere d'vn homme qui menace, auec mouuement & du corps & des pieds, leuans l'vn & puis l'autre, desquels ils frappent contre terre à la cadence des chansons, & s'esleuans comme en demy-sauts, & les filles branslans tout le corps, & les pieds de mesme, se retournent au bout de quatre ou cinq petits pas, vers celuy ou celle qui les suit, pour luy faire la reuerence d'vn hochement de teste. Et ceux ou celles qui se démeinent le mieux, & font plus à propos toutes les petites chimagrees, sont estimez entr'eux les meilleurs danceurs, c'est pourquoy ils ne s'y espargnent pas.

Ces dances durent ordinairement vne, deux, & trois apres-disnees, & pour n'y receuoir d'empeschement à y bien faire leur deuoir, quoy que ce soit au plus fort de l'hyuer, ils n'y portent iamais autres vestemens ou couuertures que leurs brayers, pour couurir leur nudité, si ainsi il est permis, comme il l'est ordinairement, sinon que pour quelqu'autre suiet il soit ordonné de les mettre bas, n'oublians neantmoins iamais leurs colliers, oreillettes & brasselets, & de se peinturer par-fois; comme au cas pareil les hommes se parent de colliers, plumes, peintures & autres fatras, dont i'en ay veu estre accommodez en Mascarades ou Caresme-prenans, ayans vne peau d'Ours qui leur couuroit tout le corps, les oreilles dressees au haut de la teste, & la face couuerte, excepté les yeux, & ceux-cy ne seruoient que de portiers ou bouffons, & ne se mesloient dans la dance que par interualle, à cause qu'ils estoient destinez à autre chose. Ie vis vn, iour vn de ces boufons entrer processionnellemẽt dãs la Cabane où se deuoit faire la dance, auec tous ceux qui estoient de la feste, lequel portant sur ses espaules vn grand chien lié & garotté par les pattes & le museau, le prit par les deux jambes de derriere au milieu de la Cabane, & le rua contre terre par plusieurs fois, iusqu'à ce qu'estant mort il le fist prendre par vn autre, qui l'alla apprester dans vne autre Cabane pour le festin, à l'issuë de la dance.

Si la dance est ordonnee pour vne malade, à la troisiesme ou derniere apres-disnee, s'il est trouué expedient, ou ordonné par Loki, elle y est portee, & en l'vne des reprises ou tour de chanson on la porte, en la seconde on la faict vn peu marcher & dancer, la soustenant par sous les bras: & à la troisiesme, si la force luy peut permettre, ils la font vn peu dancer d'elle-mesme, sans ayde de personne, luy criant cependant tousiours à pleine teste, *Etsagon outsahonne, achieteq anatetsence;* c'est à dire: prend courage femme, & tu seras demain guerie, & apres les dances finies ceux qui sont destinés pour le festin y vont, & les autres s'en retournent en leurs maisons.

Il se fit vn iour vne dance de tous les ieunes hommes, femmes & filles toutes nuës en la presence d'vne malade, à laquelle il fallut (traict que ie ne sçay comment excuser, ou passer sous silence) qu'vn de ces ieunes hommes luy pissast dans la bouche, & qu'elle auallast & beust cette eau, ce qu'elle fit auec vn grand courage, esperant en receuoir guerison : car elle mesme desira que le tout se fit de la sorte, pour accomplir & ne rien obmettre du songe qu'elle en auoit eu : que si pendant leur songe ou resuerie il leur vient encore en la pensée qu'il faut qu'on leur fasse present d'vn chien noir ou blanc, ou d'vn grand poisson pour festiner, ou bien de quelque chose à autre vsage, à mesme temps le cry en est faict par toute la ville, afin que si quelqu'vn a vne telle chose qu'on specifie, qu'il en fasse present à vne telle malade, pour le recouurement de sa santé : ils sont si secourables qu'ils ne manquent point de la trouuer, bien que la chose soit de valeur ou d'importance entr'eux, aymans mieux souffrir & auoir disette des choses, que de mäquer au besoin à vn malade;

& pour exemple, le Pere Ioseph auoit donné vn chat à vn grand Capitaine, comme vn present tres-rare (car ils n'ont point de ces animaux;) Il arriua qu'vne malade songea que si on luy auoit dõné ce chat qu'elle seroit bien-tost guerie. Ce Capitaine en fut aduerty, qui aussi tost luy enuoye son chat bien qu'il l'aymast grandement, & sa fille encore plus, laquelle se voyãt priuee de cet animal, qu'elle aymoit passionnémẽt, en tombe malade, & meurt de regret, ne pouuant vaincre & surmonter son affection, bien qu'elle ne voulust manquer aũ secours & ayde de son prochain. Trouuons beaucoup de Chrestiens qui vueillent ainsi s'incommoder pour le seruice des autres, & noº en loüerõs Dieu.

Pour recouuer nostre dé à coudre, qui nous auoit esté desrobé par vn ieune garçon, qui depuis le donna à vne fille, ie fus au lieu où se faisoient les dances, & ne manquay point de l'y remarquer, & le r'auoir de la fille qui l'auoit pendu à sa ceinture, auec ses autres matachias, & en attendant l'issuë de la dance, ie me fis repeter par vn Sauuage vne des chansons qui s'y disoient, dont en voicy vne partie que i'ay icy escrite.

du pays des Hurons. 157

Ongyataéuhaha ho ho ho ho ho,
Eguyotonuhaton on on on on on
Eyontara éientet onnet onnet onnet
Eyontara éientet à à à onnet, onnet, onnet,
ho ho h.

Faut repeter chacune ligne deux fois.

Ayant descrit ce petit eschantillon d'vne chanson Huronne, i'ay creu qu'il ne seroit pas mal à propos de descrire encore icy vne partie de quelque chanson, qui se disoit vn iour en la Cabane du grand Sagamo des Souriquois, à la loüange du Diable, qui leur auoit indiqué de la chasse, ainsi que nous apprist vn François qui s'en dist tesmoin auriculaire, & commence ainsi.

Haloet ho ho hé hé ha ha haloet ho ho hé, ce qu'ils chantent par plusieurs fois : le chant est sur ces notes,

Re fa sol sol re sol sol fa fa re re sol sol fa fa.
Vne chanson finie, ils font tous vne grande exclamation, disans hé. Puis recommencent vne autre chanson, disants :

Egrigna hau, egrigna hé hé hu hu ho ho ho,
egrigna hau hau hau.

Le chant de cette-cy estoit : Fa fa fa, sol sol, fa fa, re re, sol sol, fa fa fa, re, fa fa, sol sol, fa. Ayans faict l'exclamation accoustumée, ils en commencerent vne autre qui chantoit : *Tameia alleluia, tameia à dou weui, hau hau, héhé*. Le chant en estoit : *Sol sol sol, fa fa, re re re, fa, fa, sol fa sol, fa fa, re re*.

Les Brasiliens en leurs Sabats, font aussi de bons accords, comme ; *hé hé hé hé hé hé hé hé hé*, auec cette note, *fa fa sol fa fa, sol sol sol sol sol*. Et cela faict s'escrioyent d'vne façon & hurlement espouuentable l'espace d'vn quart d'heure, & sautoient en l'air auec violence, iusqu'à en escumer par la bouche, puis recommencerent la musique, disans ; *Heu heüraüre heüra heüraüre heüra heüra ouek*. La note est : *Fa mi re sol sol sol fa mi re mi re mi vt re*.

Dans le pays de nos Hurons, il se faict aussi des assemblees de toutes les filles d'vn bourg aupres d'vne malade, tant à sa priere, suyuant la résuerie ou le songe qu'elle en aura euë, que par l'ordonnance de Loki, pour sa santé & guerison. Les filles ainsi assemblees, on leur demande à toutes, les vnes apres les autres, celuy qu'elles veulent des ieunes hommes du bourg pour dormir auec elles la nuict prochaine : elles en nomment chacune vn, qui sont aussi-tost aduertis par les Maistres de la ceremonie, lesquels viennent tous au soir en la presence de la malade, *du pays des Hurons.*

dormir chacun auec celle qui l'a choysi, d'vn bout à l'autre de la Cabane, & passent ainsi toute la nuict, pendant que deux Capitaines aux deux bouts du logis chantent & sonnent de leur Tortuë du soir au lendemain matin, que la ceremonie cesse. Dieu vueille abolir vne si damnable & mal-heureuse ceremonie, auec toutes celles qui sont de mesme aloy, & que les François qui les fomentent par leurs mauuais exemples, ouurent les yeux de leur esprit pour voir le compte tres-estroict qu'ils en rendront vn iour deuant Dieu.

De leur mariage & concubinage.

CHAPITRE XI.

Nous lisons, que Cesar loüoit grandement les Allemans, d'auoir eu en leur ancienne vie sauuage telle continence, qu'ils reputoient chose tres vilaine à vn ieune homme, d'auoir la compagnie d'vne femme ou fille auant l'aage de vingt ans. Au contraire des garçons & ieunes hommes de

Canada, & particulierement du pays de nos Hurons, lesquels ont licence de s'adonner au mal si tost qu'ils peuuent, & les ieunes filles de se prostituer si tost qu'elles en sont capables, voire mesme les peres & meres sont souuent maquereaux de leurs propres filles: bien que ie puisse dire auec verité, n'y auoir iamais veu donner vn seul baiser, ou faire aucun geste ou regard impudique: & pour cette raison i'ose affermer qu'ils sont moins suiets à ce vice que par deçà, dont on peut attribuer la cause, partie à leur nudité, & principalement de la teste, partie au defaut des espiceries, du vin, & partie à l'vsage ordinaire qu'ils ont du petun, la fumee duquel estourdit les sens, & monte au cerueau.

Plusieurs ieunes hommes au lieu de se marier, tiennent & ont souuent des filles à pot & à feu, qu'ils appellent non femmes *Aténonha*, par ce que la ceremonie du mariage n'en a point esté faite, ains *Asqua*, c'est à dire compagne, ou plustost concubine, & viuent ensemble pour autant long tëps qu'il leur plaist, sans que cela empesche le ieune homme, ou la fille, d'aller voir par-fois leurs autres amis ou amies
librement

librement, & sans crainte de reproche
ny blasme, telle estant la coustume du
pays.

Mais leur premiere ceremonie du ma- *Premiere*
riage est; Que quand vn ieune homme *ceremonie*
veut auoir vne fille en mariage, il faut qu'il *de leur*
la demande à ses pere & mere, sans le con- *mariage.*
sentement desquels la fille n'est point à
luy (bien que le plus souuent la fille ne
prend point leur consentement & aduis)
sinon les plus sages & mieux aduisees. Cet
amoureux voulant faire l'amour à sa mai-
stresse, & acquerir ses bonnes graces, se
peinturera le visage, & s'accommodera
des plus beaux Matachias qu'il pourra a-
uoir, pour sembler plus beau, puis presen-
tera à la fille quelque colier, brasselet ou
oreillette de Pourcelaine : si la fille a ce
seruiteur agreable, elle reçoit ce present,
cela faict, cet amoureux viendra coucher
auec elle trois ou quatre nuicts, & iusques
là il n'y a encore point de mariage parfait,
ny de promesse donée, pource qu'apres ce
dormir il arriue assez souuent que l'amitié
ne continuë point, & que la fille, qui pour
obeyr à son pere, a souffert ce passe-droit,
n'affectionne pas pour cela ce seruiteur, &
faut par apres qu'il se retire sans passer ou-
L

tre, comme il arriua de noſtre temps à vn Sauuage, enuers la ſeconde fille du grand Capitaine de Quieunonaſcaran, comme le pere de la fille meſme s'en plaignoit à nous, voyant l'obſtination de ſa fille à ne vouloir paſſer outre à la derniere ceremonie du mariage, pour n'auoir ce ſeruiteur agreable.

Les parties eſtans d'accord, & le conſentement des pere & mere eſtant donné, on procede à la ſeconde ceremonie du mariage en cette maniere. On dreſſe vn feſtin de chien d'ours, d'eſlan, de poiſſon ou d'autres viandes qui leur ſont accommodees, auquel tous les parens & amis des accordez ſont inuitez. Tout le monde eſtant aſſemblé, & chacun en ſon rang aſſis ſur ſon ſeant, tout à l'entour de la Cabane; Le pere de la fille, ou le maiſtre de la ceremonie, à ce deputé, dict & prononce hautement & intelligiblement deuant toute l'aſſemblee, comme tels & tels ſe marient enſemble, & qu'à cette occaſion a eſté faicte cette aſſemblee & ce feſtin, d'ours, de chien, de poiſſon, &c. pour la reſiouyſſance d'vn chacun, & la perfection d'vn ſi digne ouurage. Le tout eſtant approuué, & la chaudiere nette, chacun ſe retire, puis toutes les femmes & filles portent à la nouuelle mariee, chacune vn fardeau de bois pour sa prouision, si elle est en saison qu'elle ne le peust faire commodément elle-mesme.

Or il faut remarquer qu'ils gardent trois degrez de consanguinité, dans lesquels ils n'ont point accoustumé de faire mariage : sçauoir est, du fils auec sa mere, du pere auec sa fille, du frere auec sa sœur, & du cousin auec sa cousine ; comme ie recogneus appertement vn iour, que ie monstray vne fille à vn Sauuage, & luy demanday si c'estoit là sa femme ou sa concubine, il me respondit que non, & qu'elle estoit sa cousine, & qu'ils n'auoient pas accoustumé de dormir auec leurs cousines ; hors cela toutes choses sont permises. De doüaire il ne s'en parle point, aussi quand il arriue quelque diuorce, le mary n'est tenu de rien. *Gardent trois degrez de cõsanguinité.*

Pour la vertu & les richesses principales que les pere & mere desirent de celuy qui recherche leur fille en mariage, est, non seulement qu'il ait vn bel entre gent, & soit bien matachié & enioliué ; mais il faut outre cela, qu'il se monstre vaillant à la chasse, à la guerre & à la pesche, & qu'il

L ij

sçache faire quelque chose, comme l'exemple suyuant le monstre.

Vn Sauuage faisoit l'amour à vne fille, laquelle ne pouuant auoir du gré & consentement du pere, il la rauit, & la prit pour femme. Là dessus grande querelle, & enfin la fille luy est enleuee, & retourne auec son pere : & la raison pourquoy le pere ne vouloit que ce Sauuage eust sa fille, estoit, qu'il ne la vouloit point bailler à vn homme qui n'eust quelque industrie pour la nourrir, & les enfans qui prouiendroient de ce mariage. Que quant à luy il ne voyoit point qu'il sceust rien faire, qu'il s'amusoit à la cuisine des François, & ne s'exerçoit point à chasser : le garçon pour donner preuue de ce qu'il sçauoit par effect, ne pouuant autrement r'auoir la fille, va à la chasse (du poisson) & en prend quantité, & apres ceste vaillantise, la fille luy est renduë, & la reconduit en sa Cabane, & firent bon mesnage par ensemble, comme ils auoient faict par le passé.

Que si par succession de temps il leur prend enuie de se separer pour quelque suiet que ce soit, ou qu'ils n'ayent point d'enfans, ils se quittent librement, le mary se contentant de dire à ses parens & à elle, qu'elle ne vaut rien, & qu'elle se pouruoye ailleurs, & dés lors elle vit en commun auec les autres, iusqu'à ce que quelqu'autre la recherche ; & non seulement les hommes procurent ce diuorce, quand les femmes leur en ont donné quelque suiet; mais aussi les femmes quittent facilement leurs marys, quand ils ne leur agreent point: d'où il arriue souuent que telle passe ainsi sa ieunesse, qui aura eu plus de douze ou quinze marys, tous lesquels ne sont pas neantmoins seuls en la iouyssance de la femme, quelques mariez qu'ils soient: car la nuict venuë les ieunes femmes & filles courent d'vne Cabane à autre, comme font, en cas pareil, les ieunes hommes de leur costé, qui en prennent par où bon leur semble, sans aucune violence toutesfois, remettant le tout à la volonté de la femme. Le mary fera le semblable à sa voysine, & la femme à son voysin, aucune ialousie ne se mesle entr'eux pour cela, & n'en reçoiuent aucune honte, infamie ou des-honneur.

Mais lors qu'ils ont des enfans procreez de leur mariage, ils se separent & quittent rarement, & que ce ne soit pour vn grand suiet, & lors que cela arriue, ils ne laissent pas de se remarier à d'autres, nonobstant leurs enfans, desquels ils font accord à qui les aura, & demeurent d'ordinaire au pere, comme i'ay veu à quelques vns, excepté à vne ieune femme, à laquelle le mary laissa vn petit fils au maillot, & ne sçay s'il ne l'eust point encore retiré à soy, apres estre sevré, si leur mariage ne se fust r'accommodé, duquel nous fusmes les intercesseurs pour les remettre ensemble & à appaiser leur debat, & firent à la fin ce que nous leur conseillasmes, qui estoit de se pardonner l'vn l'autre, & de continuer à faire bon mesnage à l'aduenir, ce qu'ils firent.

Vne des grandes & plus fascheuses importunitez qu'ils nous donnoient au commencemét de nostre arriuee en leur pays, estoit leur continuelle poursuitte & prieres de nous marier, ou du moins de nous allier auec eux, & ne pouuoient comprendre nostre maniere de vie Religieuse: à la fin ils trouuerent nos raisons bonnes, & ne nous en importunerent plus, approuuans que ne fissions rien contre la volonté de nostre bon Pere IESVS; & en ces poursuittes les femmes & filles estoient, sans comparaison, pires & plus importunes que les hommes mesmes, qui venoient nous prier pour elles.

De la naissance, nourriture & amour que les Sauuages ont enuers leurs enfans.

Chapitre XII.

Nonobstant que les femmes se donnent carriere auec d'autres qu'auec leurs marys, & les marys auec d'autres qu'auec leurs femmes, si est-ce qu'ils ayment tous grandement leurs enfans, gardans cette Loy que la Nature a entee és cœurs de tous les animaux, d'en auoir le soin. Or ce qui faict qu'ils ayment leurs enfans plus qu'on ne faict par deçà (quoy que vitieux & sans respect) c'est qu'ils sont le support des peres en leur vieillesse; soit pour les ayder à viure, ou bien pour les deffendre de leurs ennemis, & la Nature conserue en eux son droict

1. De l'amour enuers les enfans.

tout entier pour ce regard : à cause de quoy ce qu'ils souhaittent le plus, c'est d'auoir nombre d'enfans, pour estre tant plus forts, & asseurez de support au temps de la vieillesse, & neantmoins les femmes n'y sont pas si fecondes que par-deçà : peut-estre tant à cause de leur lubricité, que du choix de tant d'hommes.

2. De la naissance. La femme estant accouchee, suyuant la coustume du pays, elle perce les oreilles de son enfant auec vne aleine, ou vn os de poisson, puis y met vn tuyau de plume, ou autre chose, pour entretenir le trou, & y pendre par apres des patinotres de Pourceleine, ou autre bagatelle, & pareillement à son col, quelque petit qu'il soit. Il y en a aussi qui leur font encore aualler de la graisse ou de l'huile, si tost qu'ils sont sortis du ventre de leur mere: ie ne sçay à quel dessein ny pourquoy, sinon que le Diable (singe des œuures de Dieu) leur ait voulu donner cette inuention, pour contre-faire en quelque chose le sainct Baptesme, ou quelqu'autre Sacrement de l'Eglise.

3. De l'imposition Pour l'imposition des noms, ils les donnent par tradition, c'est à dire, qu'ils ont

du pays des Hurons. 169

des noms en grande quantité, lesquels ils choisissent & imposent à leurs enfans: aucuns noms sont sans significations, & les autres auec signification, comme *Yocoisse*, le vent, *Ongyata*, signifie la gorge, *Tochingo*, gruë, *Sondaqua*, aigle, *Scouta*, la teste, *Tonra*, le ventre, *Taïhy*, vn arbre, &c. I'en ay veu vn qui s'appelloit Ioseph; mais ie n'ay pû sçauoir qui luy auoit imposé ce nom là, & peut-estre que parmy vn si grand nombre de noms qu'ils ont, il s'y en peut trouuer quelques-vns approchans des nostres.

des noms.

Les anciennes femmes d'Allemaigne sont loüees par Tacite, d'autant que chacune nourrissoit ses enfans de ses propres mamelles, & n'eussent voulu qu'vne autre qu'elles les eust allaictez. Nos Sauuagesses, auec leurs propres mamelles, allaictent & nourrissent aussi les leurs, & n'ayãs point l'vsage ny la commodité de la boüillie, elles leur baillent encore des mesmes viandes desquelles elles vsent, après les auoir bien maschees, & ainsi peu à peu les esleuent. Que si la mere vient à mourir auant que l'enfant soit sevré, le pere prend de l'eau, dans laquelle aura tres-bien boüilly du bled d'Inde, & en emplit sa

4. *De la nourriture des enfans.*

bouche, & ioignant celle de l'enfant contre la sienne, luy faict receuoir & aualer cette eauë, & c'est pour suppleer au deffaut de la mammelle & de la boüillie, ainsi que i'ay veu pratiquer au mary de nostre Sauuagesse baptizee. De la mesme inuention se seruent aussi les Sauuagesses, pour nourrir les petits chiens, que les chiennes leur donnent, ce que ie trouuois fort maussade & vilain, de ioindre ainsi à leur bouche le museau des petits chiens, qui ne sont pas souuent trop nets.

5. De l'emmaillotement.

Durant le iour ils emmaillotent leurs enfans sur vne petite planchette de bois, où il y a à quelques-vnes vn arrest ou petit aiz plié en demy-rond au dessous des pieds, & la dressent debout contre le plancher de la Cabane, s'ils ne les portent promener auec cette planchette derriere leur dos, attachee auec vn collier qui leur prend sur le front, ou que hors du maillot ils ne les portent enfermez dans leur robe ceinte deuant eux, ou derriere leur dos presque tous droits, la teste de l'enfant dehors, qui regarde d'vn costé & d'autre par dessus les espaules de celle qui le porte.

L'enfant estant emmaillotté sur cette

du pays des Hurons. 171

planchette, ordinairement enjoliuée de petits Matachias & Chappelets de Pourceleine, ils luy laissent vne ouuerture deuant la nature, par où il faict son eau, & si c'est vne fille, ils y adioustent vne fueille de bled d'Inde renuersee, qui sert à porter l'eau dehors, sans que l'enfant soit gasté de ses eauës, & au lieu de lange (car ils n'en ont point) ils mettent sous-eux du duuet fort doux de certains roseaux, sur lesquels ils sont couchez fort mollement, & les nettoyent du mesme duuet ; & la nuict ils les couchent souuent tous nuds entre le pere & la mere, sans qu'il en arriue, que tres-rarement, d'accident. I'ay veu en d'autres Nations, que pour bercer & faire dormir l'enfant, ils le mettent tout emmaillotté dans vne peau, qui est suspenduë en l'air par les quatre coins, aux bois & perches de la Cabane, à la façon que font les licts de reseau des Matelots sous le Tillac des nauires, & voulans bercer l'enfant ils n'ont que fois à autre à donner vn branfle à cette peau ainsi suspenduë.

Les Cimbres mettoient leurs enfans nouueaux naiz parmy les neiges, pour les endurcir au mal, & nos Sauuages n'en

6. Endurcissent leurs en-

sans à la peine. font pas moins; car ils les laiſſent non ſeulement nuds parmy les Cabanes; mais meſmes grandelets ils ſe veautrent, courent & ſe iouent dans les neiges, & parmy les plus grandes ardeurs de l'eſté, ſans en receuoir aucune incommodité, comme i'ay veu en pluſieurs, admirant que ces petits corps tendrelets puiſſent ſupporter (ſans en eſtre malades) tant de froid & tant de chaud, ſelon le temps & la ſaiſon. Et de là vient qu'ils s'endurciſſent tellement au mal & à la peine, qu'eſtans deuenus grands, vieils & chenus, ils reſtent touſiours forts & robuſtes, & ne reſſentent preſque aucune incommodité ny indiſpoſition, & meſmes les femmes enceintes ſont tellement fortes, qu'elles s'accouchent d'elles-meſmes, & n'en gardent point la chambre pour la pluſpart. I'en ay veu arriuer de la foreſt, chargees d'vn gros faiſſeau de bois, qui accouchoient auſſi-toſt qu'elles eſtoient arriuees, puis au meſme inſtant ſus pieds, à leur ordinaire exercice.

Et pource que les enfans d'vn tel mariage ne ſe peuuent aſſeurer legitimes, ils ont cette couſtume entr'eux, auſſi bien qu'en pluſieurs autres endroicts des Indes

7. Les enfans ne ſuccedent point aux

du pays des Hurons. 173

Occidentales, que les enfans ne succedent pas aux biens de leur pere; ains ils font successeurs & heritiers les enfans de leurs propres sœurs, & desquels ils sont asseurez estre de leur sang & parentage, & neantmoins encore les ayment-ils grandement, nonobstant le doute qu'ils soient à eux, & que ce soient de tres-mauuais enfans pour la pluspart, & qu'ils leur portent fort peu de respect, & gueres plus d'obeyssance: car le mal-heur est en ces pays là, qu'il n'y a point de respect des ieunes aux vieils, ny d'obeyssance des enfans enuers les peres & meres, aussi n'y a-il point de chastiment pour faute aucune; c'est pourquoy tout le monde y vit en liberté, & chacun faict comme il l'entend, & les peres & meres, faute de chastier leurs enfans, sont souuent contraincts souffrir d'estre iniuriez d'eux, & par-fois battus & esuentez au nez. Chose trop indigne, & qui ne sent rien moins que la beste brute; le mauuais exemple, & la mauuaise nourriture, sans chastiment & correction, est cause de tout ce desordre.

biens du pere.

De l'exercice des jeunes garçons & jeunes filles.

CHAPITRE XIII.

Exercice des garçōs.

L'Exercice ordinaire & journalier des jeunes garçons, n'est autre qu'à tirer de l'arc, à darder la flesche, qu'ils font bondir & glisser droict quelque peu par-dessus le paué: joüer auec des bastons courbez, qu'ils font couler par-dessus la neige, & crosser vne balle de bois leger, comme l'on faict en nos quartiers, apprendre à ietter la fourchette auec quoy ils herponnent le poisson, & s'addonnent à autres petits jeus & exercices, puis se trouuer à la Cabane aux heures des repas, ou bien quand ils ont faim. Que si vne mere prie son fils d'aller à l'eau, au bois, ou de faire quelqu'autre semblable seruice du mesnage, il luy respond que c'est vn ouurage de fille, & n'en faict rien: que si par-fois nous obtenions d'eux de semblables seruices, c'estoit à condition qu'ils auroient tousiours entree en nostre Cabane, ou pour quelque espingle, plu-

du pays des Hurons. 175

me, ou autre petite chose à se parer, dequoy ils estoient fort-contens, & nous aussi, pour ces petits & menus seruices que nous en receuions.

Il y en auoit pourtant de malicieux, qui se donnoient le plaisir de coupper la corde où suspendoit nostre porte en l'air, à la mode du pays, pour la faire tomber quand on l'ouuriroit, & puis apres le nioyent absolument, ou prenoient la fuite, aussi n'auoüent-ils iamais leurs fautes & malices (pour estre grands menteurs) qu'en lieu où ils n'en craignent aucun blasme ou reproche : car bien qu'ils soient Sauuages & incorrigibles, si sont-ils fort superbes & cupides d'honneur, & ne veulent pas estre estimez malicieux ou meschans, quoy qu'ils le soient.

Nous auions commencé à leur apprendre & enseigner les lettres, mais comme ils sont libertins, & ne demandent qu'à joüer & se donner du bon temps, comme i'ay dict, ils oublioyent en trois iours, ce que nous leur auions appris en quatre, faute de continuer, & nous venir retrouuer aux heures que nous leur auions ordonnées, & pour nous dire qu'ils auoient esté empeschez à ioüer, ils en estoient

Leur enseignions les lettres.

quittes; aussi n'estoit-il pas encore à propos de les rudoyer ny reprendre autrement que doucement, & par vne maniere affable les admonester de bien apprendre vne science qui leur deuoit tant profiter, & apporter du contentement le temps à venir.

Exercice des enfans,
De mesme que les petits garçons ont leur exercice particulier, & apprennent à tirer de l'arc les vns auec les autres, si tost qu'ils commencent à marcher. On met aussi vn petit baston entre les mains des petites fillettes, en mesme temps qu'elles commencent de mettre vn pied deuant l'autre, pour les stiler & apprendre de bonne heure à piler le bled, & estans grandelettes elles iouent aussi à diuers petits ieus auec leurs compagnes, & parmy ces petits esbats on les dresse encore doucement à de petits & menus seruices du mesnage, & aussi quelquesfois au mal qu'elles voyent deuant leurs yeux, qui faict qu'estans grandes elles ne valent rien, pour la pluspart, & sont pires (peu exceptees) que les garçons mesmes, se vantans souuent du mal qui les deuroit faire rougir; & c'est à qui fera plus d'amoureux, & si la mere n'en trouue pour soy, elle offre

libremet

du pays des Hurons. 177

librement sa fille, & sa fille s'offre d'elle-mesme, & le mary offre aussi aucunes fois sa femme, si elle veut, pour quelque petit present & bagatelle, & y a des Maquereaux & meschans dans les bourgs & villages, qui ne s'addonnent à autre exercice qu'à presenter & conduire de ces bestes aux hommes qui en veulent. Ie loüe nostre Seigneur de ce qu'elles prenoient d'assez bonne part nos reprimandes, & qu'à la fin elles commençoient à auoir de la retenuë, & quelque honte de leur dissolution, n'osans plus, que fort rarement, vser de leurs impertinentes paroles en nostre presence, & admiroient, en approuuant l'honnesteté que leur disions estre aux filles de France, ce qui nous donnoit esperance d'vn grand amendement, & changemēt de leur vie dans peu de temps: si les François qui estoient montez auec nous (pour la plus part) ne leur eussent dit le contraire, pour pouuoir tousiours iouyr à cœur saoul, comme bestes brutes, de leurs charnelles voluptez, ausquelles ils se veautroient, iusques à auoir en plusieurs lieux des haras de garces, tellement que ceux qui nous deuoient seconder à l'instruction & bon exemple de ce peuple,

François dissolus.

M

estoient ceux-là mesme qui alloient destruisans & empeschans le bien que nous establissions au salut de ces peuples, & à l'aduancement de la gloire de Dieu. Il y en auoit neantmoins quelques-vns de bons, honnestes & bien viuans, desquels nous estions fort contens & bien edifiez; comme au contraire nous estions scandalisez de ces autres brutaux, athees & charnels, qui empeschoient la conuersion & amendement de ce pauure peuple.

Filles qui ont le nez couppé

L'vn de nos François ayant esté à la traicte en vne Nation du costé du Nord, tirant à la mine de Cuivre, enuiron cent lieuës de nous: il nous dit à son retour y auoir veu plusieurs filles, ausquelles on auoit couppé le bout du nés, selon la coustume de leur pays (bien opposite & contraire à celle de nos Hurons) pour auoir faict bresche à leur honneur, & nous asseura aussi qu'il auoit veu ces Sauuages faire quelque forme de priere, auant que prendre leur repas: ce qui donna au Pere Nicolas & à moy, vne grand' enuie d'y aller, si la necessité ne nous eust contraincts de retourner en la Prouince de Canada, & de là en France.

De la forme, couleur & stature des Sauuages, & comme ils ne portent point de barbe.

CHAPITRE XIV.

TOVTES les Nations & les peuples Americains que nous auons veus en nostre voyage, sont tous de couleur bazanée (excepté les dents qu'ils ont merueilleusement blanches) non qu'ils naissent tels: car ils sont de mesme nature que nous; mais c'est à cause de la nudité, de l'ardeur du soleil qui leur donne à nud sur le dos, & qu'ils s'engraissent & oignée assez souuent le corps d'huile ou de graisse, auec des peintures de diuerses couleurs qu'ils y appliquent & meslent, pour sembler plus beaux.

Ils sont tous generalement bien formez & proportionnez de leurs corps, & sans difformité aucune, & peux dire auec verité, y auoir veu d'aussi beaux enfans

Couleur des Sauuages.

Corps bien proportionnez.

M ij

qu'il y en ſçauroit auoir en France. Il n'y a pas meſme de ces gros ventrus, pleins d'humeurs & de graiſſes, que nous auons par-deçà; car ils ne ſont ny trop gras, ny trop maigres, & c'eſt ce qui les maintient en ſanté, & exempts de beaucoup de maladies auſquelles nous ſommes ſuiets: car au dire d'Ariſtote, il n'y a rien qui conſerue mieux la ſanté de l'homme que la ſobrieté, & entre tant de Nations & de monde que i'y ay rencontré, ie n'y ay iamais veu ny apperceu qu'vn borgne, qui eſtoit des Honqueronons, & vn bon vieillard Huron, qui pour eſtre tombé du haut d'vne Cabane en bas, s'eſtoit faict boiteux.

Il ne s'y voit non plus aucun rouſſeau, ny blond de cheueux, mais les ont tous noirs (excepté quelques-vns qui les ont chaſtaignez) qu'ils nourriſſent & ſouffrent ſeulement à la teſte, & non en aucune autre partie du corps, & en oſtent meſme tous la cauſe productiue, ayans la barbe tellement en horreur, que penſans parfois nous faire iniure, nous appelloient *Saſcoinronte*, qui eſt à dire barbu, tu es vn barbu: auſſi croyent-ils qu'elle rend les perſonnes plus laides, & amoindrit leur esprit. Et à ce propos ie diray, qu'vn iour vn Sauuage voyant vn François auec sa barbe, se retournant vers ses compagnons leur dict, comme par admiration & estonnement : O que voyla vn homme laid ! est il possible qu'aucune femme vouluft regarder de bon œil vn tel homme, & luy-mesme estoit vn des plus laids Sauuages de son pays ; c'est pourquoy il auoit fort bonne grace de mespriser ce barbu.

Que si ces peuples ne portent point de barbe, il n'y a dequoy s'esmerueiller, puis que les anciens Romains mesmes, estimans que cela leur seruoit d'empeschement, n'en ont point porté iusques à l'Empereur Adrien, qui premier a commencé à porter barbe. Ce qu'ils reputoient tellement à honneur, qu'vn homme accusé de quelque crime, n'auoit point ce priuilege de faire raser son poil, comme se peut recueillir par le tesmoignage d'Aulus Gellius, parlant de Scipion, fils de Paul, & par les anciennes Medailles des Romains & Gaulois, que nous voyons encore à present.

Les Romains ne portoient barbe.

Nos François auoient donné à entendre aux Sauuagesses, que les femmes de

France auoient de la barbe au menton, & leur auoient encore perſuadé tout plein d'autres choſes, que par honneſteté ie n'eſcris point icy, deſorte qu'elles eſtoient fort deſireuſes d'en voir; mais nos Hurons ayans veu Madamoiſelle Champlain en Canada, ils furent détrompez, & recogneurent qu'en effet on leur en auoit donné à garder. De ces particularitez on peut inferer que nos Sauuages ne ſont point velus, comme quelques-vns pourroient penſer. Cela appartient aux habitans des Iſles Gorgades, d'où le Capitaine Hanno Carthaginois, rapporta deux peaux de femmes toutes veluës, leſquelles il mit au Temple de Iuno par grande ſingularité, & me ſemble encor' auoir oüy dire à vne perſonne digne de foy, d'en auoir veu vne à Paris toute ſemblable, qu'on y auoit apportee par grande rareté : & de là vient la croyance que pluſieurs ont, que tous les Sauuages ſont velus, bien qu'il ne ſoit pas ainſi, & que tres-rarement en trouue-on qui le ſoient.

Il arriua au Truchement des Epicerinys, qu'apres auoir paſſé deux ans parmy eux, & que penſans le congratuler ils luy dirent : Et bien, maintenant que tu commences à bien parler nostre langue, si tu n'auois point de barbe, tu aurois desia presque autant d'esprit qu'vne telle Nation, luy en nommant vne qu'ils estimoient auoir beaucoup moins d'esprit qu'eux, & les François auoir encor' moins d'esprit que cette Nation là, tellement que ces bonnes gens là nous estiment de fort petit esprit, en comparaison d'eux: aussi à tout bout de champ, & pour la moindre chose ils vous disent, *Téondion,* ou *Tescaondion,* c'est à dire, tu n'as point d'esprit; *Atache,* mal-basty. A nous autres Religieux ils nous en disoient autant au commencement; mais à la fin ils nous eurent en meilleur estime, & nous disoient au contraire: *Cachia otindion,* vous auez grandement d'esprit: *Hoüandate daustan téhondion,* & les Hurons n'en ont point; *Arondiuhanne,* ou *Ahondiuoy issa,* vous estes gens qui cognoissés les choses d'enhaut & surnaturelles, & n'auoient cette opinion ny croyáce des autres François, en comparaison desquels ils estimoient leurs enfans plus sages & de meilleur esprit, tant ils ont bonne opinion d'eux-mesmes, & peu d'estime d'autruy.

M iiij.

Humeur des Sauuages, & comme ils ont recours aux Deuins, pour recouurer les choses desrobees.

CHAPITRE XV.

ENTRE toutes ces Natiõs il n'y en a aucune qui ne differe en quelque chose, soit pour la façõ de se gouuerner & entretenir, ou pour se vestir & accommoder de leurs parures, chacune Nation se croyant la plus sage & mieux aduisee de toutes (car la voye du fol est tousiours droicte deuant ses yeux) dict le Sage. Et pour dire ce qu'il me semble de quelques-vns ; & lesquels sont les plus heureux ou miserables. Ie tiens les Hurons, & autres peuples Sedentaires, comme la Noblesse : les Nations Algoumequines pour les Bourgeois, & les autres Sauuages de deçà comme Montagnets & Canadiens, les villageois & paures du pays : & de faict, ils sont les plus pauures & necessiteux de tous, car encore que tous les Sauuages soient miserables, entant qu'ils sont priuez de la cognoissance de Dieu, si ne sont-ils pas tousiours egallement miserables en la iouyssance des biens de cette vie, & en l'entretenien & embellissement de ce corps miserable, pour lequel seul ils trauaillent & se peinent, & nullement pour l'ame, ny pour le salut.

Tous les Sauuages en general, ont l'esprit & l'entendement assez bon, & ne sont point si grossiers & si lourdauts que nous nous imaginons en France. Ils sont d'vne humeur assez ioyeuse & contente, toutesfois ils sont vn peu saturniens, ils parlent fort posément, comme se voulans bien faire entendre, & s'arrestent aussi-tost en songeans vne grande espace de temps, puis reprennent leur parole, & cette modestie est cause qu'ils appellent nos François femmes, lors que trop precipitez & boüillans en leurs actions, ils parlent tous à la fois, & s'interrompent l'vn l'autre. Ils craignent le des-honneur & le reproche, & sont excitez à bien faire par l'honneur; d'autant qu'entr'eux celuy est tousiours honoré, & s'aquiert du renom, qui a faict quelque bel exploict.

Humeur des Sauuages.

Sauuages appellent les grands parleurs femmes.

Pour la liberalité, nos Sauuages sont loüables en l'exercice de cette vertu, selon leur pauureté: car quand ils se visitent les vns les autres, ils se font des presens mutuels: & pour monstrer leur galantise, ils ne marchandent point volontiers, & se contentent de ce qu'on leur baille honnestement & raisonnablement, mesprisans & blasmans les façons de faire de nos Marchands qui barguignent vne heure pour marchander vne peau de Castor: ils ont aussi la mansuetude & clemence en la victoire enuers les femmes & petits enfans de leurs ennemis, ausquels ils sauuent la vie, bien qu'ils demeurent leurs prisonniers pour seruir.

Vertu des Sauuages.

Ce n'est pas à dire pourtant qu'ils n'ayēt de l'imperfection: car tout homme y est suiet, & à plus forte raison celuy qui est priué de la cognoissance d'vn Dieu & de la lumiere de la foy, comme sont nos Sauuages: car si on vient à parler de l'honnesteté & de la ciuilité, il n'y a de quoy les loüer, puis qu'ils n'en pratiquent aucun traict, que ce que la simple Nature leur dicte & enseigne. Ils n'vsent d'aucun compliment parmy-eux, & sont fort-mal propres & mal nets en l'apprest de leurs

Imperfection des Sauuages.

viandes. S'ils ont les mains sales ils les essuyent à leurs cheueux, ou aux poils de leurs chiens, & ne les lauent iamais, si elles ne sont extremement sales: & ce qui est encore plus impertinent, ils ne font aucune difficulté de pousser dehors les mauuais vents de l'estomach parmy les repas, & en presence de tous. Ils sont aussi grandement addonnez à la vengeance & au mensonge, ils promettent aussi assez; mais ils tiennent peu: car pour auoir quelque chose de vous, ils sçauent bien flatter & promettre, & desrobent encore mieux, si ce sont Hurons, ou autres peuples Sedentaires, enuers les estrangers, c'est pourquoy il s'en faut donner de garde, & ne s'y fier qu'à bonnes enseignes, si on n'y veut estre trompé.

Mais si vn Huron a esté luy-mesme desrobé, & desire recouurer ce qu'il a perdu, il a recours à Loki ou Magicien, pour par le moyen de son sort auoir cognoissance de la chose perduë. On le faict donc venir à la Cabane, là où apres auoir ordonné des festins, il faict & pratique ses magies, pour descouurir & sçauoir qui a esté le voleur & larron, ce qu'il faict indubitablement, à ce qu'ils disent, si celuy qui a

Ont recours au Deuin.

faict le larcin est alors present dans la mesme Cabane, & non s'il est absent. C'est pourquoy le François qui auoit pris des Rassades au bourg de *Toenchain*, s'enfuit en haste en nostre Cabane, quand il vit arriuer Loki dans son logis, pour le suiet de son larcin, sans que nous ayôs sceu, que quelques iours apres, qu'il s'estoit ainsi venu refugier chez-nous pour vn si mauuais acte que celuy-là.

Pour ce qui est des Canadiens & Montagnets, ils ne sont point larrons (au moins ne l'auons-nous pas encore apperceu en nostre endroict) & les filles y sont pudiques & sages, tant en leurs paroles qu'en leurs actions, bien qu'il s'y en pourroit peut-estre trouuer entr'elles qui le seroient moins. Mais les Sauuages les plus honnestes & mieux appris que i'aye recogneu en vne si grande estenduë de pays, sont, à mon aduis, ceux de la Baye & contree de Miskou, parlant en general; car en toute Nation il y en a de particuliers qui surpassent en bonté & honnesteté, & les autres qui excedent en malice. I'y vis le Sauuage du bon Pere Sebastien Recollet, Aquitanois, qui mourut de faim, auec plusieurs Sauuages, vers sainct Iean, & la Baye de Miskou, pendant vn hyuer que nous demeurions aux Hurons, enuiron quatre cens lieuës esloignez de luy : mais il ne sentoit nullement son Sauuage en ses mœurs & façons de faire ; ains son homme sage, graue, doux & bien appris, n'approuuant nullement la legereté & inconstance qu'il voyoit en plusieurs de nos hommes, lesquels il reprenoit doucement en son silence & en sa retenuë, aussi estoit-il vn des principaux Capitaines & chefs du pays.

Des cheueux & ornemens du corps.

CHAPITRE XVI.

LEs Canadiens & Montagnets, tant hommes que femmes, portent tous longue cheuelure, qui leur tombe & bat sur les espaules, & à costé de la face, sans estre noüez ny attachez, & n'en couppent qu'vn bien peu du deuant, à cause que cela leur empescheroit de voir en courant. Les fem-

Comme les Sauuages portent leurs cheueux.

més & filles Algoumequines my partiſſent leur longue cheuelure en trois : les deux parts leur pendent de coſté & d'autre ſur les oreilles & à coſté des ioües ; & l'autre partie eſt accommodée par derriere en treſſe, en la forme d'vn marteau pendant, couché ſur le dos. Mais les Huronnes & Petuneuſes ne font qu'vne treſſe de tous leurs cheueux, qui leur bat de meſme ſur le dos, liez & accommodez auec des lanieres de peaux fort ſales. Pour les hommes, ils portent deux grandes mouſtaches ſur les oreilles, & quelques-vns n'en portent qu'vne, qu'ils treſſent & cordelent aſſez ſouuent auec des plumes & autres bagatelles, le reſte des cheueux eſt couppé court, ou bien par compartimens, couronnes, clericales, & en toute autre maniere qu'il leur plaiſt : i'ay veu de certains vieillards, qui auoient deſſia, par maniere de dire, vn pied dans la foſſe, eſtre autant ou plus curieux de ſes petites parures, & d'y accommoder du duuet de plumes, & autres ornemens, que les plus ieunes d'entr'eux. Pour les Cheueux Releuez, ils portent & entretiennent leurs cheueux ſur le front, fort droicts & releuez, plus que ne ſont ceux de nos Dames de par deçà, couppez de mesure, allans toufiours en diminuant de deffus le front au derriere de la tefte.

Generallement tous les Sauuages, & particulierement les femmes & filles, font grandement curieufes d'huiler leurs cheueux, & les hommes de peindre leur face & le refte du corps, lors qu'ils doiuent affifter à quelque feftin, ou à des affemblees publiques : que s'ils ont des Matachias & Pourceleines ils ne les oublient point, non plus que les Raffades, Patinotres & autres bagatelles que les François leur traitent. Leurs Pourceleines font diuerfement enfilees, les vnes en coliers, larges de trois ou quatre doigts, faicts comme vne fangle de cheual qui en auroit fes fiffeles toutes couuertes & enfilees, & ces coliers ont enuiron trois pieds & demy de tour, ou plus, qu'elles mettent en quantité à leur col, felon leur moyen & richeffe, puis d'autres enfilees comme nos Patinotres, attachees & penduës à leurs oreilles, & des chaifnes de grains gros comme noix, de la mefme Pourceleine, qu'elles attachēt fur les deux hanches, & viennent par deuant arrangees de haut en bas, par deffus les cuiffes ou brayers qu'elles portent : &

Parures & ornemens des femmes.

en ay veu d'autres qui en portoient encore des brasselets aux bras, & de grandes plaques par deuant leur estomach, & d'autres par derriere, accommodez en rond, & comme vne carde à carder la laine, attachez à leurs tresses de cheueux : quelqu'vnes d'entr'elles ont aussi des ceintures & autres parures, faictes de poil de porc-espic, teincts en rouge cramoisy, & fort proprement tissuës, puis les plumes & les peintures ne manquent point, & sont à la deuotion d'vn chacun.

Pour les ieunes hommes, ils sont aussi curieux de s'accommoder & farder comme les filles : ils huilent leurs cheueux, & y appliquent des plumes, & d'autres se font des petites fraises de duuet de plumes à l'entour du col : quelques-vns ont des fronteaux de peaux de serpens, qui leur pendent par derriere, de la longueur de deux aulnes de France. Ils se peindent le corps & la face de diuerses couleurs; de noir, vert, rouge, violet, & en plusieurs autres façons; d'autres ont le corps & la face grauee en compartimens, auec des figures de serpens, lezards, escureux & autres animaux, & particulierement ceux de la Nation du Petun, qui ont tous, presque,

Sauuages ont le corps figuré.

que, les corps ainsi figurez, ce qui les rend effroyables & hydeux à ceux qui n'y sont pas accoustumez : cela est picqué & faict de mesme, que sont faictes & grauees dans la superficie de la chair, les Croix qu'ont aux bras ceux qui reuiennent de Ierusalem, & c'est pour vn iamais ; mais on les accommode à diuerses reprises ; pour ce que ces piqueures leur causent de grandes douleurs, & en tombent souuent malades, iusques à en auoir la fievre, & perdre l'appetit, & pour tout cela ils ne desistent point, & font continuer iusqu'à ce que tout soit acheué, & comme ils le desirent, sans tesmoigner aucune impatience ou dépit, dans l'excez de la douleur : & ce qui m'a plus faict admirer en cela, a esté de voir quelques femmes, mais peu, accommodees de la mesme façon. I'ay aussi veu des Sauuages d'vne autre Nation, qui auoient tous le milieu des narines percees, ausquelles pendoit vne assez grosse Patinotre bleuë, qui leur tomboit sur la leure d'enhaut.

Nos Sauuages croyoient au commencement que nous portions nos Chappelets à la ceinture pour parade, comme ils font leurs Pourceleines, mais, sãs cõparaison ils faisoient fort peu d'estat de nos Chappelets, disans qu'ils n'estoient que de bois, & que leur Pourceleine, qu'ils appellent *Onocoirota*, estoit de plus grande valeur.

Ces Pourceleines sont des os de ces grandes coquiles de mer, qu'on appelle Vignols, semblables à des limaçons, lesquels ils découpent en mille pieces, puis les polissent sur vn graiz, les percent, & en font des coliers & brasselets auec grād' peine & trauail, pour la dureté de ces os, qui sōt toute autre chose que nostre yuoire, lequel ils n'estiment pas aussi à beaucoup pres de leur Pourceleine, qui est plus belle & blanche. Les Brasiliens & Floridiens en vsent aussi à se parer & attiffer comme eux.

I'auois à mon Chappelet vne petite teste de mort en buys, de la grosseur d'vne noix, assez bien faicte, beaucoup d'entr'eux la croyoient auoir esté d'vn enfant viuant, non que ie leur persuadasse : mais leur simplicité leur faisoit croire ainsi, comme aux femmes de me demander à emprunter mon capuce & manteau en temps de pluye, ou pour aller à quelque festin : mais elles me prioyent en vain,

comme il est aysé à croire. Pour nos Soc-
quets ou Sandales, les Sauuages & Sauuagesses les ont presque tous voulu es-
prouuer & chausser, tant ils les admiroient & trouuoient commodes, me disant apres, *Auiel, Saracogna*, Gabriel, fais-
moy des souliers; mais il n'y auoit point
d'apparence, & estoit hors de mon pouuoir de leur satisfaire en cela, n'ayant le
temps, l'industrie, ny les outils propres:
& de plus, si i'eusse vne fois commencé de
leur en faire, ils ne m'eussent donné aucun
relasche, ny temps de prier Dieu, & de
croire qu'ils se fussent donné la peine d'ap- *Paresse des*
prendre, ils sont trop faineants & pares- *Sauuages.*
seux: car ils ne font rien du tout, que par la
force de la necessité, & voudroient qu'on
leur donnast les choses toutes faictes, sans
auoir la peine d'y aider seulement du bout
du doigt; comme nos Canadiens, qui ayment mieux se laisser mourir de faim, que
de se donner la peine de cultiuer la terre,
pour auoir du pain au temps de la necessité.

De leurs conseils & guerres.

Chapitre XVII.

PLINE, en vne Epistre qu'il escrit à Fabate, dict que Pyrrhe, Roy des Epirotes, demanda à vn Philosophe qu'il menoit auec luy, quelle estoit la meilleure Cité du monde. Le Philosophe respondit, la meilleure Cité du monde, c'est Maserde, vn lieu de deux cens feux en Achaye, pour ce que tous les murs sont de pierres noires, & tous ceux qui la gouuernent ont les testes blanches. Ce Philosophe n'a rien dit (en cela) de luy-mesme : car tous les anciens, apres le Sage Salomon, ont dit qu'aux vieillards se trouuoit la sagesse : & en effect, on voit souuent la ieunesse d'ans, estre accompagnee de celle de l'esprit.

La sagesse se trouue aux vieillards.

Les Capitaines entre nos Sauuages, sont ordinairement plustost vieux que ieunes, & viennent par succession, ainsi que la Royauté par deçà, ce qui s'entend, si le fils d'vn Capitaine enfuit la vertu du pere; car autrement ils font comme aux vieux fiecles, lors que premierement ces peuples efleurent des Roys: mais ce Capitaine n'a point entr'eux authorité abfoluë, bien qu'on luy ait quelque refpect, & conduifent le peuple pluftoft par prieres, exhortations, & par exemple, que par commandement.

Le gouuernement qui eft entr'eux eft tel, que les anciens & principaux de la ville ou du bourg, s'affemblent en vn confeil auec le Capitaine, où ils decident & propofent tout ce qui eft des affaires de leur Republique, non par vn commandement abfolu, comme i'ay dict; ains par fupplications & remonftrances, & par la pluralité des voix qu'ils colligent, auec de petits fetus de joncs. Il y auoit à *Quieunonafcaran* le grand Capitaine & chef de la Prouince des Ours, qu'il appelloient *Garihoüa andionxra*, pour le diftinguer des ordinaires de guerre, qu'ils appellent *Garihoüa doutaguéta*. Iceluy grand Capitaine de Prouince auoit encore d'autres Capitaines fous luy, tant de guerre que de police, par tous les autres bourgs & villages de fa Iurifdiction, lefquels en chofe de

N iij

conſequence le mandoient & aduertiſ-
ſoient pour le bien du public, ou de la Prouince : & en noſtre bourg, qui eſtoit le lieu
de ſa reſidence ordinaire, il y auoit encore trois autres Capitaines, qui aſſiſtoient
touſiours aux conſeils auec les anciens du
lieu, outre ſon Aſſeſſeur & Lieutenant,
qui en ſon abſence, ou quand il n'y pouuoit vacquer, faiſoit les cris & publica-
tions par la ville des choſes neceſſaires &
ordonnees. Et ce *Garihoüa andionxra* n'a-
uoit pas ſi petite eſtime de luy-meſme,

*Vn Capi-
taine Sau-
uage ſe dit
frere du
Roy.*

qu'il ne ſe vouluſt dire frere & couſin du
Roy, & de meſme egalité, cõme les deux
doigts demonſtratifs des mains qu'il nous
monſtroit ioints enſemble, en nous fai-
ſant cette ridicule & inepte comparaiſon.

Or quand ils veulent tenir conſeil, c'eſt
ordinairement dans la Cabane du Capitaine, chef & principal du lieu, ſinon que
pour quelque raiſon particuliere il ſoit
trouué autrement expedient. Le cry & la
publication du conſeil ayant eſté faite,
on diſpoſe dans la Cabane, ou au lieu or-

*Comme ils
ſont aſſis
en conſeil.*

donné, vn grand feu, à l'entour duquel
s'aſſizent ſur les nattes tous les Conſeillers, en ſuitte du grand Capitaine qui tient
le premier rang, aſſis en tel endroit, que

de sa place il peut voir tous ses Conseillers & assistans en face. Les femmes, filles & ieunes hommes n'y assistent point, si ce n'est en vn conseil general ; où les ieunes hommes de vingt-cinq à trente ans peuuent assister, ce qu'ils cognoissent par vn cry particulier qui en est faict. Que si c'est vn conseil secret, ou pour machiner quelque trahison ou surprise en guerre, ils le tiennent seulement la nuict entre les principaux Conseillers, & n'en descouurent rien que la chose proiettée ne soit mise en effect, s'ils peuuent.

Estans donc tous assemblez, & la Cabane fermee, ils font tous vne longue pose auant que de parler, pour ne se precipiter point, tenans cependant tousiours leur Calumet en bouche ; puis le Capitaine commence à haranguer en terme & parole haute & intelligible vn assez long-temps, sur la matiere qu'ils ont à traiter en ce conseil: ayant finy son discours, ceux qui ont à dire quelque chose, les vns apres les autres sans s'interrompre & en peu de mots, opinent & disent leurs raisons & aduis, qui sont par apres colligez auec des pailles ou petits ioncs, & là dessus est conclud ce qui est iugé expedient.

Assemblées generales.

Plus, ils font des assemblees generales, sçauoir des regions loingtaines, d'où il vient chacun an vn Ambassadeur de chaque Prouince, au lieu destiné pour l'assemblee, où il se faict de grands festins & dances, & des presens mutuels qu'ils se font les vns aux autres, & parmy toutes ces caresses, ces resiouyssances & ces accolades ils contractent amitié de nouueau, & aduisent entr'eux du moyen de leur conseruation, & par quelle maniere ils pourront perdre & ruyner tous leurs ennemis communs: tout estant faict, & les conclusions prises, ils prennent congé, & chacun se retire en son quartier auec tout son train & equipage, qui est à la Lacedemonienne, vn à vn, deux à deux, trois à trois, ou gueres d'auantage.

Quant aux guerres qu'ils entreprennent, ou pour aller dans le pays des ennemis, ce seront deux ou trois des anciens, ou vaillans Capitaines, qui entreprendrõt cette conduite pour cette fois, & vont de village en village faire entendre leur volonté, donnant des presens à ceux desdits villages, pour les induire & tirer d'eux de l'ayde & du secours en leurs guerres, & par ainsi sont comme Generaux d'armees.

Il en vint vn en noſtre bourg, qui eſtoit vn grand vieillard, fort diſpos, qui incitoit & encourageoit les ieunes hommes & les Capitaines de s'armer, & d'entreprendre la guerre contre la Nation des *Attiuoïndarons*; mais nous l'en blaſmaſmes fort, & diſſuadaſmes le peuple d'y entendre, pour le deſaſtre & mal-heur inéuitable que cette guerre euſt peu apporter en nos quartiers, & à l'aduancement de la gloire de Dieu.

Ces Capitaines ou Generaux d'armees ont le pouuoir, non ſeulement de deſigner les lieux, de donner quartier, & de ranger les bataillons; mais auſſi de diſpoſer des priſonniers en guerre, & de toute autre choſe de plus grande conſequence; il eſt vray qu'ils ne ſont pas touſiours bien obeys de leurs ſoldats, entant qu'eux-meſmes manquent ſouuent dans la bonne conduite, & celuy qui conduit mal, eſt ſouuent mal ſuiuy. Car la fidele obeyſſance des ſuieĉts depend de la ſuffiſance de bien commander, du bon Prince, diſoit Theopompus Roy de Sparte.

Pendant que nous eſtions là, le temps d'aller en guerre arriuant, vn ieune homme de noſtre bourg, deſireux d'honneur,

Festin de guerre.

voulut luy seul, faire le festin de guerre, & deffrayer tous ses compagnons au iour de l'assemblee generale, ce qui luy fut de grand coust & despence, aussi en fut-il grandement loüé & estimé: car le festin estoit de six grandes chaudieres, auec quantité de grands poissonns boucanez, sans les farines & les huiles pour les gresser.

On les mit sur le feu auant iour, en l'vne des plus grandes Cabanes du lieu, puis le conseil estant acheué, & les resolutions de guerre prises, ils entrerent tous au festin, commencerent à festiner, & firent les mesmes exercices militaires, les vns apres les autres, comme ils ont accoustumé, pendant le festin, & apres auoir vuidé les chaudieres, & les complimens & remerciemens rendus, ils partirent, & s'en allerent au rendez-vous sur la frontiere, pour entrer és terres ennemies, sur lesquelles ils prindrent enuiron soixante de leurs ennemis, la plusparc desquels furent tuez sur les lieux, & les autres amenez en vie, & faits mourir aux Hurons, puis mangez en festin.

Leurs guerres ne sont proprement que des surprises & deceptions; car tous les

du pays des Hurons. 203

ans au renouueau, & pendant tout l'esté, cinq ou six cens ieunes hommes Hurons, ou plus, s'en vont s'espandre dans vne contree des Yroquois, se departent cinq ou six en vn endroict, cinq ou six en vn autre & autant en vn autre, & se couchent sur le ventre par les champs & forests, & à costé des grands chemins & sentiers, & la nuict venuë ils rodent par tout, & entrent iusques dans les bourgs & villages, pour tascher d'atraper quelqu'vn, soit homme, femme ou enfant, & s'ils en prennent en vie, les emmenent en leur pays pour les faire mourir à petit feu, sinon apres leur auoir donné vn coup de massuë, ou tué à coups de flesches, ils en emportent la teste, que s'ils en estoient trop chargez, ils se contentent d'en emporter la peau auec sa cheuelure, qu'ils appellent *Onontsira*, les passent & les serrent pour en faire des trophees, & mettre en temps de guerre sur les pallissades ou murailles de leur ville, attachees au bout d'vne longue perche.

Quand ils vont ainsi en guerre & en pays d'ennemis, pour leur viure ordinaire ils portent quant-& eux, chacun derriere son dos, vn sac plein de farine, de bled

Viures qu'ils portent en guerre.

rosty & grillé dans les cendres, qu'ils mangent cruë, & sans estre trempee, ou bien destrempee auec vn peu d'eau chaude ou froide, & n'ont par ce moyen affaire de feu pour apprester leur manger, quoy qu'ils en fassent par-fois la nuict au fonds des bois pour n'estre apperceus, & font durer cette farine iusqu'à leur retour, qui est enuiron de six sepmaines ou deux mois detemps : car apres ils viennent se rafraischir au pays, finissent la guerre pour ce coup, ou s'y en retournent encore auec d'autres prouisions. Que si les Chrestiens vsoient de telle sobrieté, ils pourroient entretenir detres puissantes armees auec peu de fraiz, & faire la guerre aux ennemis de l'Eglise, & du nom Chrestien, sans la foule du peuple, ny la ruyne du pays, & Dieu n'y seroit point tant offencé, comme il est grandement, par la pluspart de nos soldats, qui semblent pluftost (chez le bon homme) gens sans Dieu, que Chrestiens naiz pour le Ciel. Ces pauures Sauuages (à nostre cõfusion) se comportent ainsi modestement en guerre, sans incommoder personne, & s'entretiennent de leur propre & particulier moyen, sans autre gage ou esperance de récompense, que de l'honneur & loüange qu'ils eſtiment plus que tout l'or du monde. Il ſeroit auſſi bien à deſirer que l'on ſemaſt de ce bled d'Inde par toutes les Prouinces de la France, pour l'entretien & nourriture des pauures qui y ſont en abondance: car auec vn peu de ce bled ils ſe pourroient auſſi facilement nourrir & entretenir que les Sauuages, qui ſont de meſme nature que nous, & par ainſi ils ne ſouffriroient de diſette, & ne ſeroient non plus contrains de courir mendians par les villes, bourgs & villages, comme ils font iournellement: pource qu'outre que ce bled nourriſt & raſſaſie grandement, il porte preſque toute ſa ſauce quant-& ſoy, ſans qu'il y ſoit beſoin de viande, poiſſon, beurre, ſel ou eſpice, ſi on ne veut.

Pour leurs armes, ils ont la Maſſuë & l'Arc, auec la Fleſche empannee de plumes d'Aigles, comme les meilleures de toutes, & à faute d'icelles ils en prennent d'autres. Ils y appliquent auſſi fort proprement des pierres trenchantes collees au bois, auec vne colle de poiſſon tres-forte, & de ces Fleſches ils en empliſſent leur Carquois, qui eſt faict d'vne peau de chien paſſee, qu'ils portent en eſcharpe. Ils por-

Armes qu'ils portent en guerre.

tent aussi de certaines armures & cuiraſſes, qu'ils appellét *Aquientor*, ſur leur dos, & contre les jambes, & autres parties du corps, pour ſe pouuoir deſédre des coups de Fleſches: car elles ſont faictes à l'eſpreuue de ces pierres aiguës, & non toutefois de nos fers de Kebec, quand la Fleſche qui en eſt accommodee ſort d'vn bras roide & puiſſant, comme eſt celuy d'vn Sauuage: ces cuiraſſes ſont faictes auec des baguettes blanches, couppees de meſure, & ſerrees l'vne contre l'autre, tiſſuës & entrelaſſees de cordelettes, fort durement & proprement, puis la rondache ou pauois, & l'enſeigne ou drappeau, qui eſt (pour le moins ceux que i'ay veus) vn morceau d'eſcorce rond, ſur lequel les armoiries de leur ville ou prouince ſont depeintes & attachees au bout d'vne longue baguette, comme vne Cornette de caualerie. Noſtre Chaſuble à dire la ſaincte Meſſe, leur agreoit fort, & l'euſſent bien deſiré traiter de nous, pour le porter en guerre en guiſe d'enſeigne, ou pour mettre au haut de leurs murailles, attachee à vne longue perche, afin d'eſpouuenter leurs ennemis, diſoient-ils.

Les Sauuages de l'Iſle l'euſſent encore

bien voulu traiter au Cap de Maſacre, ayans deſia à cet effect, amaſſé ſur le commun, enuiron quatre-vingts Caſtors: car ils le trouuoiét non ſeulement tres-beau, pour eſtre d'vn excellent Damas incarnat, enrichy d'vn paſſement d'or (digne preſent de la Reyne) mais auſſi pour la croyance qu'ils auoient qu'il leur cauſeroit du bon-heur & de la proſperité en toutes leurs entrepriſes & machines de guerre.

Comme l'on a de couſtume ſur mer, pour ſigne de guerre, ou de chaſtiment, mettre dehors en euidence le Pauillon rouge: Auſſi nos Sauuages, non ſeulement és iours ſolemnels & de reſiouyſſance, mais principalement quand ils vont à la guerre, ils portent pour la plus-part à l'entour de la teſte de certains pennaches en couronnes, & d'autres en mouſtaches, faicts de longs poils d'Eſlan, peints en rouge comme eſcarlatte, & collez, ou autrement attachez à vne bande de cuir large de trois doigts. Depuis que nos François ont porté des lames d'eſpées en Canada, les Montagnets & Canadiens s'en ſeruent, tant à la chaſſe de l'Eſlan, qu'aux guerres contre leurs ennemis, qu'ils ſça-

Signal de guerre.

uent droictement & roidement darder, emmanchées en de longs bois, comme demyes-picques.

Sauuages se fortifiẽt. Quand la guerre est declarée en vn pays on destruit tous les bourgs, hameaux, villes & villages frõtieres, incapables d'arrester l'ennemy, sinon on les fortifie; & chacun se range dans les villes & lieux fortifiez de sa Iurisdiction, où ils bastissent de nouuelles Cabanes pour leur demeure, à ce aydés par les habitans du lieu. Les Capitaines assistés de leurs Conseillers, trauaillent continuellement à ce qui est de leur conseruation, regardent s'il y a rien à adiouster à leurs fortifications pour s'y employer, font balayer & nettoyer les suyes & araignées de toutes les Cabanes, depeur du feu que l'ennemy y pourroit ietter par certains artifices qu'ils ont appris de ie ne sçay quelle autre Nation que l'on m'a autresfois nommée. Ils font porter sur les gueritęs des pierres & de l'eau pour s'en seruir dans l'occasion. Plusieurs font des trous, dans lesquels ils enferment ce qu'ils ont de meilleur, & peur de surprise. les Capitaines enuoyent des soldats pour descouurir l'ennemy, pendant qu'ils encouragent les autres de faire des armes,

de

de se tenir prests, & d'enfler leur courage, pour vaillamment & genereusement combatre, resister & se deffendre, si l'ennemy vient à paroistre. Le mesme ordre s'obserue en toutes les autres villes & bourgs, iusqu'à ce qu'ils voyent l'ennemy s'estre attaché à quelques vns, & alors la nuict à petit bruit vne quantité de soldats de toutes les villes voysines, s'il n'y a necessité d'vne plus grande armee, vont au secours, & s'enferment au dedans de celle qui est assiegee, la deffendent, font des sorties, dressent des embusches, s'attachent aux escarmouches, & combattent de toute leur puissance, pour le salut de la patrie, surmonter l'ennemy, & le deffaire du tout s'ils peuuent.

Pendant que nous estions à Quieunonascaran, nous vismes faire toutes les diligences susdites, tant en la fortification des places, apprests des armes, assemblees des gens de guerre, prouision de viures, qu'en toute autre chose necessaire pour soustenir vne grande guerre qui leur alloit tomber sur les bras de la part des Neutres, si le bon Dieu n'eust diuerty cet orage, & empesché ce mal-heur qui alloit menaçant nostre bourg d'vn premier choc, & pour n'y estre pas pris des premiers, toutes les nuicts nous barricadions nostre porte auec des grosses busches de bois de trauers, arrestees les vnes sur les autres, par le moyen de deux paux fichez en terre.

Or pour ce qu'vne telle guerre pouuoit grandement nuyre & empescher la conuersion & le salut de ce pauure peuple, & que les Neutres sont plus forts & en plus grand nombre que nos Hurons, qui ne peuuent faire qu'enuiron deux mille hommes de guerre, ou quelque peu d'auantage, & les autres cinq à six mille combattans. Nous fismes nostre possible, & contribuasmes tout ce qui estoit de nostre pouuoir pour les mettre d'accord, & empescher que nos gens, desia tous prests de se mettre en campagne, n'entreprissent (trop legerement) vne guerre à l'encontre d'vne Natiō plus puissāte que la leur. A la fin, assistés de la grace de nostre Seigneur, nous gaignasmes quelque chose sur leur esprit: car approuuans nos raisons, ils nous dirent qu'ils se tiendroient en paix, & que ce en quoy ils auoient auparauant fondé l'esperance de leur salut, estoit en nostre grand esprit, & au secours que

du pays des Hurons. 211

quelques François (mal aduisez) leur a-
uoient promis: Outre vne tres-bonne inuention qu'ils auoient conceuë en leur esprit, par le moyen de laquelle ils esperoiét
tirer vn grand secours de la Nation du
Feu, ennemis iurez des Neutres. L'inuention estoit telle; qu'au plustost ils s'effor-
ceroient de prendre quelqu'vn de leurs
ennemis, & que du sang de cet ennemy,
ils en barboüilleroient la face & tout le
corps de trois ou quatre d'ètr'eux, lesquels
ainsi ensanglantez seroient par apres enuoyez en Ambassade à cette Nation de
Feu, pour obtenir d'eux quelque secours
& assistance à l'encontre de si puissans ennemis; & que pour plus facilement les esmouuoir à leur donner ce secours, ils leur
monstreroient leur face, & tout leur corps
desia teinct & ensanglanté du sang propre de leurs ennemis communs.

Inuention pour obte-nir du se-cours en guerre.

Puis que nous auons parlé de la Nation
Neutre, contre lesquels nos Hurons ont
pensé entrer en guerre, ie vous diray aussi
vn petit mot de leur pays. Il est à quatre
ou cinq iournees de nos Hurons tirant au
Su, au delà de la Nation *des Quieunontateronons*. Cette Prouince contient prez de
cent lieuës d'estenduë, où il se fait grande

O ij

quantité de tres-bon petun, qu'ils traittent à leurs voysins. Ils assistent les Cheueux Releuez contre la Nation de Feu, desquels ils sont ennemis mortels : mais entre les Yroquois & les nostres, auant cette esmeute, ils auoient paix, & demeuroient neutres entre les deux, & chacune des deux Nations y estoit la bien venuë, & n'osoient s'entre-dire ny faire aucun desplaisir, & mesmes y mangeoient souuent ensemble, comme s'ils eussent esté amis ; mais hors du pays s'ils se rencontroient, il n'y auoit plus d'amitié, & s'entre-faisoient cruellement la guerre, & la continuent à toute outrance : l'on n'a sceu encor trouuer moyē de les recõcilier & remettre en paix, leur inimitié estant de trop longue main enracinee, & fomentee entre les ieunes hommes de l'vne & l'autre Nation, qui ne demandent autre exercice, que celuy des armes & de la guerre.

Quand nos Hurons ont pris en guerre quelqu'vn de leurs ennemis, ils luy font vne harangue des cruautez que luy & les siens exercent à leur endroict, & qu'au semblable il deuoit se resoudre d'en endurer autant, & luy commandent (s'il a du

du pays des Hurons. 213

courage assez) de chanter tout le long du chemin, ce qu'il faict; mais souuent auec vn chant fort triste & lugubre, & ainsi l'emmenent en leur pays pour le faire mourir, & en attendant l'heure de sa mort, ils luy font continuellement festin de ce qu'ils peuuent pour l'engraisser, & le rendre plus fort & robuste à supporter de plus griefs & longs tourmens, & non par charité & compassion, excepté aux femmes, filles & enfans, lesquels ils font rarement mourir; ains les conseruent & retiennent pour eux, ou pour en faire des presens à d'autres, qui en auroient auparauant perdu des leurs en guerre, & font estat de ces subrogez, autant que s'ils estoient de leurs propres enfans, lesquels estans paruenus en aage, vont aussi courageusement en guerre contre leurs propres parens, & ceux de leur Nation, que s'ils estoient naiz ennemis de leur propre patrie, ce qui tesmoigne le peu d'amour des enfans enuers leurs parens, & qu'ils ne font estat que des bien-faicts presens, & non des passez, qui est vn signe de mauuais naturel: & de cecy i'en ay veu l'experience en plusieurs. Que s'ils ne peuuent emmener les femmes & enfans qu'ils

Prisonniers chantent

O iij

prennent sur les ennemis, ils les assomment, & font mourir sur les lieux mesmes, & en emportent les testes ou la peau, auec la cheuelure, & encores s'est-il veu, (mais peu souuent) qu'ayans amené de ces femmes & filles dams leur pays, ils en ont faict mourir quelques-vnes par les tourments, sans que les larmes de ce pauure sexe, qu'il a pour toute deffence, les aye pû esmouuoir à compassion : car elles seules pleurent, & non les hommes, pour aucun tourment qu'on leur fasse endurer, depeur d'estre estimez effeminez, & de peu de courage, bien qu'ils soient souuent contraincts de ietter de hauts cris, que la force des tourments arrache du profond de leur estomach.

Prisonniers s'eschappēt par-fois.

Il est quelques-fois arriué qu'aucuns de leurs ennemis estans poursuyuis de prés, se sont neantmoins eschappez : car pour amuser celuy qui les poursuit, & se donner du temps pour fuyr & les deuancer, ils iettent leurs coliers de Pourceleines bien loin arriere d'eux, afin que si l'auarice commande à ses poursuyuans de les aller ramasser, ils peussent tousiours gaigner le deuant, & se mettre en sauueté, ce qui a reüssi à plusieurs : ie me persuades & crois

du pays des Hurons. 215

que c'est en partie pourquoy ils portent ordinairement tous leurs plus beaux coliers & matachias en guerre.

Lors qu'ils ioignent vn ennemy, & qu'ils n'ont qu'à mettre la main dessus, comme nous disons entre-nous, Rends-toy, eux disent *Sakien*, c'est à dire, assied-toy, ce qu'il faict, s'il n'ayme mieux se faire assommer sur la place, ou se deffendre iusqu'à la mort, ce qu'ils ne font pas souuent en ces extremitez, sous esperance de se sauuer, & d'eschapper auec le temps par quelque ruze. Or comme il y a de l'ambition à qui aura des prisonniers, cette mesme ambition ou l'enuie est aussi cause quelques-fois que ces prisonniers se mettent en liberté & se sauuent, comme l'exemple suyuant le monstre.

Deux ou trois Hurons se voulans chacun attribuer vn prisonnier Yroquois, & ne se pouuans accorder, ils en firent iuge leur propre prisonnier, lequel bien aduisé se seruit de l'occasion & dit. Vn tel m'a pris, & suis son prisonnier, ce qu'il disoit contre la verité & exprez, pour donner vn iuste mescontentement à celuy de qui il estoit vray prisonnier : & de faict, indigné qu'vn autre auroit iniustement l'honneur

O iiij

qui luy estoit deu, parla en secret la nuict suyuante au prisonnier, & luy dit: Tu t'es donné & adiugé à vn autre qu'à moy, qui t'auois pris, c'est pourquoy i'ayme mieux te donner liberté, qu'il aye l'honneur qui m'est deu, & ainsi le desliant le fit euader & fuyr secrettement.

Comme ils font mourir leurs prisonniers.

Arriuez que sont les prisonniers en leur ville ou village, ils leur font endurer plusieurs & diuers tourmens, aux vns plus, & aux autres moins, selon qu'il leur plaist: & tous ces genres de tourments & de morts sont si cruels, qu'il ne se trouue rien de plus inhumain: car premierement ils leur arrachent les ongles, & leur couppent les trois principaux doigts, qui seruent à tirer de l'arc, & puis leur leuent toute la peau de la teste auec la cheuelure, & apres y mettent du feu & des cendres chaudes, ou y font degouter d'vne certaine gomme fonduë, ou bien se contentent de les faire marcher tous nuds de corps & des pieds, au trauers d'vn grand nombre de feux faicts exprez, d'vn bout à l'autre d'vne grande Cabane, où tout le monde qui y est bordé des deux costez, tenans en main chacun vn tison allumé, luy en donnent dessus le corps en passant,

du pays des Hurons. 217

puis apres auec des fers-chauds luy donnent encore des jartieres à l'entour des jambes, & auec des haches rouges ils luy frottent les cuisses du haut-en-bas, & ainsi peu à peu bruslent ce pauure miserable : & pour luy augmenter ses tres-cuisantes douleurs, luy iettent par-fois de l'eau sur le dos, & luy mettent du feu sur les extremitez des doigts, & de sa partie naturelle, puis leurs percét les bras pres des poignets, & auec des bastons en tirent les nerfs, & les arrachent à force, & ne les pouuans auoir les couppent, ce qu'ils endurent auec vne constance incroyable, chantans cependant auec vn chant neantmoins fort triste & lugubre, comme i'ay dict: mille menaces contre ces Bourreaux & contre toute cette Nation, & estant prest de rendre l'ame, ils le menent hors de la Cabane finir sa vie, sur vn eschaufaut dressé exprez, là où on luy couppe la teste, puis on luy ouure le ventre, & là tous les enfans se trouuent pour auoir quelque petit bout de boyau qu'ils pendent au bout d'vne baguette, & le portent ainsi en triomphe par toute la ville ou village en signe de victoire. Le corps ainsi esuentré & accommodé, on le faict

Mangent

la chair hu-
humaine.
cuire dans vne grande chaudiere, puis on le mange en festin, auec liesse & resiouyssance, comme i'ay dict cy-deuant.

Quand les Yroquois, ou autres ennemis, peuuent attrapper de nos gens, ils leur en font de mesme, & c'est à qui fera du pis à son ennemy: & tel va pour prendre, qui est souuent pris luy-mesme. Les Yroquois ne viennent pas pour l'ordinaire guerroyer nos Hurons, que les fueilles ne couurent les arbres, pour pouuoir plus facilement se cacher, & n'estre descouuerts quand ils veulent prendre quelqu'vn au despourueu: ce qu'ils font aysement, entant qu'il y a quātité de bois dans le pays, & proche la pluspart des villages: que s'ils nous eussent pris nous autres Religieux, les mesmes tourments nous eussent esté appliquez, sinon que de plus ils nous eussent arraché la barbe la premiere, comme ils firent à Bruslé, le Truchement qu'ils pensoient faire mourir, & lequel fut miraculeusement déliuré par la vertu de l'*Agnus Dei*, qu'il portoit pendu à son col: car comme ils luy pensoient arracher, le tonnerre commença à donner auec tant de furies, d'esclairs & de bruits, qu'ils en creurent estre à leur derniere iournee, &

tous espouuentez le laisserent aller, craignans eux-mesmes de perir, pour auoir voulu faire mourir ce Chrestien, & luy oster son Reliquaire.

Il arriue aussi que ces prisonniers s'eschappent aucunes-fois, specialement la nuict, au temps qu'on les faict promener par-dessus les feux; car en courans sur ces cuisans & tres-rigoureux brasiers, de leurs pieds ils escartent & iettent les tisons, cendres & charbons par la Cabane, qui rendent apres vne telle obscurité de poudre & de fumee, qu'on ne s'entre-cognoist point: de sorte que tous sont contraincts de gaigner la porte, & de sortir dehors, & luy aussi parmy la foule, & de là il prend l'essor, & s'en va : & s'il ne peut encores pour lors, il se cache en quelque coin à l'escart, attendant l'occasion & l'opportunité de s'enfuyr, & de gaigner pays. I'en ay veu plusieurs ainsi échappez des mains de leurs ennemis, qui pour preuue nous faisoient voir les trois doigts principaux de la main droicte couppez.

Prisonniers s'eschappent.

Il n'y a presque aucune Nation qui n'ait guerre & debat auec quelqu'autre, non en intention d'en posseder les terres & conquerir leur pays; ains seulement pour les

Pourquoy ils entreprennent guerre.

exterminer s'ils pouuoient, & pour se vanger de quelque petit tort ou desplaisir, qui n'est pas souuent grand chose; mais leur mauuais ordre, & le peu de police qui souffre les mauuais Concitoyens impunis, est cause de tout ce mal: car si l'vn d'entr'eux a offencé, tué ou blessé vn autre de leur mesme Nation, il en est quitte pour vn present, & n'y a point de chastiment corporel (pour ce qu'ils ne les ont point en vsage enuers ceux de leur Nation) si les parens du blessé ou decedé n'en prennét eux-mesmes la vengeance, ce qui arriue peu souuent: car ils ne se font, que fort rarement, tort les vns aux autres. Mais si l'offencé est d'vne autre Nation, alors il y a indubitablement guerre declaree entre les deux Nations, si celle de l'homme coulpable ne se rachete par de grands presens, qu'elle tire & exige du peuple pour la partie offencee: & ainsi il arriue le plus souuent que par la faute d'vn seul, deux peuples entiers se font vne tres-cruelle guerre, & qu'ils sont tousiours dans vne continuelle crainte d'estre surpris l'vn de l'autre, particulierement sur les frontieres, où les femmes mesmes ne peuuent cultiuer les terres & faire les

du pays des Hurons. 221

bleds, qu'elles n'ayent touſiours auec elles vn homme ayant les armes au poing, pour les conſeruer & deffendre de quelque mauuaiſe aduenuë.

A ce propos des offences & querelles, & auant finir ce diſcours, pour monſtrer qu'ils ſçauent aſſez bien proceder en conſeil, & vſer de quelque maniere de ſatiſfaction enuers la partie plaignante & leſee, ie diray ce qui nous arriua vn iour ſur ce ſuiet. Beaucoup de Sauuages nous eſtás venus voir en noſtre Cabane (ſelon leur couſtume iournaliere) vn d'entr'eux, ſans aucun ſuiet, voulut donner d'vn gros baſton au Pere Ioſeph. Ie fus m'en plaindre au grand Capitaine, & luy remonſtray, afin que la choſe n'allaſt plus auant, qu'il falloit neceſſairement aſſembler vn conſeil general, & remonſtrer à ſes gens, & particulierement à tous les ieunes hommes, que nous ne leur faiſions aucun tort ny deſplaiſir, & qu'ils ne deuoient pas auſſi nous en faire, puis que nous n'eſtions dans leur pays que pour leur propre bien & ſalut, & non pour aucune enuie de leurs Caſtors & Pelleteries, comme ils ne pouuoient ignorer. Il fit donc aſſembler vn conſeil general auquel tous aſſiſterent,

Vn Sauuage veut frapper le Pere Ioſeph.

excepté celuy qui auoit voulu donner le coup: i'y fus aussi appellé, auec le Pere Nicolas, pendant que le Pere Ioseph gardoit nostre Cabane.

Le grand Capitaine nous fit seoir auprés de luy, puis ayant imposé silence, il s'addressa à nous, & nous dit, en sorte que toute l'assemblee le pouuoit entendre. Mes Nepueux, à vostre priere & requeste i'ay faict assembler ce conseil general, afin de vous estre faict droict sur les plaintes que vous m'auez proposees; mais d'autant que ces gens-cy sont ignorans du fait, proposez vous mesme, & declarez hautement en leur presence ce qui est de vos griefs, & en quoy & comment vous auez esté offencés, & sur ce ie feray & bastiray ma harangue, & puis nous vous ferons iustice. Nous ne fusmes pas peu estonnés dés le commencement, de la prudence & sagesse de ce Capitaine, & comme il proceda en tout sagement, iusqu'à la fin de sa conclusion, qui fut fort à nostre contentement & edification.

Nous fismes nos plaintes au Conseil.

Nous proposasmes donc nos plaintes, & comme nous auions quitté vn tres-bon pays, & trauersé tant de mers & de terres, auec infinis dangers & mes-aises, pour leur venir enseigner le chemin du Paradis, & retirer leurs ames de la domination de Sathan, qui les entraisnoit tous apres leur mort dans vne abysme de feu sousterrain, puis pour les rendre amis & comme parens des François, & neantmoins qu'il y en auoit plusieurs d'entr'eux qui nous traictoient mal, & particulierement vn tel (que ie nommay) qui a voulu tuer nostre frere Ioseph. Ayant finy, le Capitaine harangua vn long temps sur ces plaintes, leur remonstrans le tort qu'on auroit de nous offencer, puis que nous ne leur rendions aucun desplaisir, & qu'au contraire nous leur procurions & desirions du bien, non seulement pour cette vie; mais aussi pour l'aduenir. Nous fusmes priez à la fin d'excuser la faute d'vn particulier, lequel nous deuions tenir seul auec eux, pour vn chien, à la faute duquel les autres ne trempoient point, & nous dirent, pour exemple, que desia depuis peu, vn des leurs auoit griefuement blessé vn Algoumequin, en iouant auec luy, & qu'ils s'estoient accordez sans guerre, par le moyen de quelque present, & celuy là seul tenu pour chien & meschant qui auoit faict le mal, & non les autres, qui sont bien marris de cet inconuenient.

Ils nous firent aussi present de quelques sacs de bled, que nous acceptasmes, & fusmes au reste festoyez de toute la compagnie, auec mille prieres d'oublier tout le passé, & demeurer bons amys comme auparauant; & nous coniurerent encore fort instamment d'assister tous les iours à leurs festins & banquets, ausquels ils nous feroient manger de bonnes Sagamités diuersemēt preparees, & que par ce moyen nous nous entretiendrions mieux par ensemble dans vne bonne intelligence de parens & bons amys, & que de verité ils nous trouuoient assez pauuremēt accommodez & nourris dans nostre Cabane, de laquelle ils eussent bien desiré nous retirer pour nous mettre mieux auec eux dans leur ville, où nous n'aurions autre soucy que de prier Dieu, les instruire, & nous resiouyr honnestement par ensemble; & apres les auoir remerciés, chacun prit congé, & se retira.

De la croyance & foy des Sauuages, du Createur, & comme ils auoient recours à nos prieres en leurs necessitez.

CHAPITRE XVIII.

CICERON a dict, parlant de la nature des Dieux, qu'il n'y a gent si sauuage, si brutale ny si barbare, qui ne soit imbuë de quelque opinion d'iceux. Or comme il y a diuerses Nations & Prouinces barbares, aussi y a il diuersité d'opinions & de croyance, pour ce que chacune se forge vn Dieu à sa poste. Ceux qui habitent vers Miskou & le port Royal, croyent en vn certain esprit, qu'ils appellent *Cudouagni*, & disent qu'il parle souuent à eux ; & leur dict le temps qu'il doit faire. Ils disent que quand il se courrouce contr'eux, il leur iette de la terre aux yeux. Ils croyent aussi quand ils trespassent, qu'ils vont és Estoilles, puis vont en de beaux champs verts, pleins

P

de beaux arbres, fleurs & fruicts tres somptueux.

Croyance des Souriquois. Les Souriquois (à ce que i'ay appris) croyent veritablement qu'il y a vn Dieu qui a tout creé, & difent qu'apres qu'il eut faict toutes chofes, qu'il prit quantité de flefches, & les mit en terre, d'où fortirent hommes & femmes, qui ont multiplé au monde iufqu'à prefent. En fuitte de quoy, vn François demanda à vn *Sagamo*, s'il ne croyoit point qu'il y euft vn autre qu'vn feul Dieu : il refpondit, que leur croyance eftoit, qu'il y auoit vn feul Dieu, vn Fils, vne Mere, & le Soleil, qui eftoient quatre; neantmoins que Dieu eftoit par deffus tous : mais que le Fils eftoit bon, & le Soleil, à caufe du bien qu'ils en receuoient : mais la Mere ne valoit rien, & les mangeoit, & que le Pere n'eftoit pas trop bon.

Puis dict: Anciennement, il y eut cinq hommes qui s'en allerent vers le Soleil couchant, lefquels rencontrerent Dieu, qui leur demanda: Où allez-vous? Ils refpondirent, Nous allons chercher noftre vie : Dieu leur dit, vous la trouuerez icy. Ils pafferēt plus outre, fans faire eftat de ce que Dieu leur auoit dit, lequel prit vne pierre & en toucha deux, qui furẽt tranfmuez en pierre. Et il demanda derechef aux trois autres : Où allez-vous ? & ils refpondirent comme à la premiere fois : & Dieu leur dit derechef : Ne paffez plus outre, vous la trouuerez icy : & voyans qu'il ne leur venoit rien, ils pafferent outre, & Dieu prit deux baftons, & il en toucha les deux premiers, qui furent tranfmuez en baftons, & le cinquiefme s'arrefta, ne voulant paffer plus outre. Et Dieu luy demanda derechef : Où vas-tu ? Ie vay chercher ma vie, demeure, & tu la trouueras: Il s'arrefta, fans paffer plus outre, & Dieu luy donna de la viande, & en mangea. Apres auoir faict bonne chere, il retourna auec les autres Sauuages, & leur raconta tout ce que deffus.

Ce Sagamo dit & raconta encore à ce François cet autre plaifant difcours. Qu'vne autre-fois il y auoit vn homme qui auoit quantité de Tabac, & que Dieu dift à cet hõme, & luy demãda où eftoit fon petunoir, l'homme le prit, & le donna à Dieu, qui petuna beaucoup, & apres auoir bien petuné, il le rompit en plufieurs pieces : & l'homme luy demanda; pourquoy as-tu rompu mon petunoir, & en vois bien que ie n'en ay point d'autre? Et Dieu en prit vn qu'il auoit & le luy donna, luy disant: En voila vn que ie te donne, porte-le à ton grand *Sagamo*, qu'il le garde, & s'il le garde bien, il ne manquera point de chose quelconque, ny tous ses compagnons: cet homme prit le petunoir qu'il donna à son grand *Sagamo* & durant tout le temps qu'il l'eut, les Sauuages ne manquerent de rien du monde: mais que du depuis ledit *Sagamo* auoit perdu ce petunoir, qui est l'occasion de la grande famine qu'ils ont quelques-fois parmy eux. Voyla pourquoy ils disent que Dieu n'est pas trop bon, & ils ont raison, puis que ce Demon qui leur apparoist en guise d'vn Dieu, est vn esprit de malice, qui ne s'estudie qu'à leur ruyne & perdition.

<small>Croyance des Hurons.</small>

La croyance en general, de nos Hurons (bien que tres-mal entenduë par eux-mesmes, & en parlent fort diuersement;) C'est que le Createur qui a faict tout ce monde, s'appelle *Yoscaha*, & en Canadien *Ataouacan*, lequel a encore sa Mere-grand', nommée *Ataensiq*: leur dire qu'il n'y a point d'apparence qu'vn Dieu aye vne Mere-grand', & que cela se contrarie, ils demeurent sans replique, comme à tout le reste. Ils disent qu'ils demeurent fort-loin, n'en ayans neantmoins autre marque ou preuue, que le recit qu'ils alleguent leur en auoir esté fait par vn *Attiuoindaron*, qui leur a faict croire l'auoir veu, & la marque de ses pieds imprimee sur vne roche au bord d'vne riuiere, & que sa maison ou cabane est faicte comme les leurs, y ayant abondance de bled, & de toute autre chose necessaire, à l'entretien de la vie humaine. Qu'il seme du bled, trauaille, boit, mange & dort comme les autres. Que tous les animaux de la terre sont à luy & comme ses domestiques. Que de sa nature il est tres-bon, & donne accroissement à tout, & que tout ce qu'il faict est bien fait, & nous donne le beau temps, & toute autre chose bonne & prospere. Mais à l'opposite, que sa Mere-grand'est meschante, & qu'elle gaste souuent tout ce que son petit Fls a faict de bien. Que quand *Yoscaha* est vieil, qu'il r'ajeunit tout à vn instant, & deuient comme vn ieune homme de vingt-cinq à trente ans, & par ainsi qu'il ne meurt iamais, & demeure immortel, bien qu'il soit vn peu suiect aux necessitez corporelles, comme nous autres.

P iij

Or il faut noter, que quand on vient à leur contredire ou contester là-dessus, les vns s'excusent d'ignorance, & les autres s'enfuyent de honte, & d'autres qui pensent tenir bon s'embroüillent incontinēt, & n'y a aucun accord ny apparence à ce qu'ils en disent, comme nous auons souuent veu & sceu par experience, qui faict cognoistre en effect qu'ils ne recognoissent & n'adorent vrayement aucune Diuinité ny Dieu, duquel ils puissent rendre quelque raison, & que nous puissions sçauoir : car encore que plusieurs parlent en la loüange de leur *Toscaha* : nous en auons oüy d'autres en parler auec mespris & irreuerence.

Signification du mot Oki. Ils ont bien quelque respect à ces esprits, qu'ils appellent Oki ; mais ce mot Oki, signifie aussi bien vn grand Diable, comme vn grand Ange, vn esprit furieux & demoniacle, comme vn grand esprit, sage, sçauant ou inuentif, qui faict ou sçait quelque chose par-dessus le commun ; ainsi nous y appelloient ils souuent, pour ce que nous sçauions & leur enseignions des choses qui surpassoient leur esprit, à ce qu'ils disoient. Ils appellent aussi Oki leurs Medecins & Magiciens, voire mesmes

du pays des Hurons. 231

leurs fols, furieux & endiablez. Nos Canadiens & Montagnets appellent aussi les leurs Pirotois & Manitou, qui signifie la mesme chose que Oki en Huron.

Ils croyent aussi qu'il y a de certains esprits qui dominent en vn lieu, & d'autres en vn autre: les vns aux riuieres, les autres aux voyages, aux traites, aux guerres, aux festins & maladies, & en plusieurs autres choses, ausquelles ils offrent du petun, & font quelques sortes de prieres & ceremonies, pour obtenir d'eux ce qu'ils desirent. Ils m'ont aussi monstré plusieurs puissans rochers sur le chemin de Kebec, auquel ils croyoient resider & presider vn esprit, & entre les autres ils m'en monstrerēt vn à quelque cent cinquante lieuës de là, qui auoit comme vne teste, & les deux bras esleuez en l'air, & au ventre ou milieu de ce puissant rocher, il y auoit vne profonde cauerne de tres-difficile accez. Ils me vouloient persuader & faire croire à toute force, auec eux, que ce rocher auoit esté vn homme mortel comme nous, & qu'esleuant les bras & les mains en haut, il s'estoit metamorphosé en cette pierre, & deuenu à succession de temps, vn si puissant rocher, lequel ils ont en veneration,

Ont en veneration vn rocher.

P iiij

& luy offrent du petun en passant par deuant auec leurs Canots, non toutes les fois; mais quand ils doutēt que leur voyage doiue reussir, & luy offrant ce petun, qu'ils iettent dans l'eau contre la roche mesme, ils luy disent: Tien, prend courage, & fay que nous fassions bon voyage, auec quelqu'autre parole que ie n'entends point: & le Truchement, duquel nous auons parlé au chapitre precedent, nous a asseuré d'auoir fait vne fois vne pareille offrande auec eux (dequoy nous le tançasmes fort) & que son voyage luy fut plus profitable qu'aucun autre qu'il ait iamais faict en ces pays-là. C'est ainsi que le Diable les amuse, les maintient & conserue dans ses filets, & en des superstitions estrāges, en leur prestans ayde & faueur, selon la croyance qu'ils luy ont en cecy, comme aux autres ceremonies & sorceleries que leur Oki obserue, & leur faict obseruer, pour la guerison de leurs maladies, & autres necessitez, n'offrans neantmoins aucune priere ny offrande à leur Yoscaha, (au moins que nous ayons sceu) ains seulement à ces esprits particuliers, que ie viens de dire, selon les occasions.

Sauuages   Ils croyent les ames immortelles: &

partans de ce corps, qu'elles s'en vont *croyent les*
auſſi-toſt dancer & ſe reſiouyr en la pre- *ames im-*
ſence *Dyoſçaha*, & de ſa Mere-grand' *mortelles.*
Ataenſiq, tenans la route & le chemin des
Eſtoilles, qu'ils appellent *Atiskein andaha-*
tey, le chemin des ames, que nous appellons la voye lactee, ou l'eſcharpe eſtoilee,
& les ſimples gens le chemin de ſainct Iacques. Ils diſent que les ames des chiens y
vont auſſi, tenans la route de certaines
eſtoilles, qui ſont proches voyſines du
chemin des ames, qu'ils appellent *Gagne-*
non andahatey, c'eſt à dire, le chemin des
chiens, & nous diſoient que ces ames,
bien qu'immortelles, ont encore en l'autre vie, les meſmes neceſſitez du boire &
du manger, de ſe veſtir & labourer les terres, qu'elles auoient lors qu'elles eſtoient
encore reueſtuës de ce corps mortel. C'eſt
pourquoy ils enterrent ou enferment a-
uec les corps des deffuncts, de la galette,
de l'huile, des peaux, haches, chaudieres
& autres outils; pour à celle fin que les a-
mes de leurs parens, à faute de tels inſtrumens, ne demeurent pauures & neceſſi- *Croyent*
teuſes en l'autre vie: car ils s'imaginent & *que les*
croyent que les ames de ces chaudieres, *ames des*
choſes of-
haches, couſteaux, & tout ce qu'ils leur de- *fertes vont*

servir les deffuncts.

dient, particulierement à la grande feste des Morts, s'en vont en l'autre vie servir les ames des deffuncts, bien que le corps de ces peaux, haches, chaudieres, & de toutes les autres choses dediees & offertes, demeurent & restent dans les fosses & les bieres, auec les os des trespassez, c'estoit leur ordinaire responce, lors que nous leur disions que les souris mangeoient l'huile & la galette, & la roüille & pourriture les peaux, haches & autres instrumens qu'ils enseuelissoient & mettoient auec les corps de leurs parens & amis dans le tombeau.

Entre les choses que nos Hurons ont le plus admiré, en les instruisant, estoit qu'il y eust vn Paradis au dessus de nous, où fussent tous les bien-heureux auec Dieu, & vn Enfer sousterrain, où estoient tourmentees auec les Diables en vn abysme de feu, toutes les ames des meschants, & celles de leurs parens & amis deffuncts, ensemblement auec celles de leurs ennemis, pour n'auoir cogneu ny adoré Dieu nostre Createur, & pour auoir meiné vne vie si mauuaise, & vescu auec tant de dissolution & de vices. Ils admiroient aussi grandement l'Escriture, par laquelle, ab-

du pays des Hurons. 235

sent, on se faict entendre où l'on veut; & tenans volontiers nos liures, apres les auoir bien contemplez, & admiré les images & les lettres, ils s'amusoient à en compter les fueillets.

Ces pauures gens ayans par plusieurs fois experimenté le secours & l'assistance que nous leur promettions de la part de Dieu, lors qu'ils viuroiét en gens de bien, & dans les termes que leur prescriuions: Ils auoient souuent recours à nos prieres, soit, ou pour les malades, ou pour les iniures du temps, & aduoüoient franchement qu'elles auoient plus d'efficace que leurs ceremonies, coniurations & tous les tintamarres de leurs Medecins, & se resiouysfoiét de nous oüir chánter des Hymnes & Pseaumes à leur intention, pendant lesquels (s'ils s'y trouuoient presens) ils gardoient estroictement le silence, & se rendoiét attétifs, pour le moins au son & à la voix, qui les contentoit fort. S'ils se presentoient à la porte de nostre Cabane, nos prieres commencees, ils auoient patience, ou s'en retournoient en paix, sçachans desia que nous ne deuions pas estre diuertis d'vne si bonne action, & que d'entrer par importunité estoit chose estimée

Sauuages ayment le chant.

inciuile, mesme entr'eux, & vn obstacle aux bons effects de la priere, tellement qu'ils nous donnoient du temps pour prier Dieu, & pour vacquer en paix à nos offices diuins. Nous aydant en cela la coustume qu'ils ont de n'admettre aucun dans leurs Cabanes lors qu'ils chantent les malades, ou que les mots d'vn festin ont esté prononcez.

Auoindaon, grand Capitaine de *Quieunonascaran*, auoit tant d'affection pour nous, qu'il nous seruoit comme de Pere Syndiq dans le pays, & nous voyoit aussi souuent qu'il croyoit ne nous estre point importun, & nous trouuans parfois à genoüils prians Dieu, sans dire mot, il s'agenoüilloit aupres de nous, ioignoit les mains, & ne pouuant d'auantage, il taschoit serieusement de contrefaire nos gestes & postures, remuant les levres, & esleuant les mains & les yeux au Ciel; & y perseueroit iusques à la fin de nos Offices, qui estoient assez longues, & luy adgé d'enuiron soixante & quinze ans. O mon Dieu, que cet exemple deuroit confondre de Chrestiens! & que nous dira ce bon vieillard Sauuage, non encore baptisé, au iour du iugement, de nous

Vn Sauuage prie Dieu aupres de nous.

voir plus negligens d'aymer & seruir vn Dieu, que nous cognoissons, & duquel nous receuons tant de graces tous les iours, que luy, qui n'auoit iamais esté instruit que dans l'escole de la Gentilité, & ne le cognoissoit encore qu'au trauers les espaisses tenebres de son ignorance? Mon Dieu, resueillez nos tiedeurs, & nous eschauffez de vostre diuin amour. Ce bon vieillard, plein d'amitié & de bonne volonté, s'offrit encores de venir coucher auec moy dans nostre Cabane, lors qu'en l'absence de mes Confreres i'y restois seul la nuict. Ie luy demandois la raison, & s'il croyoit m'obliger en cela, il me disoit qu'il apprehendoit quelque accident pour moy, particulierement en ce temps que les Yroquois estoient entrez dans leurs pays, & qu'ils me pourroient aysement prendre, ou me tuer dans nostre Cabane, sans pouuoir estre secouru de personne, & que de plus les esprits malins qui les inquietoient, me pourroient aussi donner de la frayeur, s'ils venoient à s'apparoistre à moy, ou à me faire entendre de leurs voix. Ie le remerciois de sa bonne volonté, & l'asseurois que ie n'auois aucune apprehension, ny des Yroquois, ny des esprits malins, & que ie voulois demeurer seul la nuict dans nostre Cabane, en silence, prieres & oraisons. Il me repliquoit; Mon Nepueu, ie ne parleray point, & prieray IESVS auec toy, laisse-moy seulement en ta compagnie pour cette nuict, car tu nous es cher, & crains qu'il ne t'arriue du mal, ou en effect, ou d'apprehension. Ie le remerciois derechef, & le renuoyois au bourg, & moy ie demeurois seul en paix & tranquillité.

Nous baptisasmes vne femme Huronne.

Nous baptizasmes vne femme malade en nostre bourg, qui ressentit & tesmoigna sensiblement de grands effects du sainct Baptesme: il y auoit plusieurs iours qu'elle n'auoit mangé, estant baptizee aussi-tost l'apppetit luy reuint, comme en pleine sāté, par l'espace de plusieurs iours, apres lesquels elle rendit son ame à Dieu, comme pieusement nous pouuons croire; elle repetoit souuent à son mary, que lors qu'on la baptisoit, qu'elle ressentoit en son ame vne si douce & suaue consolation, qu'elle ne pouuoit s'empescher d'auoir continuellement les yeux esleuez au Ciel, & eust bien voulu qu'on eust peu luy reiterer encore vne autre fois le sainct Baptesme, pour pouuoir ressentir derechef cette consolatiou interieure, & la grande grace & faueur que ce Sacremét luy auoit communiquée. Son mary, nommé *Ongyata*, tres-content & joyeux, nous en a tousjours esté du depuis fort affectionné, & desiroit encore estre faict Chrestien, auec beaucoup d'autres; mais il falloit encore vn peu temporiser, & attendre qu'ils fussent mieux fondez en la cognoissance & croyance d'vn Iesus-Christ crucifié pour nous, & à vne vraye resignation, renonciation, abandonnement & mespris de toutes leurs folles ceremonies, & en la hayne de tous leurs vices & mauuaises habitudes: pource que ce n'est pas assez d'estre baptizé pour aller en Paradis; mais il faut de plus, viure Chrestiennement, & dans les termes & les loix que Dieu & son Eglise nous ont prescrites: autrement il n'y a qu'vn Enfer pour les mauuais, & non point vn Paradis. Et puis ie diray auec verité, que si on n'establit des Colonies de bons & vertueux Catholiques dans tous ces pays Sauuages, que iamais le Christianisme n'y sera bien affermy, encore que des Religieux s'y donnassent toutes les peines du monde: car autre chose est d'auoir affaire à des peuples policez, & autre chose est de traiter auec des peuples Sauuages, qui ont plus besoin d'exemple d'vne bonne vie, pour s'y mirer, que de grand' Theologie pour s'instruire, quoy que l'vn & l'autre soit necessaire. Et par ainsi nos Peres ont faict beaucoup d'en auoir baptizé plusieurs, & d'en auoir disposé vn grand nombre à la foy & au Christianisme.

Et puis que nous sommes sur le suiet du sainct Baptesme, ie ne passeray sous silece, qu'entre plusieurs Sauuages Canadiens, que nos Peres y ont baptizez, soit de ceux qu'ils ont faict conduire en France, ou d'autres qu'ils ont baptizez & retenus sur les lieux, les deux derniers meritent de vous en dire quelque chose. Le Pere Ioseph le Caron, Superieur de nostre Conuent de sainct Charles, nourrissoit & esleuoit, pour Dieu, deux petits Sauuages Canadiens, l'vn desquels, fils du Canadien que nous sur-nommons le Cadet, apres auoir esté bien instruit en la foy & doctrine Chrestienne, se resolut de viure à l'aduenir, suyuant la loy que nos Peres luy auoient enseignee, & auec instance demanda le sainct Baptesme; mais à mesme temps qu'il eut consenty & resolu de se

Baptesme de deux Canadiens.

faire

faire baptizer, le Diable commença de le tourmenter, & s'apparoiſtre à luy en diuerſes rencontres : de ſorte qu'il le penſa vne fois eſtouffer, ſi par prieres à Dieu, Reliquaires, & par eau beniſte on ne luy euſt bridé ſon pouuoir : & comme on luy iettoit de cet' eau, ce pauure petit garçon voyoit ce malin eſprit s'enfuyr d'vn autre coſté & monſtroit à nos Peres l'endroict & le lieu où il eſtoit, & diſoit aſſeurement que ce malin auoit bien peur de cet' eau: tant y à, que depuis le iour de Paſques, que le Diable l'aſſaillit pour la premiere fois, iuſques à la Pentecoſte qu'il fut baptizé, ce pauure petit Sauuage fut en continuelle peine & apprehenſion, & auec larmes ſupplioit touſiours nos Peres de le vouloir baptizer, & le faire quitte de ce meſchant ennemy, duquel il receuoit tant d'ennuys & d'effrois.

Le iour de ſon Bapteſme, nos Religieux firent vn feſtin à tous les parens du petit garçon de quantité de pois, de prunes, & de quelqu'autre meneſtre, boüillies & cuites enſemble dans vne grande chaudiere. Et comme le Pere Ioſeph leur eut faict vne harangue ſur la ceremonie, vertu & neceſſité du ſainct Bapteſme, il

Q

arriua à quelques iours de là, qu'vn d'eux venant à tomber malade, il eut si peur de mourir sans estre baptizé, qu'il le demanda maintes-fois, & auec tres grande instance: si que se voyant pressé du mal, il disoit que s'il n'estoit baptizé, qu'il en imputeroit la faute à ceux qui luy refusoient, tellement qu'vn de nos Religieux, nommé Frere Geruais, auec l'aduis de tous les François qui se trouuerent là presens, luy confera le sainct Baptesme, & le mit en repos. Il s'est monstré du depuis si feruent obseruateur de ce qui luy a esté enseigné, qu'il s'est librement faict quitte de toutes les bagatelles & superstitions dont le Diable les amuse, & mesme n'a permis qu'aucun de leurs Pirotois fist plus aucune diablerie autour de luy comme ils auoient accoustumé.

Nous priét de faire cesser les pluyes. Enuiron les mois d'Auril & de May, les pluyes furent tres grandes, & presque continuelles (au contraire de la France, qui fut fort seiche cette annee là) desorte que les Sauuages croyoient asseurement que tous leurs bleds deussent estre perdus & pourris, & dans cette affliction ne sçauoient plus à qui auoir recours, sinon à nous: car desia toutes leurs ceremonies &

superstitions auoient esté faictes & obseruees sans aucun profit. Ils tindrent donc conseil entre tous les plus anciens, pour aduiser à vn dernier & salutaire remede, qui n'estoit pas vrayement sauuage; mais digne dd'vn tres-grād esprit, & esclairé d'vne nouuelle lumiere du Crel, qui estoit de faire apporter vn tonneau d'escorce de mediocre grandeur, au milieu de la Cabane du grand Capitaine où se tenoit le cōseil, & d'arrester entr'eux que tous ceux du bourg, qui auoient vn champ de bled ensemencé, en apporteroient là vne escuellee de leur Cabane, & ceux qui auroient deux champs, en apporteroient deux escuellees, & ainsi des autres, puis l'offriroient & dedieroient à l'vn de nous trois, pour l'obliger auec les deux autres Confreres, de prier Dieu pour eux. Cela estant faict, ils me choisissent, & m'enuoyent prier par vn nommé Grenole, d'aller au conseil, pour me communiquer quelque affaire d'importance, & aussi pour receuoir vn tonneau de bled qu'ils m'auoient dedié. Auec l'aduis de mes Confrers ie m'y en allay, & m'assis au conseil aupres du grand Capitaine, lequel me dist: Mon Nepueu, nous t'auons en-

Q ij

uoyé querir, pour t'aduiser que si les pluyes ne cessent bien-tost, nos bleds seront tous perdus, & toy & tes Confreres auec nous, mourrons tous de faim ; mais comme vous estes gens de grand esprit, nous auons eu recours à vous, & esperons que vous obtiendrez de vostre Pere qui est au Ciel, quelque remede & assistance à la necessité qui nous menace. Vous nous auez tousiours annoncé qu'il estoit tres-bon, & qu'il estoit le Createur, & auoit tout pouuoir au Ciel & en la terre; si ainsi est qu'il soit tout-puissant & tres bon, & qu'il peut ce qu'il veut; Il peut donc nous retirer de nos miseres, & nous donner vn temps propre & bon : prie-le donc, auec tes deux autres Confreres, de faire cesser les pluyes, & le mauuais temps, qui nous conduit infailliblement dans la famine, s'il continuë encore quelque temps, & nous ne te serons pas ingrats: car voyla desia vn tonneau de bled que nous t'auons dedié, en attendant mieux. Son discours finy, & ses raisons deduites, ie luy remonstray que tout ce que nous leur auions dit & enseigné estoit tres-veritable, mais qu'il estoit à la liberté d'vn pere d'exaucer ou reietter les prieres de son enfant,

& que pour chastier, ou faire grace & misericorde, il estoit tousiours la mesme bonté, y ayant autant d'amour au refus qu'à l'octroy ; & luy dis pour exemple. Voyla deux de ces petits enfans, *Andaracouy & Aroussen*, quelques fois tu leur donnes ce qu'ils te demandent, & d'autres fois non ; que si tu les refuses & les laisses contristez, ce n'est pas pour hayne que tu leur portes, ny pour mal que tu leur vueilles ; ains pource que tu iuges mieux qu'eux que cela ne leur est pas propre, ou que ce chastiment leur est cecessaire. Ainsi en vse Dieu nostre Pere tres-sage, enuers nous ses petits enfans & seruiteurs. Ce Capitaine vn peu grossier, en matiere spirituelle, me repliqua, & dist. Mon Nepueu, il n'y a point de côparaison de vous à ces petits enfans: car n'ayās point d'esprit, ils font souuent de folles demandes, & moy qui suis pere sage, & de beaucoup d'esprit, ie les exauce ou refuse auec raison. Mais pour vous, qui estes grandement sages, & ne demandez rien inconsiderément, & qui ne soit tres-bon & equitable, vostre Pere qui est au Ciel, n'a garde de vous esconduire : que s'il ne vous exauce, & que nos bleds viennent à pourrir,

Q iij

nous croyrons que vous n'estes pas veritables, & que IESVS n'est point si bon ny si puissant que vous dites. Ie luy repliquay tout ce qui estoit necessaire là dessus, & luy remis en memoire que desià en plusieurs occasions ils auoient experimenté le secours d'vn Dieu & d'vn Createur, si bon & pitoyable, & qu'il les assisteroit encore à cette presente & pressante necessité, & leur donneroit du bled plus que suffisamment, pourueu qu'ils nous voulussent croire, & quittassent leurs vices, & que si Dieu les chastioit par-fois, c'estoit pource qu'ils estoient tousiours vicieux, & ne sortoient point de leurs mauuaises habitudes, & que s'ils se corrigeoient, ils luy seroient agreables, & les traiteroit apres comme ses enfans.

Ce bon homme prenant goust à tout ce que ie luy disois, me dist : O mon Nepueu ! ie veux donc estre enfant de Dieu, comme toy ; Ie luy respondis, tu n'en es point encore capable. O mon Oncle ! il faut encore vn peu attendre que tu te sois corrigé : car Dieu ne veut point d'enfant s'il ne renonce aux superstitions, & qu'il ne se contente de sa propre femme sans aller aux autres ; & si tu le fais nous

du pays des Hurons. 247

te baptizerons, & apres ta mort ton ame s'en ira bien-heureuse auec luy. Le conseil acheué, le bled fut porté en nostre Cabane, & m'y en retournay, où i'aduertis mes Confreres de tout ce qui s'estoit passé, & qu'il falloit serieusement & instamment prier Dieu pour ce pauure peuple, à ce qu'il daignast les regarder de son œil de misericorde, & leur donnast vn temps propre & necessaire à leurs bleds, pour de là les faire admirer ses merueilles. Mais à peine eusmes-nous commencé nos petites prieres, & esté processionnellement à l'entour de nostre petite Cabane, en disans les Litanies, & autres prieres & deuotions, que nostre Seigneur tres-bon & misericordieux fist à mesme temps cesser les pluyes: tellement que le Ciel, qui auparuant estoit par tout couuert de nuees obscures, se fist serain, & toutes ces nuees se ramasserent comme en vn globe au dessus de la ville, & puis tout à coup cela se fondit derriere les bois, sans qu'on en apperceust iamais tomber vne seule goutte d'eau; & ce beau temps dura enuiron trois sepmaines, au grand contentement, estonnement & admiration des Sauuages, qui satisfaicts d'vne telle faueur celeste, nous

Q iiij

en resterent fort affectionnez, auec deliberation de faire passer en conseil, que de là en auant ils nous appelleroient leurs Peres spirituels, qui estoit beaucoup gaigné sur eux, & suiet à nous de rendre infinies graces à Dieu, qui daigne faire voir ses merueilles quand il luy plaist, & est expedient à sa gloire.

Du depuis les Sauuages nous eurent vne telle croyance, & auoient tant d'opinions de nous, que cela nous estoit à peine, pource qu'ils inferoient de là, & s'imaginoient que Dieu ne nous esconduiroit iamais d'aucune chose que luy demandassions, & que nous pouuions tourner le Ciel & la terre à nostre volonté (par maniere de dire;) c'est pourquoy qu'il leur en falloit faire rabattre de beaucoup, & les aduiser que Dieu ne fait pas tousiours miracle, & que nous n'estions pas dignes d'estre tousiours exaucez.

Il m'arriua vn iour qu'estant allé visiter vn Sauuage de nos meilleurs amis, grandement bon homme, & d'vn naturel qui sentoit plustost son bon Chrestien, que non pas son Sauuage: Comme ie discourois auec luy, & pensois monstrer nostre cachet, pour luy en faire admirer l'Image,

du pays des Hurons. 249

qui estoit de la saincte Vierge, vne fille subtilement s'en saisit, & le ietta de costé dans les cendres, pensant par apres le ramasser pour elle. I'estois marry que ce cachet m'auoit esté ainsi pris & desrobé, & dis à cette fille que ie soupçonnois, tu te ris & te mocques à present de mon cachet que tu as desrobé; mais sçache, que s'il ne m'est rendu, que tu pleureras demain, & mourras bien-tost: car Dieu n'ayme point les larrons, & les chastie; ce que ie disois simplement, & pour l'intimider & faire rendre son larrecin, comme elle fist à la fin, l'ayant-moy-mesme ramassé du lieu où elle l'auoit ietté. Le lendemain à heure de dix heures, estant retourné voir mon Sauuage, ie trouuay cette fille toute esploree & malade, auec de grands vomissemens qui la tourmentoient: estonné & marry de la voir en cet estat, ie m'informay de la cause de son mal, & de ses pleurs, l'on me dist que c'estoit le mal que ie luy auois predit, & qu'elle estoit sur le poinct de se faire reconduire à la Nation du Petun, d'où elle estoit, pour ne point mourir hors de son pays: ie la consolay alors, & luy dis qu'elle n'eust plus de peur, & qu'elle ne mourroit point pour ce coup,

Vne Sauuagesse desrobe nostre cachet.

ny n'en feroit pas d'auantage, malade, puis que ce cachet auoit esté retrouué; mais qu'elle aduisast vne autre fois de n'estre plus meschante, & de ne plus desrober, puis que cela desplaisoit au bon IESVS; & alors elle me demanda derechef si elle n'en mourroit point, & apres que ie l'en eus asseuree, elle resta entierement guerie & consolee, & ne parla plus de s'en retourner en son pays, comme elle faisoit auparauant, & vescut plus sagement à l'aduenir.

Comme ils estimoient que les plus grands Capitaines de France estoient *Opinions ridicules.* doüez d'vn plus grand esprit, & qu'ayans vn si grand esprit, eux seuls pouuoient faire les choses plus difficiles : comme haches, cousteaux, chaudieres, &c. Ils inferoient de là, que le Roy (comme le plus grand Capitaine & le chef de tous) faisoit les plus grandes chaudieres; & nous tenans en cette qualité de Capitaines, ils nous en presentoient quelques-fois à r'accommoder, & nous supplioient aussi de faire pancher en bas les oreilles droictes de leurs chiens, & de les rendre comme celles de ceux de France qu'ils auoient veus à Kebec: mais ils se mesprenoient, &

nous supplioient en vain, comme de nous estre importuns d'aller tuer le Tonnerre, qu'ils pensoient estre vn oyseau, nous demandans si les François en mangeoient, & s'il auoit bien de la graisse, & pourquoy il faisoit tant de bruit: mais ie leur donnay à entendre (selon ma petite capacité) comme & en quoy ils se trompoient, & qu'ils ne deuoient penser si bassement des choses; dequoy ils resterent fort contents & aduoüoient auec vn peu de honte leur trop grande simplicité & ignorance.

Les Sauuages, non plus que beaucoup de simples gens, ne s'estoient iamais imaginé que la terre fust ronde & suspenduë, & que l'on voyageast à l'entour du monde, & qu'il y eust des Nations au dessous de nous, ny mesme que le Soleil fist son cours à l'entour: mais pensoient que la terre fust percee, & que le Soleil entroit par ce trou quand il se couchoit, & y demeuroit caché iusqu'au lendemain matin qu'il sortoit par l'autre extremité, & neantmoins ils comprenoient bien qu'il estoit plustost nuict en quelques pays, & plustost iour en d'autres: car vn Huron venant d'vn long voyage, nous dist en nostre Cabane, qu'il estoit desia nuict en la con-

Où ils croyent que le Soleil se couche.

tree d'où il venoit, & neantmoins il estoit plein Esté aux Hurons, & pour lors enuiron les quatre ou cinq heures apres midy seulement.

Des ceremonies qu'ils obseruent à la pesche.

CHAPITRE XIX.

Esireux de voir les ceremonies & façons ridicules qu'ils obseruét à la pesche du grand poisson, qu'ils appellent *Assihendo*, qui est vn poisson gros comme les plus grandes moluës, mais beaucoup meilleur. Ie partis de *Quieunonascaran*, auec le Capitaine *Auoindaon*, au mois d'Octobre, & nous embarquasmes sur la mer douce dans vn petit Canot, moy cinquiesme, & prismes la route du costé du Nord, où apres auoir long temps nauigé & aduancé dans la mer, nous nous arrestasmes & prismes terre dans vne Isle commode pour la pesche, & y cabanasmes proche de plusieurs mesnages qui s'y estoient desia accommodez pour le mes-

du pays des Hurons. 253

me fuiet de la pefche. Dés le foir de noftre arriuee, on fift feftin de deux grands poiffons, qui nous auoient efté donnez par vn des amis de noftre Sauuage, en paffant deuant l'Ifle où il pefchoit: car la couftume eft entr'eux, que les amis fe vifitans les vns les autres au temps de la pefche, de fe faire des prefens mutuels de quelques poiffons. Noftre Cabane eftant dreffee à l'Algoumequine, chacun y choifit fa place, aux quatre coins eftoient les quatre principaux, & les autres en fuitte, arrangez, les vns ioignans les autres, affez preffez. On m'auoit donné vn coin dés le commencement; mais au mois de Nouembre, qu'il commence à faire vn peu de froid, ie me mis plus au milieu, pour pouuoir participer à la chaleur des deux feux que nous auions, & ceday mon coin à vn autre. Tous les foirs on portoit les rets enuiron demye-lieuë, ou vne lieuë auant dans le Lac, & le matin à la poincte du iour on les alloit leuer, & rapportoit-on toufiours quantité de bons gros poiffons; comme Affihendos, Truites, Efturgeons, & autres qu'ils efuentroient, & leur ouuroient le ventre comme l'on faict aux Moluës, puis les eftendoient fur des ratteliers de perches dreffez exprez, pour les faire feicher au Soleil: que fi le téps incommode, & les pluyes empefchét & nuyfent à la feichereffe de la viande ou du poiffon, on les faict boucaner à la fumee fur des clayes ou fur des perches, puis on ferre le tout dans des tonneaux, depeur des chiens & des fouris, & cela leur fert pour feftiner, & pour donner gouft à leur potage, principalement en temps d'hyuer.

Tirent de l'huile du poiffon. Quelques-fois on referuoit des plus gros & gras Affihendos, qu'ils faifoient fort boüillir & confommer en de grandes chaudieres pour en tirer l'huile, qu'ils amaffoient auec vne cueillier par-deffus le boüillon, & la ferroient en des bouteilles qui reffembloient à nos calbaffes: cet huile eft auffi douce & agreable que beurre fraiz, auffi eft-elle tiree d'vn tres-bon poiffon, qui eft incogneu aux Canadiens, & encore plus icy. Quand la pefche eft bonne, & qu'il y a nombre de Cabanes, on ne voit que feftins & banquets mutuels & reciproques, qu'ils fe font les vns aux autres, & fe refioüiffent de fort-bonne grace par enfemble, fans diffolution. Les feftins qui fe font dans les villages & les bourgs font par-fois bons; mais ceux qui se font à la pesche & à la chasse sont les meilleurs de tous.

Ils prennent sur tout garde de ne ietter aucune arreste de poisson dans le feu, & y en ayant ietté ils m'en tancerent fort, & les en retirerent promptement, disans que ie ne faisois pas bien, & que ie serois cause qu'ils ne prendroient plus rien; pour ce qu'il y auoit de certains esprits, ou les esprits des poissons mesmes, desquels on brusloit les os, qui aduertiroient les autres poissons de ne se pas laisser prendre, puis qu'on brusloit leurs os. Ils ont la mesme superstition à la chasse du Cerf, de l'Eslan, & des autres animaux, croyans que s'il en tomboit de la graisse dans le feu, ou que quelques os y fussent iettez, qu'ils n'en pourroient plus prendre. Les Canadiens ont aussi cette coûtume de tuer tous les Eslans qu'ils peuuent attraper à la chasse, craignans qu'en en espargnant ou en laissant aller quelqu'vn, il n'allast aduertir les autres de fuyr & se cacher au loin, & ainsi en laissent par fois pourrir & gaster sur la terre, quand ils en ont desia assez pour leur prouision, qui leur feroient bon besoin en autre temps, pour les grandes disettes qu'ils souffrent souuent, particu-

Ne iettent les arrestes de poisson au feu.

lierement quand les neiges sont basses, auquel temps ils ne peuuent, que tres-difficilement, attraper la beste, & encore en danger d'en estre offencé.

Vn iour, comme ie pensois brusler au feu le poil d'vn Escureux, qu'vn Sauuage m'auoit donné, ils ne le voulurent point souffrir, & me l'enuoyerent brusler dehors, à cause des rets qui estoient pour lors dans la Cabane : disans qu'autremēt elles le diroient aux poissons. Ie leur dis que les rets ne voyoient goute ; ils me respondirent que si, & mesmes qu'elles entendoient & mangeoient. Donne-leur donc de ta Sagamité, leur disie, vn autre me repliqua, ce sont les poissons qui leur donnent à manger, & non point nous. Ie tançay vne fois les enfans de la Cabane, pour quelques vilains & impertinens discours qu'ils tenoient : il arriua que le lendemain matin ils prindrent fort peu de poisson, ils l'attribuerent à cette reprimande qui auoit esté rapportée par les rets aux poissons.

Vn soir, que nous discourions des animaux du pays, voulans leur faire entendre que nous auions en France des lapins & levraux, qu'ils appellēt *Quieutonmalisia*,

ie leur

ie leur en fis voir la figure par le moyen de mes doigts, en la clairté du feu qui en faifoit donner l'ombrage contre la Cabane : d'auenture & par hazard on prit le lendemain matin, du poiſſon beaucoup plus qu'à l'ordinaire, ils creurent que ces figures en auoient eſté la cauſe, tant ils font ſimples, me priant au reſte de prendre courage, & d'en faire tous les ſoirs de meſme, & de leur apprendre, ce que ie ne voulus point faire, pour n'eſtre cauſe de cette ſuperſtition, & pour n'adherer à leur folie.

En chacune des Cabanes de la peſche, il y a ordinairement vn Predicateur de poiſſon, qui a accouſtumé de faire vn ſermon aux poiſſons, s'ils ſont habiles gens ils ſont fort recherchez, pource qu'ils croyent que les exhortations d'vn habile homme ont vn grand pouuoir d'attirer les poiſſons dans leurs rets. Celuy que nous auions s'eſtimoit vn des premiers, auſſi le faiſoit-il beau voir ſe demener, & de la langue & des mains quand il preſchoit, comme il faiſoit tous les iours apres ſouper, apres auoir impoſé ſilence, & faict ranger vn chacun en ſa place, couché de leur long ſur le dos, & le ventre

Preſchent les poiſſons.

R

en haut comme luy. Son Theme estoit,
Que les Hurons ne bruslent point les os
des poissons, puis il pourſuyuoit enſuitte
auec des affections nompareilles, exhor-
toit les poiſſons, les conjuroit, les inuitoit
& les ſupplioit de venir, de ſe laiſſer prendre, & d'auoir bon courage, & de ne rien
craindre, puis que c'eſtoit pour ſeruir à de
leurs amis, qui les honorent, & ne bruſlent point leurs os. Il en fit auſſi vn particulier à mon intention, par le commandement du Capitaine, lequel me diſoit
après. Hé! bien mon Nepueu, voyla il
pas qui eſt bien? Ouy, mon Oncle, à ce
que tu dis, luy reſpondis-ie, mais toy, &
tous vous autres Hurons, auez bien peu
de iugement, de penſer que les poiſſons
entendent & ont l'intelligence de vos ſer-
mons & de vos diſcours. Pour auoir bonne peſche ils bruſlent auſſi par-fois du petun, en prononçans de certains mots que
ie n'entends pas. Ils en iettent auſſi à meſme intention dans l'eau à de certains eſprits qu'ils croyent y preſider, ou pluſtoſt
à l'ame de l'eau (car ils croyent que toute
choſe materielle & inſenſible a vne ame
qui entend) & la prient à leur maniere ac-
couſtumee, d'auoir bon courage, &

faire en sorte qu'ils prennent bien du poisson.

Nous trouuasmes dans le ventre de plusieurs poissons, des ains faits d'vn morceau de bois, accomodez auec vn os qui seruoit de crochet, lié fort propremét auec de leur chanvre; mais la corde trop foible pour tirer à bord de si gros poissons, auoit faict perdre & la peine & les ains de ceux qui les auoient iettez en mer: car veritablement il y a dans cette mer douce des Esturgeons, Assihendos, Truites & Brochets si monstrueusement grands, qu'il ne s'en voit point ailleurs de plus gros, non plus que de plusieurs autres especes de poissons qui nous sont icy incogneus. Et cela ne nous doit estre tiré en doute, puis que ce grand Lac, ou mer douce des Hurons, est estimé auoir trois ou quatre cens lieuës de longueur, de l'Orient à l'Occident, & enuiron cinquante de large, contenant vne infinité d'Isles, ausquelles les Sauuages cabanent quand ils vont à la pesche, ou en voyage aux autres Nations qui bordent cette mer douce. Nous iettasmes la sonde vers nostre bourg, assez proche de terre en vn cul-de-sac, & trouuasmes quarante-huict

Grandeur de la mer douce.

brasses d'eau, mais il n'est pas d'vne egale profondeur par tout : car il l'est plus en quelque lieu, & moins de beaucoup en d'autre.

Lors qu'il faisoit grand vent, nos Sauuages ne portoiēt point leurs rets en l'eau, par ce qu'elle s'esleuoit & s'enfloit alors trop puissamment, & en temps d'vn vent mediocre, ils estoient encore tellement agitez, que c'estoit assez pour me faire admirer, & grandement loüer Dieu que ces pauures gens ne perissoient point, & sortoient auec de si petits Canots du milieu de tant d'ondes & de vagues furieuses, que ie contemplois à dessein du haut d'vn rocher, où ie me retirois seul tous les iours, ou dans l'espaisseur de la forest pour dire mon Office, & faire mes prieres en paix.

Cette Isle estoit assez abondante en gibier, Outardes, Canards, & autres oyseaux de riuiere : pour des Escureux il y en auoit telle quantité, de Suisses, & autres communs, qu'ils endommageoient grandement la seicherie du poisson, bien qu'on taschast de les en chasser par la voix, le bruit des mains, & à coups de flèches, & estans saouls ils ne faisoient que ioüer &

courir les vns apres les autres soir & matin. Il y auoit aussi des Perdrix, vne desquelles s'en vint vn iour tout contre moy en vn coin où ie disois mon Office, & m'ayāt regardé en face s'en retourna à petit pas comme elle estoit venuë, faisant la rouë comme vn petit coc d'Inde, & tournant continuellement la teste en arriere, me regardoit & contemploit doucement sans crainte, aussi ne vouluf-ie point l'espouuenter ny mettre la main dessus, comme ie pouuois faire, & la laissay aller.

Vn mois, & plus, s'estant escoulé, & le grand poisson changeant de contree, il fut question de trousser bagage, & retourner chacun en son village : vn matin que l'on pensoit partir, la mer se trouua fort haute, & les Sauuages timides n'osans se hazarder dessus, me vindrent trouuer, & me supplierent de sortir de la Cabane pour voir la mer, & leur dire ce qu'il m'en sembloit, & ce qu'il estoit question de faire; pour ce que tous les Sauuages ensemble s'estoient resolus de faire en cela tout ce que ie leur dirois & conseillerois. I'auois desia veu la mer; mais pour les contenter il me fallut derechef sortir dehors, pour cōsiderer s'il y auoit peril de s'embarquer ou non. O bonté infinie de nostre Seigneur, il me semble que i'auois la foy au double que ie n'en ay pas icy! Ie leur dis: Il est vray qu'il y a à present grand danger sur mer; mais que personne pourtant ne laisse de fretter ses Canots & s'embarquer: car en peu de temps les vents cesseront, & la mer calmera: aussi-tost dit, aussi-tost faict, ma voix se porte par toutes les Cabanes de l'Isle, qu'il falloit s'embarquer, & que ie les auois asseurez de la bonace prochaine. Ce qui les fist tellement diligenter, qu'ils nous deuancerent tous, & fusmes les derniers à desmarer. A peine les Canots furent-ils en mer, que les vents cesserent, & la mer calma comme vn plancher, iusques à nostre desembarquement & arriuee à nostre ville de Quieunonascaran.

Le soir que nous arriuasmes au port de cette ville, il estoit pres de trois quarts d'heures de nuict, & faisoit fort obscur, c'est pourquoy mes Sauuages y cabanerent: mais pour moy i'aimay mieux m'en aller seul au trauers des champs & des bois en nostre Cabane, qui en estoit à demye lieuë loin, pour y voir promptement mes Confreres, de la santé desquels les Sauuages m'auoient faict fort douter: mais ie les trouuay en tres-bonne disposition, Dieu mercy, de quoy ie fus fort consolé, & eux au reciproque furent fort ayſes de mon retour & de ma ſanté, & me firent festin de trois petites Citroüilles cuittes ſous la cendre chaude, & d'vne bonne Sagamité, que ie mangeay d'vn grand appetit, pour n'auoir pris de toute la iournee qu'vn bien peu de boüillon fort clair, le matin auant partir.

De la ſanté & maladie des Sauuages, & de leurs Medecins.

CHAPITRE XX.

LEs anciens Egyptiens a- *Pour ſe cõ-* uoient accouſtumé d'vſer *ſeruer en* de vomitifs pour guerir les *ſanté.* maladies du corps, & de ſobrieté pour ſe conſeruer en ſanté: car ils tenoient pour maxime indubitable, que les maladies corporelles ne procedoient que d'vne trop grande abondance & ſuperfluité d'humeurs, & par conſequent qu'il n'y auoit aucun re-

R iiij

mede meilleur que le vomissement & la sobrieté.

Nos Sauuages ont bien la dance & la sobrieté, auec les vomitifs, qui leur sont vtiles à la conseruation de la santé, mais ils ont encore d'autres preseruatifs desquels ils vsent souuent : c'est à sçauoir, les estuues & sueries, par lesquelles ils s'allegent, & preuiennent les maladies : mais ce qui ayde encore grandement à leur santé, est la concorde qu'ils ont entr'eux, qu'ils n'ont point de procez, & le peu de soin qu'ils prennent pour acquerir les commoditez de cette vie, pour lesquelles nous nous tourmentons tant nous autres Chrestiens, qui sommes iustement & à bon droict repris de nostre trop grande cupidité & insatiabilité d'en auoir, par leur vie douce, & la tranquilité de leur esprit.

Il n'y a neantmoins corps si bien composé, ny naturel si bien moriginé, qu'il ne vienne à la fin à se debiliter ou succomber par des diuers accidens ausquels l'homme est suiet. C'est pourquoy nos pauures Sauuages, pour remedier aux maladies ou blesseures qui leur peuuent arriuer, ont des Medecins & maistres des ceremonies, qu'ils appellent Oki, ausquels ils croyent

du pays des Hurons. 265

fort, pour autant qu'ils sont grands Magiciens, grands Deuins & Inuocateurs de Diables: Ils leur seruent de Medecins & Chirurgiens, & portent tousiours auec eux vn plein sac d'herbes & de drogues pour médeciner les malades : ils ont aussi vn Apoticaire à la douzaine, qui les suit en queuë auec ses drogues, & la Tortuë qui sert à la chanterie, & ne sont point si simples qu'ils n'en sçachent bien faire accroire au menu peuple par leurs impostures, pour se mettre en credit, & auoir meilleure part aux festins & aux presents.

S'il y a quelque malade dans vn village, on l'enuoye aussi tost querir. Il faict des inuocations à son Demon, il souffle la partie dolente, il y faict des incisions, en succe le mauuais sang, & faict tout le reste de ses inuentions, n'oubliant iamais, s'il le peut honnestement, d'ordonner tousjours des festins & recreations pour premier appareil, afin de participer luy-mesme à la feste, puis s'en retourne auec ses presens. S'il est question d'auoir nouuelle des choses absentes, apres auoir interrogé son Demon, il rend des oracles; mais ordinairement douteux, & bien souuent faux, mais aussi quelques-fois veritables : car le Diable parmy les mensonges, leur dict quelque verité.

Vne Sauuagesse parle au Diable.

Vn honneste Gentil-homme de nos amis, nommé le sieur du Vernet, qui a demeuré auec nous au pays des Hurons, nous dist vn iour, que côme il estoit dâs la Cabane d'vne Sauuagesse vers le Bresil, qu'vn Demon vint frapper trois grands coups sur la couuerture de la Cabane, & que la Sauuagesse qui cogneut que c'estoit son Demon, entra aussi-tost dans sa petite tour d'escorce, où elle auoit accoustumé de receuoir ses oracles, & entendre les discours de ce malin esprit. Ce bon Gentil-homme preste l'oreille, & escoute le Colloque, & entendit le Diable qui se plaignoit grandement à elle, qu'il estoit fort las & fatigué, & qu'il venoit de fort loin guerir des malades, & que l'amitié particuliere qu'il auoit pour elle, l'auoit obligé de la venir voir ainsi lassé, puis pour l'aduertir qu'il y auoit trois Nauires François en mer qui arriueroient bien-tost, ce qui fut trouué veritable : car à trois ou quatre iours de là, les Nauires arriuerent, & apres que la Sauuagesse l'eut remercié, & faict ses demandes, le Demon s'en retourna.

Vn de nos François estant tombé malade en la Nation du Petun, ses compagnōs qui s'en alloient à la Nation Neutre, le laisserent là, en la garde d'vn Sauuage, auquel ils dirent: Si cettuy nostre compagnon meurt, tu n'as qu'à le despoüiller de sa robbe, faire vne fosse, & l'enterrer dedans. Ce bon Sauuage demeura tellement scandalizé du peu d'estat que ces François faisoient de leur compatriot, qu'il s'en plaignit par tout, disant qu'ils estoient des chiens, de laisser & abandoner ainsi leur compagnon malade, & de conseiller encore qu'on l'enterrast nud, s'il venoit à mourir. Ie ne feray iamais cette inure à vn corps mort, bien qu'estranger, disoit-il; & me despoüillerois plustost de ma robbe pour le couurir, que de luy oster la sienne.

Vn François tombe malade, & meurt.

L'hoste de ce pauure garçon sçachant sa maladie, part aussitost de Quieuindohian, d'où il estoit, pour l'aller querir, & assisté de ce Sauuage qui l'auoit en garde, l'apporterent sur leur dos iusques dans sa Cabane, où enfin il mourut, apres auoir esté confessé par le Pere Ioseph, & fut enterré en vn lieu particulier le plus honorablement, & auec le plus de ceremonies

Ecclesiastiques qu'il nous fut possible, dequoy les Sauuages resterent fort edifiez, & assisterent eux mesmes au conuoy auec nos François, qui s'y estoient trouuez auec leurs armes. Les femmes & filles ne manquerent pas non plus en leurs pleurs accoustumez, suyuant l'ordonnance du Capitaine, & du Mededecin ou Magicien des malades, lequel neantmoins on ne souffrit point approcher de ce pauure garçon pour faire ses inuentions & follies ordinaires : bien n'eust-on pas refusé quelque bon remede naturel, s'il en eust eu de propre à la maladie.

Ie me suis informé d'eux, des principales plantes & racines desquelles ils se seruent pour guerir leurs maladies ; mais entre toutes les autres ils font estat de celle appellee *Oscar*, qui faict merueille contre toutes sortes de playes, vlceres, & autres incommoditez. Ils en ont aussi d'autres tres-venimeuses, qu'ils appellent *Ondachiera*, c'est pourquoy qu'il s'en faut donner garde, & ne se point hazarder d'y máger d'aucune sorte de racine, que l'on ne les cognoisse, & qu'on ne sçache leurs effects & leurs vertus, depeur des accidens iñopinez.

Effets merueilleux de quelques racines

Nous eusmes vn iour vne grande apprehension d'vn François, qui pour en auoir mangé d'vne, deuint tout en vn inſtant grandemēt malade, & paſſe cōme la mort, il fut neantmoins guery par des vomitifs que les Sauuages luy firent aualler. Il nous arriua encore vne autre ſeconde apprehenſion, qui ſe tourna par apres en riſee : ce fut que certains petits Sauuages ayans des racines nommees *Ooxrat*, qui reſſemblent à vn petit naueau, ou à vne chaſtaigne pellee, qu'ils venoient d'arracher pour porter en leurs Cabanes : vn ieune garçon François qui demeuroit auec nous, leur en ayant demandé, & mangé vne ou deux, & trouué au commencement d'vn gouſt aſſez agreable, il ſentit peu apres tant de douleur dans la bouche, comme d'vn feu tres-cuiſant & picquant, auec grande quantité d'humeurs & de flegmes qui luy diſtilloient continuellement de la bouche, qu'il en penſoit eſtre à mourir : & en effect, nous n'en ſçauions que penſer, ignorans la cauſe de cet accident, & craignions qu'il euſt mangé de quelque racine venimeuſe : mais en ayant communiqué, & demandé l'aduis des Sauuages, ils ſe firent apporter le reſte des racines pour voir que c'estoit, & les ayans veuës & recogneuës, ils se prirent à rire, disans qu'il n'y auoit aucun danger ny crainte de mal, mais plustost du bien, n'estoient ces poignantes & par trop cuisantes douleurs de la bouche. Ils se seruent de ces racines pour purger les phlegmes & humiditez du cerueau des vieilles gens, & pour esclaircir la face: mais pour éuiter ce cuisant mal, ils les font premierement cuire sous les cendres chaudes, puis les mangent, sans en ressentir apres aucune douleur, & cela leur faict tous les biens du monde, & suis marry de n'en auoir apporté par-deçà, pour l'estat que ie croy qu'on en eust faict. On dict aussi que nos Montagnets & Canadiens ont vn arbre appellé *Annedda*, d'vne admirable vertu; il pillent l'escorce & les fueilles de cet arbre, puis font boüillir le tout en eauë, & la boiuent de deus iours l'vn, & mettent le marc sur les jambes enflees & malades, & s'en trouuent bien tost gueris, comme de toutes autres sortes de maladies interieures & exterieures.

Arbre appellé Annedda.

Pour se rendre plus souples & dispos à la course, & pour purger les mauuaises humeurs des parties enflees, nos Hurons

s'incisent & découppent le gras des jam- | S'incisent
bes, auec de petites pierres trenchantes, | la chair.
desquelles ils tirét encore du sang de leurs
bras, pour rejoindre & coler leurs pippes
ou petunbirs de terre rompus, qui est vne
tres-bonne inuention, & vn secret d'autant plus admirable, que les pieces reco-
lees de ce sang, sont apres plus fortes qu'-
elles n'estoient auparauant. I'admirois
aussi de les voir eux-mesmes brusler par
plaisir de la moëlle de sureau sur leurs bras
nuds, & l'y laissoient consommer & esteindre: de sorte que les playes, marques &
cicatrices y demeuroient imprimees pour
tousiours.

Quand quelqu'vn veut faire suerie, qui | Des estu-
est le remede le plus propre & le plus có- | ues ou sue-
mun qu'ils ayent, pour se conseruer en | ries.
santé, preuenir les maladies, & leur coupper chemin. Il appelle plusieurs de ses a-
mis pour suer auec luy: car luy seul ne le
pourroit pas aysement faire. Ils font donc
rougir quantité de cailloux dans vn grand
feu, puis les en retirent & mettent en vn
monceau au milieu de la Cabane, ou la
part qu'ils desirent dresser leur suerie, (car
estans par les champs en voyage, ils en v-
sent quelques-fois) puis dressent tout à

l'entour des bastons fichez en terre, à la hauteur de la ceinture, & plus, repliez, par dessus, en façon d'vne table ronde, laissans entre les pierres & les bastons, vne espace suffisante pour côtenir les hommes nuds qui doiuét suer, les vns ioignans les autres, bien serrez & pressez tout à l'entour du monceau de pierres assis contre terre, & les genoüils esleuez au deuant de leur estomach: y estans on couure toute la suerie par dessus & à l'entour, auec de leurs grandes escorces, & des peaux en quantité: de sorte qu'il ne peut sortir aucune chaleur ny air de l'estuue, & pour s'eschauffer encore d'auantage, & s'exciter à suer, l'vn d'eux chante, & les autres disent & repetent continuellement auec force & vehemence (comme en leurs dances,) Her, het, het, & n'en pouuans plus de chaleur, ils se font donner vn peu d'air, en ostant quelque peau de dessus, & par-fois ils boiuent encore de grãdes potees d'eau froide, & puis se font recouurir, & ayans sué suffisamment, ils sortent, & se vont ietter en l'eau, s'ils sont proches de quelque riuiere; sinon, ils se lauent d'eau froide, & puis festinent; car pendant qu'ils suent, la chaudiere est sur le feu, & pour

auoir

auoir bonne fuerie, ils y bruslent par-fois du petun, comme en sacrifice & offrande; i'ay veu quelques-vns de nos François en de ces fueries auec les Sauuages, & m'estonnois comme ils la vouloient & pouuoient supporter, & que l'honnesteté ne gaignoit sur eux de s'en abstenir.

Il arriue aucunes-fois que le Medecin ordonne à quelqu'vn de leurs malades de sortir du bourg, & de s'aller cabaner dans les bois, ou en quelqu'autre lieu escarté, pour luy obseruer là, pendant la nuict, ses diaboliques inuentions, & ne sçay pour quel autre suiet il le feroit, puis que pour l'ordinaire cela ne se practique point que pour ceux qui sont entachez de maladie sale ou dangereuse, lesquels on contrainct seuls, & non les autres, de se separer du commun iusques à entiere guerison; qui est vne coustume & ordonnance loüable & tres-bonne, & qui mesme deuroit estre obseruee en tout pays.

Malades de maladies sales, separez du commun.

A ce propos & pour confirmation, ie diray, que comme ie me promenois vn iour seul, dans les bois de la petite Nation des Quieunontateronons, i'apperceu vn peu de fumee, & desireux de voir que c'estoit, i'aduançay, & tiray celle part, où ie

S

trouuay vne Cabane ronde, faicte en façon d'vne Tourelle ou Pyramide haute esleuee, ayant au faiste vn trou ou souspiral par où sortoit la fumee : non content, i'ouuris doucement la petite porte de la Cabane pour sçauoir ce qui estoit dedans, & trouuay vn homme seul estendu de son long aupres d'vn petit feu : ie m'informay de luy pourquoy il estoit ainsi sequestré du village, & de la cause qu'il se déüilloit; il me respondit, moitié en Huron, & moitié en Algoumequin, que c'estoit pour vn mal qu'il auoit aux parties naturelles, qui le tourmentoit fort, & duquel il n'esperoit que la mort, & que pour de semblables maladies ils auoient accoustumé entr'eux, de separer & esloigner du commun, ceux qui en estoient attaincts, de peur de gaster les autres par la frequentation ; & neantmoins qu'on luy apportoit ses petites necessitez & partie de ce qui luy faisoit besoin, ses parens & amis ne pouuans pas d'auantage pour lors, à cause de leur pauureté. I'auois beaucoup de compassion pour luy, mais cela ne luy seruoit que d'vn peu de diuertissement & de consolation en ce petit espace de temps que ie fus aupres de luy : car de luy donner quelque nourriture ou rafraischissement, il estoit hors de mon pouuoir, puis que i'estois moy-mesme dans vne grande necessité.

Le Truchement des Honqueronons me dist vn iour, que comme ils furent vn long temps pendant l'hyuer, sans auoir dequoy manger autre chose que du petun, & quelque escorce d'arbre, qu'il en deuint tellement foible & debile, qu'il en pensa estre au mourir, & que les Sauuages le voyans en cet estat, touchez & esmeus de compassion, luy demanderent s'il vouloit qu'on l'acheuast, pour le deliurer des peines & langueurs qu'il souffroit, puis qu'aussi bien faudroit il qu'il mourust miserablement par les champs, ne pouuant plus suyure les trouppes, mais il fut d'aduis qu'il valoit mieux languir & esperer en nostre Seigneur, que de se precipiter à la mort, aussi auoit il raison : car à quelques iours de là Dieu permist qu'ils prindrent trois Ours qui les remirēt tous sus pieds, & en leurs premieres forces, apres auoir esté quatorze ou quinze iours en iesnes continuels.

Il ne faut pas s'estonner ou trouuer estrange qu'ils ayent (touchez & esmeus

S ij

de compassion) presenté & offert de si bonne grace, la mort à ce Truchement, puis qu'ils ont cette coustume entr'eux (i'entends les Nations errantes, & non Sedentaires) de tuer & faire mourir leurs peres & meres, & plus proches parens desia trop vieux, & qui ne peuuent plus suyure les autres, pensans en cela leur rendre de bons seruices.

Font mourir leurs parens trop vieux.

I'ay quelques-fois esté curieux d'entrer au lieu où l'on chantoit & souffloit les malades, pour en voir toutes les ceremonies, mais les Sauuages n'en estoient pas contens, & m'y souffroient auec peine, pour ce qu'ils ne veulent point estre veus en semblables actions: & pour cet effect, à mon aduis, ou pour autre suiet à moy incogneu, ils rendent aussi le lieu où cela se faict, le plus obscur & tenebreux qu'ils peuuent, & bouchent toutes les ouuertures qui peuuent donner quelque lumiere d'enhaut, & ne laissent entrer là dedans que ceux qui y sont necessaires & appellez. Pendant qu'on chante il y a des pierres qui rougissent au feu, lesquelles le Medecin empoigne & manie auec ses mains, puis masche des charbons ardans, faict du Diable deschaisné, & de ses mains ainsi eschauffées, frotte & souffle les parties malades du patient, ou crache sur le mal de son charbon masché.

Ils ont aussi entr'eux des obsedez ou malades de maladies de furies, ausquels il prendra bien enuie de faire dácer les femmes & filles toutes ensemble, auec l'ordonnance de Loki; mais ce n'est pas tout, car luy & le Medecin, accompagnez de quelqu'autre, feront des singeries & des coniurations, & se tourneront tant qu'ils demeureront le plus souuent hors d'eux-mesmes : puis il paroist tout furieux, les yeux estincelans & effroyables, quelques-fois debout, & quelques-fois assis, ainsi que la fantasie luy en prend: aussi-tost vne quinte luy reprendra, & fera tout du pis qu'il pourra, puis il se couche, où il s'endort quelque espace de temps, & se resueillãt en sur-saut r'entre dans ses premieres furies, renuerse, brise & iette tout ce qu'il rencontre en son chemin, auec du bruit, du dõmage & des insolences nompareilles: cette furie se passe par le sommeil qui luy reprend. Apres il faict suerie auec quelqu'vn de ses amis qu'il y appelle, d'où il arriue que quelques-vns de ces malades se trouuent gueris, & c'est ce qui les en-

Maladies de furies.

S iij

tretient dans l'estime de ces diaboliques ceremonies. Car il est bien croyable que ces malades ne sont pas tellement endiablez qu'ils ne voyent bien le mal qu'ils font; mais c'est vne opinion qu'ils ont, qu'il faut faire du demoniacle pour guerir les fantaisies ou troubles de l'esprit, & par vne iuste permission diuine, il arriue le plus souuent qu'au lieu de guerir, ils tombent de fievre en chaud mal, comme on dict, & que ce qui n'estoit auparauant qu'vne fantasie d'esprit, causee d'vne humeur hipocondre, ou d'vne operation de l'esprit malin, se conuertit en vne maladie corporelle auec celle de l'esprit, & c'est ce qui estoit en partie cause que nous estions souuent suppliez de la part des Maistres de la ceremonie, & de Messieurs du Conseil, de prier Dieu pour eux, & de leur enseigner quelque bon remede pour ses maladies, confessans ingenuëment que toutes leurs ceremonies, dances, chansons, festins & autres singeries, n'y seruoient du tout rien.

Il y a aussi des femmes qui entrent en ces furies, mais elles ne sont si insolentes que les hommes, qui sont d'ordinaire plus tempestatifs: elles marchent à quatre pieds comme bestes, & font mille grimasses & gestes de personnes insensees : ce que voyant le Magicien, il commence à chanter ; puis auec quelque mine la soufflera, luy ordonnant de certaines eaües à boire, & qu'aussi tost elle fasse vn festin, soit de chair ou de poisson qu'il faut trouuer, encore qu'il soit rare pour lors, neantmoins il est aussi-tost faict.

Le cry faict, & le banquet finy, chacun s'en retourne en sa maison, iusques à vne autre-fois qu'il la reuiendra voir, la soufflera, & chantera derechef, auec plusieurs autres à ce appellez, & luy ordonnera encore de plus trois ou quatre festins tout de suitte ; & s'il luy vient en fantasie commandera des Mascarades, & qu'ainsi accommodez ils aillent chanter pres du lict de la malade, puis aillent courir par toute la ville pendant que le festin se prepare ; & apres leurs courses ils reuiennent pour le festin ; mais souuent bien las & affamez.

Lors que tous les remedes & inuentions ordinaires n'ont de rien seruy, & qu'il y a quantité de malades en vn bourg ou village, ou du moins que quelqu'vn des principaux d'entr'eux est detenu d'vne griefue maladie, ils tiennent conseil,

S iiij

Lonouoy-roya.

& ordonnent *Lonouoyroya*, qui est l'inuention principale, & le moyen plus propre (à ce qu'ils disent) pour chasser les Diables & malins esprits de leur ville ou village, qui leur causent, procurent & apportent toutes les maladies & infirmitez qu'ils endurent & souffrent au corps & en l'esprit. Le soir donc, les hommes commencent à casser, renuerser & bouluerser tout ce qu'ils rencontrêt par les Cabanes, comme gens forcenez; iettent le feu & les tisons allumez par les ruës: crient, hurlent, chantent & courent toute la nuict par les ruës, & à l'étour des murailles ou pallissades du bourg, sans se donner aucun relasche: apres ils songent en leur esprit quelque chose qui leur vient premier en la fantasie (i'entends tous ceux & celles qui veulent estre de la feste) puis le matin venu ils vont de Cabane en Cabane, de feu en feu, & s'arrestent à chacun vn petit espace de temps, chantans doucement (ces mots:) Vn tel m'a donné cecy, vn tel m'a donné cela, & telles & semblables paroles en la loüange de ceux qui leur ont donné, & en beaucoup de mesnages on leur offre librement: qui vn cousteau, qui vn petunoir, qui vn chien, qui vne peau, vn canot, ou autre chose, qu'ils prennent sans en faire autre semblant, iusques à ce qu'on vient à leur donner la chose qu'ils auoient songee, & celuy qui la reçoit fait alors vn cry en signe de ioye, & s'encourt en grãd haste de la Cabane, & tous ceux du logis en luy congratulant, font vn long frappement de mains contre terre, auec cette exclamation ordinaire, hé é é é é, & ce present est pour luy : mais pour les autres choses qu'il a eües, & qui ne sont point de son songe, il les doit rendre apres la feste, à ceux qui les luy ont baillees. Mais s'ils voyent qu'on ne leur donne rien ils se faschent, & prendra tel humeur à l'vn d'eux, qu'il sortira hors la porte, prẽdra vne pierre, & la mettra aupres de celuy ou celle qui ne luy aura rien donné, & sans dire mot s'en retournera chantant, qui est vne marque d'iniure, reproche & de mauuaise volonté.

Cette feste dure ordinairement trois iours entiers, & ceux qui pendant ce temps-là n'ont peu trouuer ce qu'ils auoiẽt songé, s'en affligent, s'en estiment miserables, & croyent qu'ils mourront bien-tost. Il y a mesme des pauures malades qui s'y font porter, sous esperance d'y rencontrer leur songe, & par consequent leur santé & guerison.

Des deffuncts, & comme ils pleurent & enseuelissent les morts.

CHAPITRE XXI.

A Mesme temps que quelqu'vn est decedé, l'on enueloppe son corps vn peu retressi, dans sa plus belle robe, puis on le pose sur la natte où il est mort, tousiours accompagné de quelqu'vn, iusques à l'heure qu'il est porté aux chasses. Cependant tous ses parens & amis, tant du lieu que des autres bourgs & villages sont aduertis de cette mort, & priez de se trouuer au conuoy. Le Capitaine de la Police de son costé, faict ce qui est de sa charge: car incontinent qu'il est aduerty de ce trespas, luy, ou son Assesseur pour luy, en faict le cry par tout le bourg, & prie vn chacun disant. Prenez tous courage, *Etsagon, Etsagon*, & faictes tous festin au mieux qu'il vous sera possible, pour vn tel ou vne telle qui est decedee. Alors chacun en particulier s'employe à faire vn festin le plus excellent qu'il peut, & de ce qu'ils peuuent, puis ils le departent & l'enuoyent à tous leurs parens & amis, sans en rien reseruer pour eux, & ce festin est appellé *Agochinatiskein*, le festin des ames. Il y a des Nations lesquelles faisans de ces festins, font aussi vne part au deffunct, qu'ils iettent dans le feu; mais ie ne me suis point informé de nos Hurons s'ils en font aussi vne au mort, & ce qu'elle deuient, d'autant que cela est de peu d'importance: nous pouuons assez bien cognoistre & coniecturer, par ce que ie viens de dire, la facilité qu'il y a de leur persuader les prieres, aumosnes & bonnes œuures pour les ames des deffuncts.

Festin des ames.

Les Essedons, Scythes d'Asie, celebroient les funerailles de leur pere & mere auec chants de ioye. Les Thraciens enseuelissoient leurs morts en se resiouyssans, d'autant (côme ils disoient) qu'ils estoient partis du mal, & arriuez à la beatitude: mais nos Hurons enseuelissent les leurs en pleurs & tristesses, neantmoins tellement moderees & reglees au niueau de la raison, qu'il semble que ce pauure peuple

Pleurs pour les deffuncts.

aye vn abſolu pouuoir ſur ſes larmes & ſur ſes ſentimens ; de maniere qu'ils ne leur donnent cours que dans l'obeyſſance, & ne les arreſtent que par la meſme obeyſſance.

Auant que le corps du deffunct ſorte de la Cabane, toutes les femmes & filles là preſentes, y font les pleurs & lamentations ordinaires, leſquelles ne les commencent ny ne finiſſent iamais (comme ie viens de dire) que par le commandement du Capitaine ou Maiſtre des ceremonies. Le commandement & l'aduertiſſement donné, toutes vnanimément commencent à pleurer, & ſe lamentent à bon eſcient, & femmes & filles, petites & grandes (& non iamais les hommes, qui demonſtrent ſeulement vne mine & contenance morne & triſte, la teſte panchante ſur leurs genoüils) & pour plus facilement s'eſmouuoir & s'y exciter, elles repetent tous leurs parens & amis deffuncts, diſans. Et mon pere eſt mort, & ma mare eſt morte, & mon couſin eſt mort, & ainſi des autres, & toutes fondent en larmes, ſinon les petites filles qui en font plus de ſemblant qu'elles n'en ont d'enuie, pour n'eſtre encore capables de ces ſentimens. Ayans suffisamment pleuré, le Capitaine leur crie, c'est assez, cessez de pleurer, & toutes cessent.

Or pour monstrer combien il leur est facile de pleurer, par ces ressouuenirs & repetitions de leurs parens & amis decedez, les Hurons & Huronnes souffrent assez patiemment toutes sortes d'iniures : mais quand on vient à toucher cette corde, & qu'on leur reproche que quelqu'vn de leurs parens est mort, ils sortent alors aysement hors des gonds & perdent patience de cholere & fascherie, que leur apporte & cause ce ressouuenir, & feroient enfin vn mauuais party à qui leur reprocheroit: & c'est en cela, & non en autre chose, que ie leur ay veu quelques-fois perdre patience.

Au iour & à l'heure assignee pour l'enterrement, chacun se range dedans & dehors la Cabane pour y assister : on met le corps sur vn brancart ou ciuiere couuert d'vne peau, puis tous les parens & amis, auec vn grand concours de peuple, accompagnent ce corps iusques au Cimetiere, qui est ordinairement à vne portee d'arquebuze loin du bourg; où estās tous arriuez, chacun se tient en silence, les vns de-

Comme ils enterrent les morts.

bout, les autres assis, selon qu'il leur plaist, pendant qu'on esleue le corps en haut, & qu'on l'accommode dans sa chasse, faicte & disposee exprez pour luy: car chacun corps est mis dans vne chasse à part. Elle est faicte de grosse escorce, esleuee sur quatre gros piliers de bois vn peu peinturez, de la hauteur de neuf ou dix pieds, ou enuiron : ce que ie coniecture, en ce qu'esleuant ma main, ie ne pouuois toucher aux chasses qu'à plus d'vn pied ou deux prez. Le corps y estant posé, auec la galette, l'huile, haches & autre chose qu'on y veut mettre, on la referme, puis de dessus on iette deux bastons ronds, chacun de la longueur d'vn pied, & gros vn peu moins que le bras; l'vn d'vn costé pour les ieunes hommes, & l'autre de l'autre, pour les filles: (Ie n'ay point veu faire cette ceremonie de ietter les deux bastons en tous les enterremens; mais à quelques-vns,) & ils se mettent apres comme lyons, à qui les aura, & les pourra esleuer en l'air de la main, pour gaigner vn certain prix, & m'estonnois grandement que la violence qu'ils apportoiét pour arracher ce baston de la main des vns & des autres, se veautrans & culbutans contre terre, ne les estouffoit, tant les filles de leur costé, que les garçons du leur.

Or pendant que toutes ces ceremonies s'obseruent, il y a d'vn autre costé vn Officier monté sur vn tronc d'arbre, qui reçoit des presés que plusieurs persōnes fōt, pour essuyer les larmes de la vefue, ou plus proche parente du deffunct: à chaque chose qu'il reçoit, il l'esleue en l'air, pour estre veuë de tous, & dict, Voila vne telle chose qu'vn tel ou vne telle a donnee pour essuyer les larmes d'vne telle, puis il se baisse, & luy met entre les mains: tout estant acheué chacun s'en retourne d'où il est venu, auec la mesme modestie & le silence. I'ay veu en quelque lieu d'autres corps mis en terre (mais fort peu) sur lesquels il y auoit vne Cabane ou Chasse d'escorce dressee, & à l'entour vne haye en rond, faicte auec des pieus fichez en terre, de peur des chiens ou bestes sauuages, ou par honneur, & pour la reuerence des deffuncts.

Les Canadiens, Montagners, Algoumequins & autres peuples errans, font quelqu'autre particuliere ceremonie enuers les corps des deffuncts: car ils n'ont desia point de Cimetiere commun & ar-

Cimetiere des Canadiens

resté; ainsi enseuelissent & enterrent ordinairement les corps de leurs parens deffuncts parmy les bois, proche de quelque gros arbre, ou autre marque, pour en recognoistre le lieu, & auec ces corps enterrent aussi leurs meubles, peaux, chaudieres, escuelles, cueilliers & autres choses du deffunct, auec son arc & ses flesches, si c'est vn homme, puis mettent des escorces & des grosses busches par-dessus, & de la terre apres, pour en oster la cognoissance aux Estrangers. Et faut noter qu'on ne sçauroit en rien tant les offencer, qu'à fouiller & desrober dans les sepulchres de leurs parens, & que si on y estoit trouué, on n'en pourroit pas moins attendre qu'vne mort tres cruelle & rigoureuse, & pour tesmoigner encore l'affection & reuerence qu'ils ont aux os de leurs parens: si le feu se prenoit en leur village & en leur cimetiere, ils courroient premierement esteindre celuy du cimetiere, & puis celuy du village.

Entre quelque Nation de nos Sauuages, ils ont accoustumé de se peindre le visage de noir à la mort de leurs parens & amis, qui est vn signe de deüil: ils peindent aussi le visage du deffunct, & l'enjoliuent

Deüil des Sauuages.

liuent de matachias, plumes, & autres bagatelles, & s'il est mort en guerre, le Capitaine faict vne Harangue en maniere d'Oraison funebre, en la presence du corps, incitant & exhortant l'assemblee, sur la mort du deffunct, de prendre vengeance d'vne telle meschanceté, & de faire la guerre à ses ennemis, le plus promptement que faire se pourra, afin qu'vn si grand mal ne demeure point impuny, & qu'vne autre fois on n'aye point la hardiesse de leur courir sus.

Les Attiuoindarons font des Resurrections des morts, principalement des personnes qui ont bien merité de la patrie par leurs signalez seruices, à ce que la memoire des hommes illustres & valeureux reuiue en quelque façon en autruy. Ils font donc des assemblees à cet effect, & tiennent des conseils, ausquels ils en eslisent vn d'entr'eux, qui aye les mesmes vertus & qualitez (s'il se peut) de celuy qu'ils veulent ressusciter, ou du moins qu'il soit d'vne vie irreprochable parmy vn peuple Sauuage.

Voulans donc proceder à la Resurrection, ils se leuent tous debout, excepté celuy qui doit ressusciter, auquels ils im-

Resurrection des morts.

T

posent le nom du deffunct, & baissans tous la main iusques bien bas, feignent le releuer de terre: voulans dire par là qu'ils tirent du tombeau ce grand personnage deffunct, & le remettent en vie en la personne de cet autre qui se leue debout, & (apres les grandes acclamations du peuple) il reçoit les presens que les assistans luy offrent, lesquels le congratulent encore de plusieurs festins, & le tiennent desormais pour le deffunct qu'il represente; & par ainsi iamais la memoire des gens de bien, & des bons & valeureux Capitaines ne meurt point entr'eux.

De la grand' feste des Morts.

CHAPITRE XXII.

De dix en dix ans, ou enuiron, nos Sauuages, & autres peuples Sedentaires, font la grande feste ou ceremonie des Morts, en l'vne de leurs villes ou villages, comme il aura esté conclu & ordonné par vn conseil general de tous ceux du pays (car les os des deffuncts ne sont enseuelis

du pays des Hurons. 291

en particulier que pour vn teps) & la font encore annoncer aux autres Nations circonuoysines, afin que ceux qui y ont esleu la sepulture des os de leurs parens les y portent, & les autres qui y veulent venir par deuotion, y honorent la feste de leur presence; car tous y sont les biens venus & festinez pendant quelques iours que dure la ceremonie, où l'on ne voit que chaudieres sur le feu, festins & dances continuelles, qui faict qu'il s'y trouue vne infinité de monde qui y aborde de toutes parts.

Les femmes qui ont à y apporter les os de leurs parens, les prennent aux cimetieres : que si les chairs ne sont pas du tout consommees, elles les nettoyent & en tirent les os qu'elles lauent, & enueloppent de beaux Castors neufs, & de Rassades & Coliers de Pourceleines, que les parens & amis contribuent & donnent, disans: Tien, voyla ce que ie donne pour les os de mon pere, de ma mere, de mon oncle, cousin ou autre parent; & les ayans mis dans vn sac neuf, ils les portent sur leur dos, & ornent encore le dessus du sac de quantité de petites parures, de coliers, bracelets & autres enjoliuemens. Puis les

Les femmes nettoyent les os de leurs parens.

T ij

pelleteries, haches, chaudieres & autres choses qu'ils estiment de valeur, auec quantité de viures se portent aussi au lieu destiné, & là estans tous assemblez, ils mettent les viures en vn lieu, pour estre employez aux festins, qui sont de fort grands fraiz entr'eux, puis pendent proprement par les Cabanes de leurs hostes, tous leurs sacs & leurs pelleteries, en attendant le iour auquel tout doit estre enseuely dans la terre.

La fosse se fait hors de la ville, fort grande & profonde, capable de contenir tous les os meubles & pelleteries dediees pour les deffuncts. On y dresse vn eschauffaut haut esleué sur le bord, auquel on porte tous les sacs d'os, puis on tend la fosse par tout, au fonds & aux costez, de peaux & robes de Castors neufves, puis y font vn lict de haches, en apres, de chaudieres, rassades, colliers & brasselets de Pourceleine, & autres choses qui ont esté donnees par les parens & amis. Cela faict, du haut de l'eschaffaut les Capitaines vuident & versent tous les os des sacs dans la fosse parmy la marchandise, lesquels ils couurent encore d'autres peaux neuves, puis d'escorces, & apres reiettent la terre par

Fosse où se mettent les os.

dessus, & des grosses pieces de bois; & par honneur ils fichent en terre des piliers de bois tout à l'entour de la fosse, & font vne couuerture par dessus qui dure autant qu'elle peut, puis festinent derechef, & prennent congé l'vn de l'autre, & s'en retournent d'où ils sont venus, bien ioyeux & contens que les ames de leurs parens & amis auront bien dequoy butiner, & se faire riche ce iour-là en l'autre vie.

Chrestiens, r'entrons vn peu en nousmesmes, & voyons si nos ferueurs sont aussi grandes enuers les ames de nos parens detenuës dans les prisons de Dieu, que celles des pauures Sauuages enuers les ames de leurs semblables deffuncts, & nous trouuerons que leurs ferueurs surpassent les nostres, & qu'ils ont plus d'amour l'vn pour l'autre, & en la vie & apres la mort, que nous, qui nous disons plus sages, & le sommes moins en effect; parlant de la fidelité & de l'amitié simplement : car s'il est question de donner l'aumosne, ou faire quelqu'autre œuure pieuse pour les viuans ou deffuncts, c'est souuent auec tant de peine & de repugnance, qu'il semble à plusieurs qu'on leur arrache les entrailles du ventre, tant ils

T iij

ont de difficulté à bien faire, au contraire de nos Hurons & autres peuples Sauuages, lesquels font leurs presents, & donnent leurs aumosnes pour les viuans & pour les morts, auec tant de gayeté & si librement, que vous diriez à les voir qu'ils n'ont rien plus en recommandation, que de faire du bien, & assister ceux qui sont en necessité, & particulierement aux ames de leurs parens & amis deffuncts, ausquels ils donnent le plus beau & meilleur qu'ils ont, & s'en incommodent quelques-fois grandement, & y a telle personne qui donne presque tout ce qu'il a pour les os de celuy ou celle qu'il a aymee & cherie en cette vie, & ayme encore apres la mort : tesmoin *Ongyata*, qui pour auoir donné & enfermé auec le corps de sa deffuncte femme (sans nostre sceu) presque tout ce qu'il auoit, en demeura tres-pauure & incommodé, & s'en resiouyssoit encore, sous l'esperance que sa deffuncte femme en seroit mieux accommodee en l'autre vie.

Or par le moyen de ces ceremonies & assemblees, ils contractent vne nouuelle amitié & vnion entr'eux, disans : Que tout ainsi que les os de leurs parens &

amis deffuncts sont assemblez & ynis en vn mesme lieu, de mesme aussi qu'ils deuoient durant leur vie, viure tous ensemblement en vne mesme vnité & concorde, comme bons parens & amis, sans s'en pouuoir à iamais separer ou distraire, pour aucun desseruice ou disgrace, comme en effect ils font.

296   *Le grand Voyage*

SECONDE PARTIE.

Où il est traitté des Animaux terrestres & aquatiques, & des Fruicts, Plantes & Richesses qui se retrouuent communément dans le pays de nos Sauuages; puis de nostre retour de la Prouince des Hurons en celle de Canada, auec vn petit Dictionnaire des mots principaux de la langue Huronne, necessaire à ceux qui n'ont l'intelligence d'icelle, & ont à traitter auec lesdits Hurons.

Des Oyseaux.

CHAPITRE I.

Du moineau moucheron.

Remierement, ie commenceray par l'Oyseau le plus beau, le plus rare & plus petit qui soit, peut-estre, au monde qui est le Vicilin, ou Oyseau-mousche, que les Indiens appellent en leur langue Ressuscité. Cet oyseau, en corps, n'est pas plus gros qu'vn grillon, il a le bec long & tres-delié, de la grosseur de la poincte d'vne aiguille, & ses cuisses & ses pieds aussi menus que la ligne d'vne escriture : l'on a autrefois pezé son nid auec les oyseaux, & trouué qu'il ne peze d'auantage de vingt-quatre grains, il se nourrist de la rosee & de l'odeur des fleurs sans se poser sur icelles, mais seulement en voltigeant par dessus. Sa plume est aussi déliee que duuet, & est tres-plaisāte & belle à voir pour la diuersité de ses couleurs. Cet oyseau (à ce qu'on dit) se meurt, ou pour mieux dire s'endort, au mois d'Octobre, demeurant attaché à quelque petite branchette d'arbre par les pieds, & se réueille au mois d'Auril, que les fleurs sont en abondance, & quelques fois plus tard, & pour cette cause est appellé en langue Mexicaine, Ressuscité. Il en vient quantité en nostre iardin de Kebec, lors que les fleurs & les poids y sont fleuris, & prenois plaisir de les y voir : mais ils vont si viste, que n'estoit qu'on en peut par fois approcher de fort prez, à peine les prendroit-on pour oyseaux, ains pour papillons ; mais y prenant garde de prez, on les discerne & recognoist on à leur bec, à leurs aisles, plumes, & à tout le reste de leur petit corps bien formé. Ils sont fort difficiles à prendre, à cause de leur petitesse, & pour n'auoir aucun repos : mais quand on les veut auoir, il se faut approcher des fleurs & se tenir coy, auec vne longue poignee de verges, de laquelle il les faut frapper, si on peut, & c'est l'inuention & la maniere la plus aysee pour les prendre. Nos Religieux en auoient vn en vie, enfermé dans vn coffre, mais il ne faisoit que bourdonner là dedans, & quelques iours apres il mourut, n'y ayant moyen aucun d'en pouuoir nourrir ny conseruer long-temps en vie.

Chardonnerets.

Il venoit aussi quantité de Chardonnerets manger les semences & graines de nostre iardin, leur chant me sembloit plus doux & agreable que de ceux d'icy, & mesme leur plumage plus beau & beaucoup mieux doré, ce qui me donnoit la curiosité de les contempler souuent, & loüer Dieu en leur beauté & doux ramage. Il y a vne autre espece d'oyseau vn peu plus gros qu'vn Moyneau, qui a le plumage entierement blanc, & le chant duquel

Oyseau blanc.

n'est point à mespriser, il se nourrist aussi en cage, comme le Chardonneret. Les Gays que nous auons veus aux Hurons, qu'ils appellent *Tintian*, sont plus petits presque de la moitié, que ceux que nous auons par deçà, & d'vn plumage aussi beaucoup plus beau.

Gays.

Ils ont aussi des oyseaux de plumage entierement rouge ou incarnat, qu'ils appellent *Stinondoa*, & d'autres qui n'ont que le col & la teste rouge & incarnat, & tout le reste d'vn tres-beau blanc & noir, ils sont de la grosseur d'vn Merle, & se nomment *Oüaiera* : vn Sauuage m'en donna vn en vie vn peu auant que partir, mais il n'y a eu moyen de l'apporter icy, non plus que quatre autres d'vne autre espece, & vn peu plus grossets, lesquels auoient par tout sous le ventre, sous la gorge & sous les aisles, des Soleils bien faits de diuerses couleurs, & le reste du corps estoit d'vn jaune, meslé de gris : i'eusse bien desiré d'en pouuoir apporter en vie par deçà, pour la beauté & rareté que i'y trouuois : mais il n'y auoit aucun moyen, pour le tres penible & long chemin qu'il y a des Hurons en Canada, & de Canada en France. I'y vis aussi plusieurs autres especes d'oyseaux

Stinondoa.

qu'il me semble n'auoir point veus ailleurs: mais comme ie ne me suis point informé des noms, & que la chose en soy est d'assez petite consequence, ie me contente d'admirer & loüer Dieu, qu'en toute contree il y a quelque chose de particulier qui ne se trouue point en d'autres.

Aigles.
Il y a encore quantité d'Aigles, qu'ils appellent en leur langue *Sondaqua*; elles font leurs nids ordinairement sur le bord des eaües, ou de quelque precipice, tout au coupeau des plus hauts arbres ou rochers: desorte qu'elles sont fort difficiles à auoir & desnicher: nous en desnichasmes neantmoins plusieurs nids, mais nous n'y trouuasmes en aucun plus d'vn ou deux Aiglons: i'en pensois nourrir quelques-vns lors que nous estions sur le chemin des Hurons à Kebec: mais tant pour estre trop lourds à porter, que pour ne pouuoir fournir au poisson qu'il leur falloit (n'ayant autre chose à leur donner) nous en fismes chaudiere, & les trouuasmes tres-bons, car ils estoient encores ieunes & tendres. Mes Sauuages me vouloiét aussi desnicher des oyseaux de proye, qu'ils appellent *Ahouarantaque*, d'vn nid qui estoit sur vn grand arbre assez proche

du pays des Hurons. 301

de la riuiere, desquels ils faisoient grand estat, mais ie les en remerciay, & ne voulus point qu'ils en prissent la peine; neantmoins ie m'en suis repenty du depuis, car il pouuoit estre que ce fussent Vautours. En quelque contree, & particulierement du costé des Petuneux, il y a des Coqs & poulles d'Inde, qu'ils appellent *Ondettontaque*, elles ne sont point domestiques, ains errantes & champestres. Le gendre du grand Capitaine de nostre bourg en poursuyuit vne fort long temps proche de nostre Cabane, mais il ne la peut attraper: car bien que ces poulles d'Inde soiét lourdes & massiues, elles volent & se sauuent neantmoins bien d'arbre en arbre, & par ce moyen euitent la flesche. Si les Sauuages se vouloient donner la peine d'en nourrir de ieunes ils les rendroient domestiques aussi bien qu'icy, comme aussi des Outardes ou Oyes sauuages, qu'ils appellent *Ahonque*, car il y en a quantité dans le pays: mais ils ne veulent nourrir que des Chiens, & par-fois des ieunes Ours, desquels ils font des festins d'importance, car la chair en est fort bonne, & pour en cheuir les engraissent sans incommodité & danger d'auoir de leurs dents ou de leurs

Coqs d'Inde.

pattes, ils les enferment au milieu de leurs Cabanes, dans vne petite tour ronde, faite auec des paux fichez en terre, & là leur donnent à manger des restes des Sagamitez.

Gruës. En la saison les champs sont tous couuerts de Gruës ou *Tochingo*, qui viennent manger leurs bleds quand ils les sement, & quand ils sont prests à moissonner : de mesme en font les Outardes & les Corbeaux, qu'ils appellent *Oraquan*, ils nous en faisoient par-fois de grandes plaintes, & nous demandoient le moyen d'y remedier : mais c'estoit vne chose bien difficile à faire : ils tuent de ces Gruës & Outardes auec leurs flesches, mais ils rencontrent peu souuent, pource que si ces gros oyseaux n'ont les aisles rompuës, ou ne sont frappez à la mort, ils emportent aysemét la flesche dans la playe, & guerissent auec le temps, ainsi que nos Religieux de Canada l'ont veu par experience d'vne Grue prise à Kebec, qui auoit esté frappee d'vne flesche Huronne trois cens lieuës au delà, & trouuerét sur sa croupe la playe guerie, & le bout de la flesche auec sa pierre enfermee dedans. Ils en prennent aussi quelque-fois auec des colets, mais pour des Corbeaux s'ils en tuent, ils n'en man- Corbeaux gent point la chair, bien que si i'euſſe peu en attraper moy-meſme, ie n'euſſe faict aucune difficulté d'en manger.

Ils ont des Perdrix blanches & griſes, Perdrix. nõmees *Acoiſſan*, & vnë infinité de Tourterelles, qu'ils appellent *Orittey*, qui ſe nourriſſent en partie de glands, qu'elles aualent facilement entiers, & en partie d'autre choſe. Il y a auſſi quantité de Canards, appellez *Taron*, & de toutes autres ſortes & eſpeces de gibiers, que l'on a en Canada: mais pour des Cines, qu'ils appellent *Horhey*, il y en a principalement vers les Epicerinys. Les Mouſquites & Maringuins, que nous appellons icy couſins, & nos Hurons *Yachiey*, à cauſe que leur païs eſt découuert, & pour la pluſpart deſerté, il y en a peu par la campagne: mais par les foreſts, principalement dans les Sapiniers, il y en a en Eſté preſqu'autant qu'en la Prouince de Canada, engendrez de la pourriture & pouſſiere des bois tombez dés long temps,

Nos Sauuages ont auſſi aſſez ſouuent dans leur pays des oyſeaux de proye, Aigles, Ducs, Faucons, Tiercelets, Eſpreuiers & autres: mais ils n'ont l'vſage ny l'industrie de les dresser, & par ainsi perdent beaucoup de bon gibier, n'ayans autre moyen de l'auoir qu'auec l'arc ou la flesche. Mais la plus grande abondance se retrouue en de certaines Isles dans la mer douce, où il y en a telle quantité : sçauoir, de Canards, Margaux, Roquettes, Outardes, Mauues, Cormorans, & autres, que c'est chose merueilleuse.

Des Animaux terrestres.

CHAPITRE II.

Renards de trois sortes.

VENONS aux Animaux terrestres, & disons que la terre & le pays de nos Hurons n'en manque non plus que l'air & les riuieres d'oyseaux & de poissons. Ils ont trois sortes de Renards, tous differens en poil & en couleur, & non en finesse & cautelle : car ils ont la mesme nature, malice & finesse que les nostres de deçà : car comme on dict communement, pour passer la mer on change bien de pays, mais non pas d'humeur.

L'espece

L'espece la plus rare & la plus prisee des trois, sont ceux qu'ils appellent *Hahyuha*, lesquels ont tous le poil noir comme gey, & pour cette cause grandement estimé, iusqu'à valoir plusieurs centaines d'escus la piece. La seconde espece la plus estimee apres, sont ceux qu'ils appellent *Tsinantontonq*, lesquels ont vne barre ou lisiere de poil noir, qui leur prend le long du dos, & passe par dessous le ventre, large de quatre doigts ou enuiron, le reste est aucunement roux. La troisiesme espece sont les communs, appellez *Andasatey*, ceux cy sont presque de la grosseur & du poil des nostres, sinon que la peau semble mieux fournie, & le poil vn peu moins roux.

Ils ont aussi trois sortes & especes d'Escureux differends, & tous trois plus beaux & plus petits que les nostres. Les plus estimez sont les Escureux volans, nommez *Sahouesquanta*, qui ont la couleur cendree, la teste vn peu grosse, & sont munis d'vne panne qui leur prend des deux costez d'vne patte de derriere à celle de deuant, lesquelles ils estendent quand ils veulent voler; car ils volent aysement sur les arbres, & de lieu en lieu assez loin, c'est pourquoy ils sont appellez Escureux volans.

Escureux de trois sortes.

V

Les Hurons nous en firent present d'vne nichee de trois, qui estoient tres beaux & dignes d'estre presentez à quelque personne de merite, si nous eussions esté en lieu: mais nous en estions trop esloignez. La seconde espece qu'ils appellent *Ohihoin*, & nous Suisses, à cause de la beauté & diuersité de leur poil, sont ceux qui sont rayez & barrez depuis le deuant iusques au derriere, d'vne barre ou raye blanche, puis d'vne rousse, grise & noirastre tout à l'entour du corps, ce qui les rend tres-beaux: mais ils mordent comme perdus, s'ils ne sont appriuoysez, ou que l'on ne s'en donne de garde. La troisiesme espece, sont ceux qui sont presque du poil & de la couleur des nostres, qu'ils appellent *Aroussen*, & n'y a presque autre difference, sinon qu'ils sont plus petits.

Lorsque i'estois cabané auec mes Sauuages dans vne Isle de la mer douce pour la pesche, i'y vis grand nombre de ces meschans animaux guerroyer la nuict, & le iour la seicherie du poisson: i'en eus plusieurs de ceux que mes Sauuages tuerent auec la flesche, & en pris vn Suisse dans vn tronc d'arbre tombé, qui s'y estoit caché. Ils ont en plusieurs endroicts des La-

V

pins & Levraux, qu'ils appellent *Quentonmalifia*, ils en prennent aucunes-fois auec des colets, mais rarement, pour ce que les cordelettes n'estans ny bonnes ny assés fortes, ils les rompent & coupent aysement quand ils s'y trouuent attrapez.

Les Loups ceruiers, nommez *Tourfifaute*, en quelque Nation sont assez frequents: mais les Loups communs, qu'ils appellent *Anarifqua*, sont assez rares, aussi en estiment ils grandement la peau, comme aussi celle d'vne espece de Leopard, ou Chat sauuage, qu'ils appellent *Tiron*. (Il y a vn pays en cette grande estenduë de Prouinces, que nous surnómons la Nation de Chat, i'ay opinion que ce nom leur a esté donné à cause de ces Chats sauuages, petits Loups ou Leopards qui se retrouuent dans leurs pays) desquelles ils font des robes ou couuertures, qu'ils parsement & embellissent de quantité de queuës d'animaux, cousuës tout à l'entour des bords, & par dessus le dos: Ces Chats sauuages ne sont gueres plus grands qu'vn grand Renard, mais ils ont le poil du tout semblable à celuy d'vn grand Loup: de sorte qu'vn morceau de cette peau, auec vn autre morceau de celle d'vn Loup,

Lapins.

Loups cómuns & ceruiers.

Chat sauuage.

V ij

font presque sans distinction, & y fus trompé au choix.

Ils ont vne autre espece d'animaux nommez *Otáy*, grands comme petits Lapins, d'vn poil tres-noir, & si doux, poly & beau, qu'il semble de la panne. Ils font grand estat de ces peaux, desquelles ils font des robes, & à l'entour ils arrangent toutes les testes & les queuës. Les enfans du Diable, que les Hurons appellent *Scangaresse*, & les Canadiens *Babougi manitou*, sont enuiron de la grandeur d'vn Renard, la teste moins aiguë, & la peau couuerte d'vn gros poil de Loup, rude & enfumé : ils sont tres-malicieux, d'vn laid regard, & de fort mauuaise odeur. Ils iettent aussi (à ce qu'on dit) parmy leurs excrements, des petits serpents longs & déliez, lesquels ne viuent neantmoins gueres long temps.

Les Eslans ou Orignats sont frequens en la Prouince de Canada, & fort rares à celle des Hurons, d'autant que ces animaux se tiennent & retirent ordinairement dans les pays plus froids & remplis de montagnes aussi bien que les Ours blancs, qu'on dict habiter l'Isle Danticosti, proche l'embouchure de la grand' ri-

Otáy.

Enfans du Diable.

Eslans.

uiere sainct Laurens ; les Hurons appellent ces Eslans *Sondareinta*, & les Caribous *Aufquoy*, desquels les Sauuages nous donnerēt vn pied, qui est creux & si leger de la corne, & faict de telle façon, qu'on peut aysement croire ce qu'on dict de cet animal, qu'il marche sur les neiges sans enfoncer.

<small>Caribous.</small>

Pour l'Eslan, c'est l'animal le plus haut qui soit, apres le Chameau : car il est plus haut que le Cheual. L'on en nourrissoit vn ieune dans le fort de Kebec, à dessein de l'amener en France; mais on ne peut le guerir de la blesseure des chiens, & mourut quelque temps apres. Il a le poil ordinairement grison, & quelques-fois fauue, lōg quasi comme les doigts de la main. Sa teste est fort longue, & porte son bois double comme le Cerf, mais large, & fait comme celuy d'vn Dain, & long de trois pieds. Le pied en est fourchu comme celuy du Cerf, mais beaucoup plus plantureux : la chair en est courte & fort delicate, il paist aux prairies, & vit aussi des tendres pointes des arbres. C'est la plus abondante Manne des Canadiens, apres le poisson, de laquelle ils nous faisoient quelques-fois part.

V iij

Ours.
Martres.
Cerfs.

Les Ours & les Martres sont assez communs par le pays: mais les Cerfs, qu'ils appellent *Sconoton*, sont en plus grãde abondance dans la Prouince des Attiuoindarons qu'en aucune autre; mais ils sont vn peu plus petits que les nostres de deçà, & en quelques contrees il se trouue des Dains, Buffles (car quelques-vns de nos Religieux y en ont veu des peaux) & plusieurs autres especes d'animaux que nous auons icy, & d'autres qui nous sont incogneus.

Chiens.

Les Chiens du pays hurlent plustost qu'ils n'abbayent, & ont tous les oreilles droictes comme Renards; mais au reste, tous semblables aux matins de mediocre grandeur de nos villageois. Ils seruent en guise de Moutons, pour estre mangez en festin, ils arrestent l'Eslan, & descouurent le giste de la beste, & sont de fort petite despence à leur maistre: mais ils donnent fort la chasse aux volailles de Kebec quãd les Sauuages y arriuent; c'est pourquoy on s'en donne de garde. Ie me suis trouué diuerses fois à des festins de Chiens, i'aduoüe veritablement que du commencement cela me faisoit horreur; mais ie n'en eus pas mangé deux fois que i'en trouuay la chair bonne, & de gouſt vn peu approchant à celle du porc, auſſi ne viuent-ils pour le plus ordinaire, que des ſalletez qu'ils trouuent par les ruës & par les chemins : ils mettent auſſi fort ſouuent leur muſeau aigu dans le pot & la Sagamité des Sauuages ; mais ils ne l'en eſtiment pas moins nette, non plus que pour y mettre le reſte du potage des enfans : ce qui eſt neantmoins fort deſgoutant à ceux qui ne ſont accouſtumez à ces ſalletez.

Noſtre Pere Ioſeph le Caron m'a raconté dans le pays, qu'hyuernant auec les Montagnets, ils trouuerent dans le creux d'vn tres-gros arbre, vn Ours auec ſes deux petits, couchez ſur quatre ou cinq petites branches de Cedre, enuironnez de tous coſtez de tres-hautes neiges, ſans auoir rien à manger, & ſans aucune apparence qu'ils fuſſent ſortis de là pour aller chercher de la prouiſion, depuis trois mois & plus, que la terre eſtoit par tout couuerte de ces hautes neiges : cela m'a fait croire auec luy, ou que la prouiſion de ces animaux eſtoit faillie depuis peu, ou que Dieu, qui a ſoin & nourriſt les petits Corbeaux delaiſſez, n'abandonne point de ſa diuine prouidence, ces pauures animaux

V iiij

dans la necessité: ils les tuerent sans difficulté, comme ne pouuans s'eschaper, & en firent festin, & pareillement de plusieurs Porcs-espics qu'ils prindrent, en cherchans l'Eslan & le Cerf: pour l'Eslan il est assez commun, comme i'ay dit; mais le Cerf y est vn peu plus rare, & difficile à prendre, pour la legereté de ses pieds: neantmoins les Neutres auec leurs petites Raquettes attachees sous leurs pieds, courent sur les neiges auec la mesme vistesse des Cerfs, & en prennent en quantité, lesquels ils font boucaner entiers, apres estre esuentrez, & n'en vuident aucunement la fumee des entrailles, lesquelles ils mangent boucanees & cuites, auec le reste de la chair: ce qui faisoit vn peu estonner nos François, qui n'estoient pas encore accoustumez à ces inciuiletez; mais il falloit s'accoustumer à manger de tout, ou bien mourir de faim.

Souris.

Il y a au pays de nos Hurós vne espece de grosses Souris, qu'ils appellent *Tachro*, vne fois plus grosses que les Souris communes, & moins grosses que les Rats. Ie n'en ay point veu ailleurs de pareilles, ils les mangent sans horreur; mais ie n'en voulus point manger du tout, bien que *du pays des Hurons.*

i'en visse manger à mes Confreres, de celles que nous prenions la nuict sous des pieges dans nostre Cabane, nous ne les pouuions neantmoins autrement discerner d'auec les communes qu'à la grosseur: nous en prenions peu souuent, mais iamais des Rats, c'est pourquoy ie ne sçay s'ils en ont, oüy bien des Souris communes à milliers.

S'ils ont des Souris sans nombre, ie peux dire qu'ils ont des Puces à l'infiny, qu'ils appellent *Touhauc*, & particulierement pendant l'Esté, desquelles ils sont fort tourmentez : car outre que l'vrine qu'ils tombent en leurs Cabanes en engendre, ils ont vne quantité de Chiens qui leur en fournissent à bon esciét, & n'y a autre remede que la patiéce & les armes ordinaires. Pour les pouls, qu'ils nóment *Tsiuoy*, tant ceux qu'ils ont en leurs fourrures ou habits, que ceux que les enfans ont à leurs testes: les femmes les mangent, & croquent entre leurs dents comme perles, elles ont l'inuention d'auoir ceux qui sont dans leurs peaux & fourrures en cette sorte. Elles fichent en terre deux bastons de costé & d'autre deuant le feu, puis y estendent leurs peaux: le costé qui n'a point de poil est deuant le feu, & l'autre en dehors. La vermine sentant le chaud sort du fond du poil, & se tient à l'extremité d'iceluy, fuyant la chaleur, & alors les Sauuagesses les prennent sans peine, & puis les mangent, mais ils en ont fort peu en comparaison des puces; aussi n'en peuuent-ils gueres auoir, puis qu'ils ont si peu d'habits, & le corps & les cheueux si souuent peints & huilez d'huile & de graisse.

Des Poissons, & bestes aquatiques.

CHAPITRE III.

DIEV, qui a peuplé la terre de diuerses especes d'Animaux, tant pour le seruice de l'homme, que pour la decoration & embellissement de cet Vniuers, a aussi peuplé la mer & les riuieres d'autant ou plus, de diuersité d'poissōs, qui tous subsistent dans leurs propres especes; bien que tous les iours l'homme en tire vne partie de sa nourriture, & les poissons gloutons qui font la guerre aux autres dans le profond des abysmes, en engloutissent &

du pays des Hurons. 315

mangent à l'infiny; ce sont les merueilles de Dieu.

On sçait par experience, que les poissons marins se delectent aux eaux douces, aussi bien qu'en la mer, puis que par-fois on en pesche dans nos riuieres. Mais ce qui est admirable en tout poisson, soit marin, ou d'eau douce, est; qu'ils cognoissent le têps & les lieux qui leur sont commodes : & ainsi nos pescheurs de Moluës iugerent à trois iours pres, le temps qu'elles deuoient arriuer, & ne furent point trompez, & en suitte les Maquereaux qui vont en corps d'armee, serrez les vns contre les autres, le petit bout du museau à fleur d'eau, pour descouurir les embusches des pescheurs. Cela est admirable, mais bien plus encore de ce qu'ils viuẽt & se resiouyssent dans la mer salee, & neantmoins s'y nourissent d'eau douce, qui y est entre-meslee, que par vne maniere admirable, ils sçauent discerner & succer auec la bouche parmy la salee, comme dit Albert le Grand : voire estans morts, si l'on les cuit auec l'eau salee, ils demeurent neantmoins doux. Mais quant aux poissons, qui sont engendrez dans l'eau douce, & qui s'en nourrissent, ils prennent facilement le goust du sel, lors qu'ils sont cuits dans l'eau salee. Or de mesme que nos pescheurs ont la cognoissance de la nature de nos poissons, & comme ils sçauent choisir les saisons & le temps pour se porter dans les contrees qui leur sont commodes, aussi nos Sauuages, aydez de la raison & de l'experience, sçauent aussi fort-bien choisir le temps de la pesche, quel poisson vient en Automne, ou en Esté, on en l'vne, ou en l'autre saison.

Assihendo. Pour ce qui est des poissons qui se retrouuent dans les riuieres & lacs au pays de nos Hurons, & particulierement à la mer douce: Les principaux sont l'Assihendo, duquel nous auons parlé ailleurs, & des Truites, qu'ils appellent Ahouyoche, lesquelles sont de desmesurée grandeur pour la plufpart, & n'y en ay veu aucune qui ne soit plus grosse que les plus grandes que nous ayons par-deçà : leur chair est communement rouge, sinon à quelques-vnes qu'elle se voit jaune ou orangee. Les Brochets, appellez Soruissan, qu'ils y peschent aussi auec les Esturgeons, nommez Hixrahon, estonnent les personnes, tant il s'y en voit de merueilleusement grands.

Quelques sepmaines apres la pesche des

du pays des Hurons. 317

grands poissons, ils vont à celle de l'*Ein-* — Eincha-
thataon, qui est vn poisson quelque peu ap- taon.
prochant aux Barbeaux de par-deçà, lõgs
d'enuiron vn pied & demy, ou peu moins:
ce poisson leur sert pour donner goust à
leur Sagamité pendant l'hyuer, c'est pourquoy ils en font grand estat, aussi bien
que du grand poisson, & afin qu'il fasse
mieux sentir leur potage, ils ne l'esuen-
trét point, & le conseruent pẽdu par mon-
ceaux aux perches de leurs Cabanes; mais
ie vous asseure qu'au temps de Caresme,
& quand il commence à faire chaud, qu'il
put & sent si furieusement mauuais, que
cela nous faisoit bondir le cœur; & à eux
ce leur estoit musc & ciuette.

En autre saison ils y peschent à la ceine Petits pois-
vne certaine espece de poisson, qui sem- sons.
ble estre de nos Harangs, mais des plus
petits, lesquels ils mangent fraiz & boucanez. Et comme ils sont tres-sçauans,
aussi bien que nos pescheurs de Moluës, à
cognoistre vn ou deux iours pres, le temps
que viennẽt les poissons de chacune espece, ils ne manquent point quand il faut
d'aller au petit poisson, qu'ils appellent
Auhaitsiq, & en peschent vne infinité auec
leur ceine, & cette pesche du petit poisson

se faict en commun, puis le partagent par grandes escuellees, duquel nous auions nostre part, comme bourgeois & habitans du lieu. Ils peschent & prennent aussi de plusieurs autres sortes & especes de poissons, mais comme ils nous sont incogneus, & qu'il ne s'en trouue point de pareils en nos riuieres, ie n'en fais point aussi de mention.

Poisson armé.

Estant arriué au lieu, nommé par les Hurons *Onthrandéen*, & par nous le Cap de Victoire ou de Massacre, au temps de la traite où diuerses Nations de Sauuages s'estoient assemblez. Ie vis en la Cabane d'vn Montagnet vn certain poisson, qu'ils appellent *Chaousarou*, gros comme vn grand Brochet, il n'estoit qu'vn des petits; car il s'en voit de beaucoup plus grands. Il auoit vn fort long bec, comme celuy d'vne Becasse, & auoit deux rangs de dents fort aiguës & dangereuses, d'abord ne voyant que ce long bec qui passoit au trauers vne fente de la Cabane en dehors, ie croyois que ce fust de quelque oyseau rare, ce qui me donna la curiosité de le voir de plus pres; mais ie trouuay que c'estoit d'vn poisson qui auoit toute la forme du corps tirant au Brochet; mais armé

du pays des Hurons. 319

de tres-fortes & dures escailles, de couleur gris argenté. Il faict la guerre à tous les autres poissons qui sont dans les lacs & riuieres. Les Sauuages font grand estat de la teste, & se saignent auec les dents de ce poisson à l'endroit de la douleur, qui se passe soudainement, à ce qu'ils disent.

Les Castors de Canada, appellez par les Montagnets *Amiscou*, & par nos Hurons *Tsoutayé*, ont esté la cause principale que plusieurs Marchands de France ont trauersé ce grand Occean pour s'enrichir de leurs despoüilles, & se reuestir de leurs superfluitez, ils en apportent en telle quantité toutes les annees, que ie ne sçay comme on n'en voit la fin.

Castors.

Le Castor est vn animal, à peu pres, de la grosseur d'vn Mouton tondu, ou vn peu moins, la couleur de son poil est chastaignee, & y en a peu de bien noirs. Il a les pieds courts, ceux de deuant faicts à ongles, & ceux de derriere en nageoires, comme les Oyes; la queuë est comme escaillee, de la forme presque d'vne Sole, toutesfois l'escaille ne se leue point. Quant à la teste elle est courte, & presque ronde, ayant au deuant quatre grādes dents trenchantes, l'vne aupres de l'autre, deux en haut, & deux en bas. De ces dents il coupe des petits arbres, & des perches en plusieurs pieces, dont il bastist sa maison, & mesme par succession de temps il en coupe par-fois de bien gros, quand il s'y en trouue qui l'empeschent de dresser son petit bastiment, lequel est faict de sorte (chose admirable) qu'il n'y entre nul vent, d'autant que tout est couuert & fermé, sinon vn trou qui conduit dessous l'eau, & par là se va pourmener où il veut ; puis vne autre sortie en vne autre part, hors la riuiere ou le lac par où il va à terre, & trompe le chasseur. Et en cela, comme en toute autre chose, se voit apertement reluire la diuine prouidence, qui donne iusqu'aux moindres animaux de la terre, l'instinct naturel, & le moyen de leur conseruation.

Or ces animaux voulans bastir leurs petites cauernes, ils s'assemblent par troupes dans les forests sombres & espaisses : s'estans assemblez ils s'en vont couper des rameaux d'arbres à belles dents, qui leur seruent à cet effet de coignee, & les traisnent iusqu'au lieu où ils bastissent, & continuent de le faire, iusqu'à ce qu'ils en ont assez pour acheuer leur ouurage. Quelques-vns ques-vns tiennent que ces petits animaux ont vne inuention admirable à charier le bois, & disent qu'ils choisissent celuy de leur trouppe qui est le plus faineant ou accablé de vieillesse, & le faisant coucher sur son dos vous disposent fort bien des rameaux entre ses jambes, puis le traisnent comme vn chariot iusqu'au lieu destiné, & continuent le mesme exercice tant qu'il y en ait à suffisance. I'ay veu quelques vnes de ces Cabanes sur le bord de la grand'riuiere, au pays des Algoumequins; mais elles me sembloient admirables, & telles que la main de l'homme ny pourroit rien adiouster: le dessus sembloit vn couuercle à lexiue, & le dedans estoit departy en deux ou trois estages, au plus haut desquels les Castors se tiennent ordinairement, entant qu'ils craignent l'inondation & la pluye.

La chasse du Castor se faict ordinairement en hyuer, pour ce principalement qu'il se tient dans sa Cabane, & que son poil tiet en cette saison là, & vaut fort peu en esté. Les Sauuages voulans donc prendre le Castor, ils occupent premierement tous les passages par où il se peut eschapper, puis percent la glace du lac gelé, à

La chasse du Castor.

X

l'endroict de sa Cabane, puis l'vn d'eux met le bras dans le trou, attendant sa venuë, tandis qu'vn autre va par dessus cette glace frappant auec vn baston sur icelle, pour l'estonner & faire retourner à son giste: lors il faut estre habile à le prendre au colet; car si on le happe par quelque endroict où il puisse mordre, il fera vne mauuaise blesseure. Ils le prennent aussi en esté, en tendant des filets auec des pieux fichez dans l'eau, dans lesquels, sortans de leurs Cabanes, ils sont pris & tuez, puis mangez fraiz ou boucanez, à la volonté des Sauuages. La chair ou poisson, comme on voudra l'appeller, m'en sembloit tres bonne, particulierement la queuë, de laquelle les Sauuages font estat comme d'vn manger tres excellent, comme de faict elle l'est, & les pattes aussi. Pour la peau ils la passent assez bien, comme toutes les autres, qu'ils traitent par apres aux Francois, ou s'en seruent à se couurir; & des quatre grandes dents ils en polissent leurs escuelles, qu'ils font auec des nœuds de bois.

Rats musquets. Ils ont aussi des Rats musquez, appellez *Ondathra*, desquels ils mangét la chair, & conseruent les peaux & roignons mus-

du pays des Hurons. 323

quez: ils ont le poil court & doux comme vne taupe, & les yeux fort petits, ils mangent auec leurs deux pattes de deuant, debout comme Escureux, ils paissent l'herbe sur terre, & le blanc des joncs au fond des lacs & riuieres. Il y a plaisir à les voir manger & faire leurs petits tours pédant qu'ils sont ieunes: car quand ils sont à leur entiere & parfaicte grandeur, qui approche à celle d'vn grand Lapin, ils ont vne longue queuë comme le Singe, qui ne les rẽd point agreables. I'en auois vn tres-joly, de la grandeur des nostres, que i'apportois de la petite Nation en Canada, ie le nourrissois du blanc des joncs, & d'vne certaine herbe, ressemblant au chien-dent, que ie cueillois sur les chemins, & faisois de ce petit animal tout ce que ie voulois, sans qu'il me mordist aucunement, aussi n'y sont-ils pas sũiets; mais il estoit si coquin qu'il vouloit tousjours coucher la nuict dans l'vne des manches de mon habit, & cela fut la cause de sa mort: car ayant vn iour cabané dans vne Sapiniere, & porté la nuict loin de moy ce petit animal, pour la crainte que i'auois de l'estouffer; car nous estions couchez sur vn costeau fort penchant, où à peine nous

X ij

pouuions nous tenir, (le mauuais temps nous ayans contraincts de cabaner en si fascheux lieu) cette bestiole, apres auoir mangé ce que ie luy auois donné, me vint retrouuer à mon premier sommeil, & ne pouuant trouuer nos manches il se mit dans les replis de nostre habit, où ie le trouuay mort le lendemain matin, & seruit pour le commencement du desieuner de nostre Aigle.

Tortuës. En plusieurs riuieres & lacs, il y a grande quantité de Tortuës, qu'ils appellent *Angyahouiche*, ils en mangent la chair apres qu'elles ont esté cuittes viues, les pattes contre-mont, sous la cendre chaude, ou boüillies en eauë, elles sortent ordinairement de l'eau quand il faict soléil, & se tiennent arrangees sur quelque longue piece de bois tōbee, mais à mesme temps qu'on pense s'en approcher, elles sautent & s'eslancent dans l'eau comme grenoüilles: ie pensois au commencement m'en apptocher de pres, mais ie trouuay bien que ie n'estois pas assez habile, & ne sçauois l'inuention.

Coulevres. Ils ont de fort grandes Couleuures, & de diuerses sortes, qu'ils appellent *Tioointsiq*, desquelles ils prennent les plus longues peaux, & en font des fronteaux de parade qui leur pendent par derriere vne bonne aulne de longueur, & plus, de chacun costé.

Outre les Grenoüilles que nous auons par deçà, qu'ils appellēt *Kiotoutsiche*, ils en ont encore d'vne autre espece, qu'ils appellent *Oüraon*, quelques-vns les appellent Crapaux, bien qu'ils n'ayent aucun venin; mais ie ne les tiens point en cette qualité, quoy que ie n'aye veu en tous ces païs des Hurōs aucune espece de nos Crapaux, ny oüy dire qu'il y en ait, sinon en Canada. Il est vray qu'vne personne, pour exacte qu'elle soit, ne peut entieremēt sçauoir ny obseruer tout ce qui est d'vn païs, ny voir & oüyr tout ce qui s'y passe, & c'est la raison pourquoy les Histories & Voyageurs ne se trouuent pas tousiours d'accord en plusieurs choses.

Ces Oüraons, ou grosses Grenoüilles, sont verdes, & deux ou trois fois grosses comme les communes; mais elles ont vne voix si grosse & si puissante, qu'on les entend de plus d'vn quart de lieuë loin le soir, en temps serain, sur le bord des lacs & riuieres; & sembleroit (à qui n'en auroit encore point veu) que ce fust d'ani-

Grenoüilles.

X iij

maux vingt-fois plus gros : pour moy ie confesse ingenuëment que ie ne sçauois que penser au commencement, entendant de ces grosses voix, & m'imaginois que c'estoit de quelque Dragon, ou bien de quelqu'autre gros animal à nous incogneu. I'ay oüy dire à nos Religieux dans le pays, qu'ils ne feroient aucune difficulté d'en manger, en guise de Grenoüilles : mais pour moy ie doute si ie l'aurois voulu faire, n'estant pas encore bien asseuré de leur netteté.

Des fruicts, plantes, arbres & richesses du pays.

CHAPITRE IIII.

EN beaucoup d'endroicts, contrees, isles & pays, le long des riuieres, & dans les bois. Il y a si grande quantité de Bluës, que les Hurons appellent *Ohentaqué*, & autres petits fruicts, qu'ils appellent d'vn nõ general *Hahique*, que les Sau-

Petits fruicts champestres.

uages en font feicherie pour l'hyuer, côme nous faifons des prunes feichees au foleil, & cela leur fert de confitures pour les malades, & pour donner gouft à leur Sagamité, & auffi pour mettre dans les petits pains qu'ils font cuire fous les cendres. Nous en mangeafmes en quantité fur les chemins, comme auffi des fraizes, qu'ils nomment *Tichionte*, auec de certaines graines rougeaftres, & groffes comme gros pois, que ie trouuois tres bonnes; mais ie n'en ay point veu en Canada ny en France de pareilles, non plus que plufieurs autres fortes de petits fruicts & graines incogneuës par deçà, defquelles nous mangions, comme mets delicieux quand nous en pouuions trouuer. Il y en a de rouges qui femblent prefque du Corail, & qui viennent quafi contre terre par petits bouquets, auec deux ou trois fueilles, reffemblans au Laurier, qui luy donnent bonne grace, & femblent de tres-beaux bouquets, & feruiroient pour tels s'il y en auoit icy. Il y a de ces autres grains plus gros encore vne fois, comme i'ay tantoft dict, de couleur noiraftre, & qui viennent en des tiges, hautes d'vne coudee. Il y a auffi des arbres qui femblent de l'Efpine

X iiij

blanche, qui portent de petites pommes dures, & grosses comme auelines, mais non pas gueres bonnes. Il y a aussi d'autres graines rouges, nommees *Toca*, ressemblans à nos Cornioles, mais elles n'ont ny noyaux ny pepins, les Hurons les mangent cruës, & en mettent aussi dans leurs petits pains.

Noyers.   Ils ont aussi des Noyers en plusieurs endroicts, qui portent des Noix vn peu differentes aux nostres, i'en ay veu qui sont comme en triangle, & l'escorce verte exterieure sent vn goust comme Terebinte, & ne s'attache que difficilement de la coque dure. Ils ont aussi en quelque contree des Chastagniers, qui portent de petites Chastaignes ; mais pour des Noisettes, & des Guynes, qui ne sont qu'vn peu plus grosses que Grozelles de tremis, à faute d'estre cultiuees & antees il y en a en beaucoup de lieux, & par les bois & par les champs, desquelles neantmoins on faict assez peu d'estat : mais pour les Prunes, nommees *Tonestes*, qui se trouuent au pays de nos Hurons, elles ressemblent à nos Damas violets ou rouges, sinon qu'elles ne sont pas si bonnes de beaucoup ; car la couleur trompe, & sont aspres & rudes au gouſt, ſi elles n'ont ſenty de la gelee : c'eſt pourquoy les Sauuageſſes, apres les auoir ſoigneuſement amaſſees, les enfoüyent en terre quelques ſepmaines pour les adoucir, puis les en retirent, les eſſuyent, & les mangent. Mais ie croy que ſi ces Prunes eſtoient antees, qu'elles perdroient cette acrimonie & rudeſſe, qui les rend deſ-agreables au gouſt, auparauant la gelee.

Il ſe trouue des Poires, ainſi appellees Poires, certains petits fruicts vn peu plus gros que des pois, de couleur noiraſtre & mol, tres-bon à manger à la cueillir comme Bluës, qui viennent ſur des petits arbres, qui ont les fueilles ſemblables aux poiriers ſauuages de deçà, mais leur fruict en eſt du tout different. Pour des Fráboiſes, Meures champeſtres, Grozelles & autres ſemblables fruicts que nous cognoiſſons, il s'en trouue aſſez en des endroicts, comme ſemblablement des Vignes & Raiſins, deſquels on pourroit faire de fort bon vin au pays des Hurons, s'ils auoient l'inuention de les cultiuer & façonner, mais faute de plus grande ſcience, ils ſe contentent d'en manger le raiſin & les fruicts.

Poires.

Vignes.

Canadiennes, ou pômes de Canada.

Les racines, que nous appellons Canadiênes, ou pommes de Canada, qu'eux appellent *Orasquenta*, sont assez peu communes dans le pays, ils les mangent aussi tost cruës que cuittes, comme semblablement d'vne autre sorte de racine, ressemblant aux Panays, qu'ils appellent *Sondhratates*, lesquelles sont à la verité meilleures de beaucoup: mais on nous en donnoit peu souuent, & lors seulement que les Sauuages auoient receu de nous quelque present, ou que nous les visitions dans leurs Cabanes.

Oignons.

Ils ont aussi de petits Oignons nommés *Anonque*, qui portent seulement deux fueilles, semblables à celles du Muguet, ils sentent autant l'Ail que l'Oignon; nous nous en seruions à mettre dans nostre Sagamité pour luy donner goust, comme d'vne certaine petite herbe, qui a le goust & la façon approchante de la Marjoleine sauuage, qu'ils appellent *Ongnehon*: mais lors que nous auions mangé de ces Oignons & Ails crûs, comme nous faisions auec vn peu de pourpier sans pain, lors que nous n'auions autre chose: ils ne vouloiét nullement nous approcher, ny sentir nostre haleine, disans que cela sentoit trop mauuais, & crachoient contre terre par horreur. Ils en mangent neantmoins de cuits sous la cendre, lors qu'ils sont en leur vraye maturité & grosseur, & non iamais dans leur Menestre, non plus que toute autre sorte d'herbes, desquelles ils font tres-peu d'estat, bien que le pourpier ou pourceleine leur soit fort commun, & que naturellement il croisse dans leurs champs de bled & de citroüilles.

Dans les forests, il se voit quantité de Cedres, nommez *Asquata*, de tres-beaux & gros Chesnes, des Fouteaux, Herables, Merisiers ou Guyniers, & vn grand nombre d'autres bois de mesme espece des nostres, & d'autres qui nous sont incogneus: entre lesquels ils ont vn certain arbre nommé *Atti*, duquel ils reçoiuent & tirent des commoditez nompareilles. *Cedres, Chesnes & autres arbres.*

L'arbre Atti.

Premierement, ils en tirent de grandes lanieres d'escorces, qu'ils appent *Oüharà*: ils les font boüillir, & les rendent enfin comme chanvre, de laquelle ils font leurs cordes & leurs sacs, & sans estre boüillie ny accommodee, elle leur sert encore à coudre leurs robbes, & toute autre chose, à faute de nerfs d'Eslan: puis leurs plats & escuelles d'escorce de Bouleau, & aussi pour lier & attacher les bois & perches de leurs Cabanes, & à enueloper leurs playes & blesseures; & cette ligature est tellement bonne & forte qu'on n'en sçauroit désirer vne meilleure & de moindre coust.

Chanvre du pay.

Aux lieux marescageux & humides, il y croist vne plante nommée *Ononhasquara*, qui porte vn tres-bon chanvre; les Sauuagesses la cueillent & arrachent en saison, & l'accommodent comme nous faisons le nostre, sans que i'aye peu sçauoir qui leur en a donné l'inuention, autre que la necessité, mere des inuentions, apres qu'il est accommodé, elles le filent sur leur cuisse, comme i'ay dict, puis les hommes en font des lassis & filets à pescher. Ils s'en seruent aussi en diuerses autres choses, & non à faire de la toile : car ils n'en ont l'vsage ny la cognoissance.

Muguet.

Le Muguet qu'ils ont en leur pays, a bien la fueille du tout semblable au nostre, mais la fleur en est toute autre : car outre qu'elle est de couleur tirant sur le violet, elle est faicte en façon d'Estoille grande & large, comme petit Narcis: mais la plus belle plante que i'aye veuë aux Hurons (à mon aduis) est celle qu'ils appellent. *Angyahouiche Orichya*, c'est à dire, Chauſſe de Tortuë : car ſa fueille eſt com- Tortuë. me le gros de la cuiſſe d'vn Houmard, ou Eſcreuice de mer, & eſt ferme & creuſe au dedans comme vn gobelet, duquel on ſe pourroit ſeruir à vn beſoin pour en boire la roſee qu'on y trouue tous les matins en Eſté, ſa fleur en eſt auſſi aſſez belle.

I'ay veu en quelque endroict ſur le che- Lys incar- min des Hurons de beaux Lys incarnats, nat. qui ne portent ſur la tige qu'vne ou deux fleurs, & comme ie n'ay point veu en tout le pays Huron aucuns Martagons ou Lys orangez comme ceux de Canada, ny de Cardinales, auſſi n'ay ie point veu en tout le Canada aucuns Lys incarnats, ny Chauſſes de Tortuës, ny pluſieurs autres eſpeces de plantes que i'ay veuës aux Hurons (il y en pourroit neantmoins bien auoir ſans que ie le ſceuſſe.) Pour les Ro- Roſes. ſes, qu'ils appellent *Einddauhatayon* : nos Hurons en ont de ſimples, mais ils n'en font aucun eſtat, non plus que d'aucunes autres fleurs qu'ils ayent dans le pays : car tout leur deduict eſt d'auoir des parures & affiquets qui ſoient de duree.

De paſſer outre à deſcrire des autres plantes qui nous ont eſté monſtrees & enseignées par les Sauuages : ce seroit chose superfluë, & non necessaire, comme de parler de la richesse & profit qui prouenoit des cendres qui se faisoient dans le pays, & se menoient en France, puis qu'elles ont esté delaissees, comme de peu de rapport, en comparaison des fraiz qu'il y conuenoit faire, bien qu'elles fussent meilleures & plus fortes de beaucoup, que celles qui se font en nos foyers.

La misere de l'homme est telle, & particulierement de ceux qui n'ont pas la gloire de Dieu pour but & regle de leurs actions, qu'ils n'aspirent tousiours qu'aux choses de la terre qui peuuent seulement donner quelque assouuissement au corps, & non en l'esprit, que Dieu seul peut contenter.

Au retour de mon voyage, lors que ie m'efforçois de faire entendre la necessité que nos paures Sauuages auoient d'vn secours puissant, qui fauorizast leur conuersion, & qu'il y auoit cent mille ames à gaigner à Iesus-Crist. Plusieurs mal-deuots me demandoient s'il y auoit cent mille escus à gaigner aupres: voulans dire par là, que la conuersion & le salut des ames ne leur estoit de rien, & qu'il n'y auoit

que le seul temporel qui les peust esmouuoir à l'ayde & secours dudict pays. Voicy
donc, ô mal-deuots, les thresors & richesses ausquelles seules vous aspirez auec tant
d'inquietudes. Elles consistent principale- *Richesses du pays.*
meut en quantité de Pelleteries, de diuer-
ses especes d'Animaux terrestres & am-
phibies. Il y a encore des mines de Cuivre
qui ne deuroient pas estre mesprisées, &
desquelles on pourroit tirer du profit, s'il y
auoit du monde & des ouuriers qui y voulussent trauailler fidellement, ce qui se
pourroit faire, si on y auoit establi des
Colonies : car enuiron quatre-vingts ou
cent lieuës des Hurons, il y a vne mine de
Cuivre rouge, de laquelle le Truchemét
me móstra vn lingot au retour d'vn voyage qu'il fit dans le pays.

On tient qu'il y en a encore vers le Saguenay, & mesme qu'on y trouuoit de
l'or, des rubis & autres richesses. De plus
quelques-vns asseurent qu'au pays des
Souriquois il y a non seulement des mines de Cuivre rouge, mais aussi de l'Acier,
parmy les rochers, lequel estant fondu on
en pourroit faire de tres-bons trenchans.
Puis de certaines pierres bleuës transpa-
rentes, lesquelles ne vallent moins que

336 *Le grand Voyage*

les Turquoises. Parmy ces rochers de Cuyvre se trouuent aussi quelquesfois des petits rochers couuerts de Diamans y attachez : & peux dire en auoir amassé & recueilly moy-mesme vers nostre Conuent de Canada, qui sembloient sortir de la main du Lapidaire, tant ils estoient beaux, luisans & bien taillez. Ie ne veux asseurer qu'ils soient fins, mais ils sont agreables, & escriuent sur le verre.

De nostre retour du pays des Hurons en France, & de ce qui nous arriua en chemin.

CHAPITRE V.

<small>Pourquoy nous descendismes en Canada.</small>

VN an s'estant escoulé, & beaucoup de petites choses qui nous faisoient besoin nous manquans, il fut question de retourner en nostre Conuent de Canada, pour en receuoir & rapporter les choses necessaires. Nous consultasmes donc par ensemble, & aduisasmes qu'il falloit se seruir de la compagnie

pagnie & conduite de nos Hurons, qui deuoient en ce mesme temps descendre à la traicte, & aller en Canada, pour en rapporter nos petites necessitez. Car de leur donner & confier à eux seuls cette commission, il n'y auoit aucune apparence, non plus que de certitude, qu'ils deussent descendre iusques là. Ie parlay donc à vn Capitaine de guerre, nommé *Angoiraste*, & à deux autres Sauuages de sa bande: l'vn nommé *Andatayon*, & l'autre *Conchionet*, qui me promirent place dans leur Canot: le conseil s'assemble là dessus, non en vne Cabane; ains dehors sur l'herbe verde, où ie fus mandé, & supplié par ces Messieurs de leur estre fauorable enuers les Capitaines de la traicte, & de faire en sorte qu'ils peussent auoir d'eux les marchandises necessaires à prix raisonnable, & que de leur costé ils leur rendroient de tres-bonnes pelleteries en eschange. De plus, qu'ils desiroient fort se conseruer l'amitié des François, & qu'ils esperoient de moy vn honneste recit du charitable accueil & bon traictement que nous auions receu d'eux; Ie leur promis là-dessus tout ce que ie deuois & pouuois, & ne manquay point de les contenter & assister en

Y

tout ce qu'il me fut possible (aussi le deuois-je faire): car de vray, nous auions trouué & experimenté en aucun d'eux, autant de courtoisie & d'humanité que nous eussions peu esperer de quelques bons Chrestiens, & peut-estre le faisoient-ils, neantmoins sous esperance de quelque petit present, ou pour nous obliger de ne les point abandonner: car la bonne opinion qu'ils auoient conceuë de nous, leur faisoit croire que nostre presence, nos prieres & nos conseils leur estoient vtils & necessaires.

Ie fis mes adieux. Faisant mes adieux par le bourg, plusieurs se doutans que ie ne retournerois point de ce voyage, en tesmoignoient estre mal contens, & me disoient, d'vne voix assez triste. Gabriel, serons-nous encore en vie, & nos petits enfans, quand tu reuiendras vers nous; tu sçais comme nous t'auons tousiours aymé & chery, & que tu nous es precieux plus qu'aucune autre chose que nous ayons en ce monde; ne nous abandonne donc point, & prend courage de nous instruire & enseigner le chemin du Ciel, à ce que ne perissions point, & que le Diable ne nous entraisne apres la mort dans sa maison de feu, il est meschant, & nous faict bien du mal ; prie donc Iesvs pour nous, & nous fais ses enfans, à ce que nous puissions aller auec toy dans son Paradis : puis d'autres adiouſtoient mille demandes apres leurs lamentations, diſans Gabriel, ſi enfin tu es contrainct de partir d'icy pour aller aux François, & que ton deſſein ſoit de reuenir (comme nous t'en ſupplions) rapporte nous quelque choſe de ton pays, des raſſades, des prunes, des aleines, ou ce que tu voudras, car nous ſommes pauures & neceſſiteux en meubles, & autres choſes (comme tu ſçais) & ſi de plus tu pouuois, diſoient quelques-vns, nous faire preſent de tes ſocquets & ſandales, nous t'en aurions de l'obligation, & te donnerions quelque choſe en eſchange : & il les falloit contenter tous de parole ou autrement, & les laiſſer auec cette eſperance que ie les reuerrois en bref, & leur apporterois quelque choſe (comme c'eſtoit bien mon intention, ſi Dieu n'en euſt autrement diſpoſé.

Ayant pris congé du bon Pere Nicolas, auec promeſſe de le reuoir au pluſtoſt (ſi Dieu & l'obeyſſance de mes Superieurs ne m'en empeſchoit :) le party de noſtre

De noſtre partement

Y ij

Cabane vn soir assez tard, & m'en allay coucher auec des Sauuages sur le bord de l'eau, d'où nous partismes le lendemain matin moy sixiesme, dans vn Canot tellement vieil & rompu, qu'à peine eusmes-nous aduancé deux ou trois heures de chemin dans le Lac, qu'il nous fallut prendre terre, & nous cabaner en vn cul-de-sac (auec d'autres Sauuages qui alloient au Sagnenay) pour en renuoyer querir vn autre par deux de nos hommes, lesquels firent telle diligence qu'ils nous en ramenerent vn autre vn peu meilleur le lendemain matin, & en attendant leur retour, apres auoir seruy Dieu, i'employay le reste du temps à voir & visiter tous ces pauures voyageurs, desquels i'appris la sobrieté, la paix & la patience qu'il faut auoir en voyageant. Leurs Canots estoient fort petits & aysez à tourner, aux plus grands il y pouuoit trois hommes, & aux plus petits deux, auec leurs viures & marchandises. Ie leur demanday la raison pourquoy ils se seruoient de si petits vaisseaux, mais ils me firent entendre qu'ils auoient tant de fascheux chemins à faire, & des destroicts parmy les rochers si difficiles à passer, auec des sauts de sept à huict lieuës où il falloit tout porter, qu'ils n'y porroient nullement passer auec de plus grands Canots. Ie loüe Dieu en ses creatures, & admire la diuine prouidence, que si bien il nous donne les choses necessaires pour la vie du corps; il doüe aussi ces pauures gens d'vne patience au dessus de nous, qui suplee au deffaut des petites commoditez qui leur manquent.

Nous partismes de là dés que le Canot qui nous auoit esté ameiné fut prest, & fismes telle diligence, qu'enuiron le midy nous trouuasmes Estienne Bruslé auec cinq ou six Canots, du village de Toenchain, & tous ensemble fusmes loger en vn village d'Algoumequins, auquel visitás les Cabanes du lieu, selon ma coustume, ie fus prié de festin d'vn grand Esturgeon, qui bouïlloit dans vne grande chaudiere sur le feu. Le maistre du festin qui m'inuita estoit seul, assis aupres de cette chaudiere, & chantoit sans intermission, pour le bon-heur & les loüanges de son festin: ie luy promis de m'y trouuer à l'heure ordonnee, & de là ie m'en retournay en nostre Cabane, où estant à peine arriué, se trouua celuy qui auoit charge de faire les semonces du festin, qui donna à tous ceux

Suis prié d'vn festin

Y iij

qu'il inuitoit à chacun vne petite buchette, de la longueur & grosseur du petit doigt, pour marque & signe qu'on estoit du nombre des inuitez, & non les autres qui n'en pouuoient monstrer autant. Il se trouua pres de cinquante hommes à ce festin, lesquels furent tous rassasiez plus que suffisamment de ce grand poisson, & des farines qui furent accommodées dans le boüillon. Les Algoumequins les vns apres les autres, pendant qu'on vuidoit la chaudiere, firent voir à nos Hurons qu'ils sçauoient chanter & escrimer aussi bien qu'eux, & que s'ils auoient des ennemis, qu'ils auoient aussi du courage & de la force assez pour les surmonter tous, & à la fin ie leur parlay vn peu de leur salut, puis nous nous retirasmes.

Ie couchay sur vn rocher.

Le lendemain matin, apres auoir desieuné, nous nous rembarquasmes, & fusmes loger sur vn grãd rocher, où ie m'accõmoday dãs vn lieu caué, en forme de cercueil, le lict & le cheuet en estoiẽt bien durs, mais i'y estois desia tout accoustumé, & m'en souciois assez peu, mon plus grand martyre estoit principalement la piqueure des Mousquites & Cousins qui estoient en nombre infiny dans ces lieux deserts &

champeftres: enuiron l'heure de midy apparut l'Arc-en-Ciel à l'entour du Soleil, auec de si viues & diuerses couleurs, que cela attira long-temps mes yeux pour le contempler & admirer. Passans outre nostre chemin d'Isle en Isle, vn de nos Sauuages, nommé *Andatayon*, tua d'vn coup de flesche vn petit animal, ressemblant à vne Fouyne, elle auoit ses petites mamelles pleines de laict, qui me faict croire qu'elle auoit ses petits là auprez : & cet amour que la Nature luy auoit donnee pour sa vie & pour ses petits, luy donna aussi le courage de trauerser les eaües, & d'emporter la flesche qu'elle auoit au trauers du corps, qui luy sortoit égallement des deux costez : de sorte que sans la diligence de nos Sauuages qui luy couperent chemin, elle estoit perduë pour nous : ils l'escorcherent, ietterent la chair, & se contenterent de la peau, puis nous allasmes cabaner à l'entree de la riuiere qui vient du Lac des Epicerinys se descharger dans la mer douce.

Le iour ensuyuant, apres auoit passé vn petit saut, nous trouuasmes deux Cabanes d'Algoumequins dressees sur le bord de la riuiere, desquels nous traittasmes vne gráde escorce, & vn morceau de poisson fraiz pour du bled d'Inde. De là, pensans suyure nostre route, nous nous trouuâmes esgarez aussi bien que le iour precedent, dans des chemins destournez. Il nous fallut donc charger nos hardes & nostre Canot sur nos espaules, & trauerser les bois, & vne assez fascheuse montagne, pour aller retrouuer nostre droict chemin, dans lequel nous fusmes à peine remis, qu'il nous fallut tout porter à six sauts, puis encore en vn autre assez grand, au bout duquel nous trouuasmes quatre Cabanes d'Algoumequins qui s'en alloient en voyage en des contrees fort esloignees. Nous nous rafraischismes vn peu aupres d'eux, puis nous allasmes cabaner sur vne montagnette proche le Lac des Epicerinys, où nous fusmes visitez de plusieurs Sauuages passans. Dés le lendemain matin, que le Soleil nous eut faict voir sa lumiere, nous nous embarquasmes sur ce Lac Epicerinyen, & le trauersasmes assez fauorablement par le milieu, qui sont douze lieuës de traict, il a neantmoins vn peu plus en sa longueur, à cause de sa forme sur-ouale. Ce Lac est tresbeau & tres-agreable à voir, & fort pois-

Fusmes esgarez.

Lac des Epicerinys

du pays des Hurons. 345

sonneux. Et ce qui est plus admirable, est (si ie ne me trompe) qu'il se descharge par les deux extremitez opposites: car du costé des Hurons il vomist cette grande riuiere qui se va rendre dans la mer douce; & du costé de Kebec il se descharge par vn canal de sept ou huict toises de large: mais tellement embarrassé de bois, que les vents y ont faict tomber, qu'on n'y peut passer qu'auec bien de la peine, & en destournant continuellement les bois de la main, ou des auirons.

Ayans trauersé le Lac, nous cabanasmes sur le bord ioignant ce canal, où desia s'estoient cabanez, vn peu à costé d'vn village d'Epicerinys, quantité de Hurons qui alloient à la Prouince du Sagunay: nous traittasmes des Epicerinys vn morceau d'Esturgeon, pour vn petit cousteau fermant que ie leur donnay: car leur ayāt voulu donner de la rassade rouge en eschange, ils n'en firent aucun estat, au contraire de toutes les autres Nations, qui font plus d'estat des rouges que des autres.

Le matin venu nous nauigeasmes par le canal enuiron vn petit quart de lieuë, puis nous prismes terre, & marchasmes par des chemins tres fascheux & difficiles, pres de quatre bonnes lieuës, excepté deux de nos hommes, qui pour se soulager conduirent quelque peu de temps le Canot par vn ruisseau, auquel neantmoins ils se trouuerent souuent embarrassez & fort en peine : soit pour le peu d'eau qu'il y auoit par endroicts, ou pour le bois tombé dedans qui les empeschoit de passer: à la fin ils furent contraincts de quitter ce ruisseau, se charger du Canot, & d'aller par terre comme nous. Ie portois les auirons du Canot pour ma part du bagage, auec quelqu'autre petit pacquet, auec quoy ie pensay tomber dans vn profond ruisseau en le pensant passer par sus des longues pieces de bois mal asseurees : mais nostre Seigneur m'en garentit : & pour ce que ie ne pouuois suyure mes gens que de loin, à cause qu'ils auoient le pied plus leger que moy, ie m'esgarois souuent seul dans les espaisses forests, & par les montagnes & vallees, à faute de sentiers battus : mais à leurs cris & appel ie me remettois à la route, & les allois retrouuer : ce long chemin faict, nous nous rembarquasmes sur vn Lac d'enuiron vne lieuë de longueur, puis ayans porté à vn sault assez petit

du pays des Hurons. 347

nous trouuasmes vne riuiere qui descendoit du costé de Kebec, & nous y embarquasmes: depuis les Hurons, sortans de la mer douce, nous auions tousiours monté à mont l'eau, iusques au Lac des Epicerinys, & depuis nous eusmes tousiours des riuieres & ruisseaux, la faueur du courant de l'eau iusques à Kebec, bien que mes Sauuages s'en seruissent assez peu, pour aymer mieux prendre des chemins destournez par les terres & par les lacs, qui sont fort frequens dans le pays, que de suyure la droite route.

Le neufiesme ou dixiesme iour de nostre sortie des Hurons, nostre Canot se trouua tellement brisé & rompu, que faisant force eau, mes Sauuages furent contraincts de prendre terre, & cabaner proche deux ou trois Cabanes d'Algoumequins, & d'aller chercher des escorces pour en faire vn' autre, qu'ils sceurent accommoder & parfaire en fort peu de temps: ie demeuray en attendant mes hommes, auec ces Algoumequins, lesquels auoient auec eux deux ieunes Ours priuez, gros comme Moutons, qui continuellement luitoient, couroient & se iouoient par ensemble, puis c'estoit à qui auroit pluſtoſt grimpé au haut d'vn arbre, mais l'heure du repas venuë, ces meſchant animaux eſtoient touſiours apres nous pour nous arracher nos eſcuellees de Sagamité auec leurs pattes & leurs dents: mes Sauuages rapporterent auec leurs eſcorces, vne Tortuë pleine d'œufs, qu'ils firent cuire viue les pattes en haut ſous les cendres chaudes, & m'en firent manger les œufs gros & jaunes comme le moyeu d'vn œuf de poulle.

Ce lieu eſtoit fort plaiſant & agreable, & accommodé d'vn tres-beau bois de gros Pins fort hauts, droicts, & preſque d'vne egale groſſeur & hauteur, & tous Pins, ſans meſlange d'autre bois, net & vuide de broſſailles & halliers, de ſorte qu'il ſembloit eſtre l'œuure & le trauail d'vn excellent jardinier.

Foreſt de Pins.

Auant que partir de là, mes Sauuages y afficherēt les Armoiries de noſtre bourg de Quieunonaſcaran; car chacun bourg ou village des Hurons a ſes Armoiries particulieres, qu'ils dreſſent ſur les chemins faiſans voyages, lors qu'ils veulent qu'on ſçache qu'ils ont paſſé celle part. Ces Armoiries de noſtre bourg furent depeintes ſur vn morceau d'eſcorce de Bouleau, de la gãdeur d'vne fueille de papier: il y auoit vn Canot grossierement crayonné, auec autant de traicts noirs tirez dedans, comme ils estoient d'hommes, & pour marque que i'estois en leur compagnie, ils auoient grossierement depeinct vn homme au dessus des traicts du milieu, & me dirent qu'ils faisoient ce personnage ainsi haut esleué par-dessus les autres, pour demonstrer & faire entendre aux passans qu'ils auoiẽt auec eux vn Capitaine François (car ainsi m'appelloient-ils) & au bas de l'escorce pendoit vn morceau de bois sec, d'enuiron demy pied de longueur, & gros comme trois doigts, attaché d'vn brin d'escorce, puis ils pendirent cette Armoirie au bout d'vne perche fichee en terre, vn peu penchante en bas. Toute cette ceremonie estant acheuee, nous partismes auec nostre nouueau Canot, & portasmes encore ce iour-là, à six ou sept sauts: mais sur l'heure du midy en nageãt, nous donnasmes si rudement contre vn rocher, que nostre Canot en fut fort endommagé, & y fallut recoudre vne piece.

Ie ne fay point icy mention de tous les hazards & dangers que nous courusmes en chemin, ny de tous les sauts où il nous fallut porter tous nos pacquets par de tres-longs & fascheux chemins, ny comme beaucoup de fois nous courusmes risque de nostre vie, & d'estre submergez dans des cheutes & abysmes d'eau ; comme a esté du depuis le bon Pere Nicolas, & vn ieune garçon François nostre disciple, qui le suyuoit de pres dans vn autre Canot, pour ce que ces dangers & perils sont tellement frequents & journaliers, qu'en les descriuans tous, ils sembleroient des redites par trop rebatuës ; c'est pourquoy ie me contente d'en rapporter icy quelques-vns, & lors seulement que le suject m'y oblige, & cela suffira.

Le soir, apres vn long trauail, nous cabanasmes à l'entree d'vn saut, d'où ie fus long-temps en doute que vouloit dire vn grand bruit, auec vne grande & obscure fumee que i'apperceuois enuiron vne lieuë de nous. Ie disois, ou qu'il y auoit là vn village, ou que le feu estoit dans la forest ; mais ie me trompois en toutes les deux sortes : car ce grand bruit & cette fumee procedoit d'vne cheute d'eau de vingt-cinq ou trente pieds de haut entre des rochers, que nous trouuasmes le len-

Saut impetueux.

demain matin. Apres ce saut, enuiron la portée d'vne arquebuzade, nous trouuasmes sur le bord de l'eau ce puissant rocher, duquel i'ay faict mention au chapitre 18. que mes Sauuages croyoient auoir esté homme mortel comme nous, & puis deuenu & metamorphosé en cette pierre, par la permission & le vouloir de Dieu: à vn quart de lieuë de là, nous trouuasmes encore vne terre fort haute, entre-meslee de rochers, plate & vnie au dessus, & qui seruoit comme de borne & de muraille à la riuiere.

Ce fut icy où mes gens, pour ne me pouuoir persuader que cette montagne eust vn esprit mortel au dedans de soy qui la gouuernast & regist, me monstrerent vne mine vn peu refroignee & mescontente, contre leur ordinaire. Apres, nous portasmes encore à trois ou quatre sauts tout nostre equipage, au dernier desquels nous nous arrestasmes vn peu à couuert sous des arbres, pendant vn grand orage, qui m'auoit desia percé de toutes parts; puis apres auoir encore passé vn grand saut, où le Canot fut en partie porté, & en partie traisné, fusmes cabaner sur vne pointe de terre haute, entre la riuiere qui viët du Saguenay, & va à Kebec, & celle y qui se rendoit dedãs tout de trauers, les Hurons descendent iusqu'icy pour aller au Saguenay, & vont contre mont l'eau, & neantmoins la riuiere du Saguenay, qui entre dans la grãd' riuiere de sainct Laurens à Tadoussac, a son fil & courant tout contraire, tellemẽt qu'il faut necessairement que ce soient deux riuieres distinctes, & non vne seule, puis que toutes deux se rendent & se perdent dans la mesme riuiere sainct Laurens, encore qu'il y ait de la distance d'vn lieu à l'autre enuiron deux cens lieuës : ie n'asseure neantmoins absolument de rien, puis que nous changeasmes si souuent de chemin allans & retournans des Hurons à Kebec, que cela m'a faict perdre l'entiere certitude, & la vraye cognoissance du droict chemin.

Continuons nostre voyage, & prenons le chemin à main droicte; car celuy qui est à gauche conduist en la Prouince du Saguenay, & disons que l'entrée de la riuiere que nous venons de quitter dans cet autre, y causoit tant d'effect, que nous fismes plus de six ou sept lieuës de chemin, que ie ne pouuois encore sortir de

l'opinion

l'opinion (ce qui ne pouuoit estre) que nous allassions contre mont l'eau, & ce qui me mist en cet erreur, fut la grande difficulté que nous eusmes à doubler la pointe, & que le long de la riuiere iusques au saut, l'eau se souleuoit, s'enfloit, tournoyoit & boüillonnoit par tout come sur vn feu, puis des rapports & traisnees d'eau qui nous venoient à la rencontre vn fort long espace de temps & auec tant de vitesse, que si nous n'eussions esté habiles de nous en destourner auec la mesme promptitude, nous estions pour nous y perdre & submerger. Ie demanday à mes Sauuages d'où cela pouuoit proceder, ils me respondirent que c'estoit vn œuure du Diable, ou le Diable mesme.

Traisnees & boüillōs d'eau.

Approchans du saut, en vn tres-mauuais & dangereux endroict, nous receusmes dans nostre Canot des grands coups de vagues, & encor en danger de pis, si les Sauuages n'eussent esté stilez & habiles à la conduite & gouuernement d'iceluy: pour leur particulier ils se soucioent assez peu d'estre moüillez; (car ils n'auoient point d'habits sur le dos qui les empeschast de dormir à sec: mais pour moy cela m'estoit vn peu plus incommode, & crai-

Z

gnois fort pour nos liures particulierement.

Nous nous trouuasmes vn iour bien empeschez dans des grands bourbiers, & des profondes fanges & marests, ioignant vn petit lac, où il nous fallut marcher auec des peines nompareilles, & si subtilement & legerement, que nous pensions à toute heure enfoncer par dessus la teste au profond du lac, qui portoit en partie cette grande estenduë de terre noire & fangeuse : car en effet tout trembloit sous nous. De là nous allasmes prendre nostre giste en vne ance de terre, où desia s'estoient cabanez depuis quatre iours vn bon vieillard Huron, auec deux ieunes garçons, qui estoient là attendant compagnie, pour passer par le pays des Hoqueronons iusques à la traicte : car ce peuple des Honqueronons est malicieux, iusques là que de ne laisser passer par leurs terres au temps de la traicte, vn seul ou deux Canots à la fois, mais veulent qu'ils s'attendent l'vn l'autre, & passent tous en flotte, pour auoir meilleur marché de leurs bleds & farines, qu'ils leur contraignent de traiter pour des pelleteries. Le lendemain matin arriuerent encor deux autres Ca-

du pays des Hurons. 355

hôts Hurons qui cabanerent auec nous, mais pour cela personne n'osoit encore se hazarder de passer de peur d'vn affront. A la fin mes hommes s'aduiserent de me declarer Maistre & Capitaine de tous les deux Canots, & de la marchandise qui estoit dedans, pour pouuoir librement passer sans crainte, éuiter l'insolence de ce peuple, & sans receuoir de detriment: ie leur promis, ie le fis, & ils s'en trouuerent bien: car, sans iactance, ie peux dire, que si ce n'eust esté moy qui mis le hola, ils eussent esté aussi mal traictez que deux autres Canots que ie vis arriuer, qui n'estoient point de nostre bande.

Me disent Maistre & Capitaine des Canots

Nous partismes donc de cette ance de terre, mais ayans vn peu aduancé chemin, nous apperceusmes deux cabanes de cette Nation, dressees en vn cul-de-sac en lieu eminent, d'où on pouuoit descouurir & voir de loin ceux qui passoient dans leurs terres. Mes Sauuages les voyans eurent opinion que s'estoient sentinelles posées, pour leur empescher le passage: ils tirerent celle part, & me prierent instamment de me coucher de mon long dans le Canot, pour n'estre apperceu de ces sentinelles, afin que ie peusse estre res-

Z ij

moin oculaire & auriculaire du mauuais traictement qu'ils pourroient receuoir, & que par apres ie me ferois voir.

Nous approchasmes donc de ces cabanes, & leur parlasmes, mais ces pauures gens ne nous dirent aucune chose qui nous peust desplaire: car ils ne songeoient simplement qu'à leur pesche & à leur chasse, & par ainsi nous reprismes promptement nostre route, & allasmes passer par vn lac, & de là par la riuiere qui conduit au village, laissant à main gauche le droit chemin de Kebec. Ie loüe mon Dieu en toutes choses, & le prie que ma peine & mon trauail soit agreable à sa diuine Majesté : mais il est vray que nous pensasmes perir ce iour là par deux fois, auant qu'arriuer à ce village, en deux endroicts fort perilleux, assez pres du saut du lac qui tombe dans la riuiere, & puis nous descendismes dans vn certain endroict tout couuert de fraizes, desquelles nous fismes nostre meilleur repas, & reprismes nouuelles forces d'acheuer nostre iournee, iusques à nos gens de l'Isle, où nous arriuasmes ce iour là mesme, apres auoir fait vingt lieues & plus de chemin.

O pauure peuple, combien tu es digne

de compaſſion! i'aduoüe que tu es le plus ſuperbe & reueſche de tous ceux que i'ay point veu. Vien maintenant au deuant de nous, & diſpoſe tes troupes pour nous attendre de pied-coy au port où nous deuons deſcendre, ne pouuans éuiter ta veuë & tes inſolences bornees & arreſtees: pourtant à la ſeule voix d'vn pauure Religieux Recollet de ſainct François, que tu crois eſtre Capitaine, & n'eſt qu'vn pauure & ſimple ſoldat, & indigne ſeruiteur d'vn Ieſus-Chriſt crucifié, & mort pour nous en Croix.

Aprés auoir pris langue de quelques Sauuages que nous trouuaſmes cabanez à l'eſcart, nous arriuaſmes au port où deſja s'eſtoiët portez preſque tous les Sauuages du bourg, leſquels auec de grands bruits & huees nous y attendoient, en intention de profiter de nos viures, bleds & farines: mais comme ils s'en voulurent ſaiſir, & que deſja ils eſtoient entrez dans nos Canots, ie fis le hola, & les en fis ſortir) car mes gens n'oſoient dire mot) & fis tout porter au lieu où nous vouluſmes cabaner, vn peu eſloigné d'eux, pour éuiter leurs trop frequentes viſites. *Sauuages de l'Iſle.*

Il ne faut point douter que ces Honqueronons n'estoient pas si simples qu'ils ne vissent bien (comme ils nous en firent quelques reproches) que ie me disois maistre des bleds & farines, par vne inuention trouuée & inuentée par mes gens, pour s'exempter de leur violence & importunité; mais il leur fallut auoir patiéce & mortifier leur contradiction: car ils n'osoient m'attaquer ou me faire du desplaisir, de peur du retour, à la traicte de Kebec, où ils vont tous les ans.

Ie dis véritablement, & le repete derechef, que c'est icy le peuple le plus reuesche, le plus superbe & le moins courtois de tous ceux que i'ay veus; mais aussi est-il le mieux couuert, le mieux matachié & le plus ioly & paré de tous; comme si à la brauerie estoit inseparablement attachée & coniointe la superbe, la vanité & l'orgueil, mere nourriciere de tout le reste des vices & pechez. Les ieunes femmes & filles semblent des Nymphes, tant elles sont bien accommodees, & des Biches, tant elles sont legeres du pied. Nous passasmes le reste du iour à nous cabaner, & encor tout le suyuant pour la venuë du Truchement Bruslé, qui nous prioit de l'attendre de compagnie: mais nous trouuasmes si peu de courtoisie & de faueur dans ce village, qu'aucun ne nous y voulut pas traicter vn seul morceau de poisson qu'à prix déraisonnable, peut-estre par vn ressentiment qu'ils auoient de ne leur auoir laissé les bleds & farines en leur liberté, comme ils s'estoient promis. Ils ne laissoient pourtant de nous venir voir deuant nostre cabane; neantmoins plustost pour nous controoller & se mocquer de nous, que pour s'instruire de leur salut: car à l'heure du repas me voyant souffler ma Sagamité, pour estre trop chaude, ils s'en prenoient à rire, ne considerans point que ie n'auois pas la langue ny le palais ferré ny endurcy comme eux.

Au partir de ce village, nous allasmes cabaner en vn lieu tres-propre à la pesche, où nous prismes quantité de poissons de diuerses especes, que nous mangeasmes cuits en eauë & rostis: mais il y auoit cela d'incommode que mes gens n'escailloient point celuy qu'ils deminssoient dans la Sagamité, non plus que celuy qui se mangeoit en autre façon, telle estant leur coustume, de sorte qu'à chaque cueilleree de Sagamité qu'on prenoit, il falloit faire estat d'en cracher vne partie dehors, &

N'escaillét leur poisson.

lors qu'ils auoient quelque morceau de viande à deminsser, ils se seruoient de leur pied pour le tenir, & de la main pour la couper.

Les grands orages qu'il fit ce iour-là, & les pluyes continuelles qui durerent iusques au lendemain matin, furent cause que nous logeasmes fort incommodemét dans vn lieu marescageux, où d'auenture nous trouuasmes vn chien esgaré, que mes Sauuages prirent & tuerent à coups de haches, & le firent cuire pour nostre souper. Comme au chef, ils me presenterent la teste, mais ie vous asseure qu'elle estoit si hideuse, & auoit vne grád' gueule beante si desagreable, que ie n'eus pas le courage d'en manger, & me contentay d'vn morceau de la cuisse. Au souper du lendemain nous mangeasmes vn' Aigle, que mes gens m'auoient desnichee, puis deux ou trois autres en autre temps, pour ce que ces oyseaux estoient si lourds à porter, auec les auirons que i'auois desia en ma charge, que ie ne pûs les conseruer vn plus long temps, & fallut nous en desfaire.

Le iour suyuant, apres auoir tout porté à 5. ou 6. sauts, & passé par des lieux tres-pe-

Mangeasmes vn chien.

rilleux, nous prismes giste en vn petit hameau d'Algoumequins sur le bord de la riuiere, qui a en cet endroict plus d'vne bonne lieuë de large: le lendemain enuiron l'heure de midy, nous vismes deux Arcs au Ciel, fort visibles & apparens, qui tenoient deuant nous les deux bords de la riuiere comme deux arcades, sous lesquelles il sembloit que nous deussions passer. Le soir nos Sauuages mangerent vn' Aigle, de laquelle ie ne voulus pas seulement prendre du boüillon pour l'amour de nostre Seigneur, & le respect du Vendredy (bien que ie fusse bien foible) dequoy mes gens resterent bien edifiez & satisfaits, que ie ne fisse rien contre la volonté de nostre bon IESVS. Le matin nous nous mismes sur la riuiere, qui en cet endroict est tres-large, & semble vn lac, couuert par tout d'vn si grand nombre de Papillons morts, que i'eusse auparauant doutés s'il y en auroit bien eu autant en tout le Canada: à quelques heures de là, vn François, nommé la Montagne, auec ses Sauuages, se penserent perdre, & tomber dans vn precipice & cheute d'eau, de laquelle ils ne fussent iamais sortis que morts & tous brisez, & leur faute estoit, en ce

Grand nõbre de papillons.

qu'ils n'auoient pas assez-tost pris terre.

Nous auons faict mention de plusieurs cheutes d'eau, & de quantité de sauts & de precipices dangereux : mais vocy le saut de la Chaudiere que nous allons presentement trouuer, le plus admirable, le plus dangereux & le plus espouuentable de tous : car il est large de plus d'vn grand quart de lieuë & demy, il a au trauers quantité de petites Isles qui ne sont que rochers aspres & difficiles, couuertes en partie de meschants petits bois, le tout entre-coupé de concauitez & precipices, que ces boüillons & cheutes d'eau de six ou sept brasses, ont faict à succession de temps, & particulierement à vn certain endroict, où l'eau tombe de telle impetuosité sur vn rocher au milieu de la riuiere, qu'il s'y est caué vn large & profond bassin : si bien que l'eau courant là dedans circulairement, y faict de tres-puissans boüillons, qui produisent des grandes fumees du poudrin de l'eau qui s'esleuent en l'air: (Il y a encor' vn autre semblable bassin ou chaudiere plus à l'autre bord de la riuiere, qui est presque aussi impetueux & furieux que le premier, & rend de mesmes ses eaues en des grands precipices:)

Saut de la chaudiere.

& c'est la raison pourquoy nos Montagnets & Canadiens ont donné à ce saut le nom *Asticou*, & les Hurons *Anoò*, qui veut dire chaudiere en l'vne & en l'autre langue. Cette cheute d'eau meine vn tel bruit dans ce bassin, que l'on l'entend de plus de deux lieuës loin, puis sort & tombe dans vn autre profonde concauité ou grand bassin, enuironné d'vn grand rocher, où il ne se voit rien qu'vne tres-espaisse escume, qui couure & cache l'eau au dessous. Et comme ie m'amusois à contempler & considerer toutes ces cheutes d'eau entrer de si grande impetuosité dans ces chaudieres, & en ressortir auec la mesme impetuosité, ie me donnay garde que tous ces rochers d'alentour, où ie me tenois, sembloient tous couuerts de petits limas de pierre, & n'en peux donner autre raison, sinon, que c'est, ou de la nature de la pierre mesme, ou que le poudrin de l'eau tombant là dessus, peut auoir causé tous ces effects : c'est aussi en cet endroict où ie trouuay premierement des plantes d'vn Lys incarnat, qui n'auoient que deux fleurs sur chacune tige.

Enuiron vn quart de lieuë apres le saut de la chaudiere, nous passasmes à main

Cheute d'eau admirable.

droicte deuant vn autre saut ou cheute d'eau admirable, d'vne riuiere qui vient du costé du Su, laquelle tombe d'vne telle impetuosité de vingt ou vingt-cinq brasses de haut dans la grande riuiere, sur laquelle nous estions, qu'elle faict deux arcades, qui ont de largeur pres de trois cens pas. Les ieunes hommes Sauuages se donnent quelquefois le plaisir de passer auec leurs Canots par derriere la plus large, & ne se mouillent que du poudrin que faict l'eau ; mais il me semble qu'ils font en cela vne grande folie, pour le danger qu'il y a assez eminent : & puis, à quel propos s'exposer sans profit dans vn suiet qui nous peut causer vn repentir & tirer sur nous la risee & la mocquerie de tous les autres? Les Yroquois venoient ordinairement iusques en ces contrees, pour surprendre nos Hurons au passage allans à la traicte; mais depuis qu'ils ont sceu qu'ils commençoient de mener des François auec eux, ils ont comme desisté d'y plus aller, neantmoins nos gens, à tout euenement, se tindrēt tousiours sur leur garde, de peur de quelque surprise, & s'allerent cabaner hors danger, & comme nous souffrismes les grandes ardeurs du Soleil pendant le iour, il nous fallut de mesme souffrir les orages, les grands bruits du tonnerre, & les pluyes continuelles pendant la nuict, iusques au lendemain matin, que nous nous remismes en chemin, encore tous moüillez, & affligez d'vn faux rapport qui nous auoit esté faict par vn Algoumequin, que la flotte de France estoit perie en mer, & que c'estoit perdre temps à mes gens de descendre iusques à Kebec : mais apres estre vn peu r'entré en moy-mesme, & ruminé ce qui en pouuoit estre, ie me doutay incontinēt du stratageme & de la finesse de l'Algoumequin qui auoit controuué ce mensonge, pour nous faire retourner en arriere, & en suitte persuader à tous les autres Hurons de n'aller point à la traicte. Ie fis donc entendre à mes Sauuages la malice de l'homme, & leur fis continuer nostre voyage, auec esperance de bon succez.

De là nous allasmes cabaner à la petite Nation que nos Hurons appellēt Quieunontateronons, où nous n'eusmes pas à peine pris terre, & dressé nostre Cabane, que les deputez du village nous vindrent visiter, & supplier nos gens d'essuyer les larmes de vingt-cinq ou trente pauures

Petite Nation.

vefues qui auoient perdu leurs marys l'hyuer passé ; les vns de la faim, & les autres de diuerses maladies naturelles, ie les priay d'auoir patience en cette pressante necessité ; & que le tout ne consistoit qu'à quelque petit present qu'il falloit faire à ces pauures vefues pour addoucir leur douleur, & essuyer leurs larmes. Ils en firent en effect leur petit deuoir, & donnerent vn present de bled d'Inde & de farine à ces pauures bonnes gens : ie les appelle bons, pource qu'en effect ie les trouuay tels, & d'vne humeur tellement accommodante, douce & pleine d'honnesteté, que ie m'en trouuay fort edifié & satisfaict.

Ce fut icy où ie trouuay dãs les bois, enuiron vn petit quart de lieuë du village, ce pauure Sauuage malade, enfermé dans vne Cabane ronde, couché de son long aupres d'vn petit feu, duquel i'ay faict mention cy-deuant au chapitre des malades. Me promenant par le village, & visitant les Sauuages, vn ieune garçon me fit present d'vn petit Rat musqué, pour lequel ie luy dõnay en eschange vn autre petit present, duquel il faisoit autant d'estat, que ie faisois de ce petit animal. Le Truchement Bruslé, qui s'estoit là venu cabaner auec nous, traitta vn Chien, dequoy nous fifmes festin le lendemain matin, en compagnie de plusieurs Sauuages de nos Canots, & puis nous troussasmes bagage, fifmes nos apprests, & nous mifmes en chemin, nonobstant les nouueaux aduis que les Algoumequins nous donnoient des Nauires de France qu'ils croyoient estre perduës & submergees en mer, ou pris par les Corsaires, & en effect il y auoit de l'apparence assez de le croire, en ce que le temps de leur arriuee ordinaire estoit desja de long temps escoulé, & si on n'en receuoit aucune nouuelle. Ce fut ce qui me mit pour lors dans les doutes, bien que ie fisse toujours bonne mine à mes gens, depeur qu'ils ne s'en retournassent, comme ils en estoient sur le poinct.

Passans au saut sainct Louys, long d'vne bonne lieuë & tres-dangereux en plusieurs endroicts, nostre Seigneur me garantit & preserua d'vn precipice & cheute d'eau où ie m'en allois tomber infailliblement, car comme mes Sauuages en des eaux basses conduisoient le Canot à la main, estant moy seul dedans, pour ce que ie ne les pouuois suyure à pied, dans les eaux, ny sur la terre par trop montagneu-

Saut sainct Louys.

se, & embarrassee de bois & de rochers, la violence de l'eau leur ayant faict eschapper des mains, ie me iettray fort à propos sur vne petite roche en passant, puis en mesme temps le Canot tombe par vne cheute d'eau dans vn precipice, parmy les boüillons & les rochers, d'où ils le retirerent à demy brisé auec la longue corde, que (preuoyant le danger) ils y auoient attachee; & apres ils le raccommoderent à terre, auec des pieces d'escorce qu'ils portoient quant & eux: depuis nous souffrismes encore plusieurs coups de vagues dās nostre petit vaisseau, & passasmes par de grandes, hautes & perilleuses esleuations d'eau, qui faisoient dancer, hausser & baisser nostre Canot d'vne merueilleuse façon, pendant que ie m'y tenois couché & raccourcy, pour ne point empescher mes Sauuages de bien gouuerner, & voir de quel bord ils deuoient prēdre. De là nous allasmes cabaner dans vne Sapiniere assez incommodement, d'où nous partismes le lendemain matin, encore tous moüillez & continuasmes nostre chemin par vn lac, & de là par la grande riuiere, iusques à deux lieuës pres du Cap de Victoire, où nous cabanasmes sous vn arbre vn peu à

couuert

couuert des pluyes, qui continuerent du soir iusques au lendemain matin, que nous nous rendismes audict Cap de Victoire, où desia estoit arriué depuis deux iours le Truchement Bruslé, auec deux ou trois Canots Hurons.

Ie vous rends graces, ô mon Dieu, que vous nous auez conduits iusques icy sans peril; mais voicy ie ne suis pas plustost descendu à terre, pensant me rafraischir, que i'entends les plaintes du Truchement & de ses gens, qui sont empeschez par les Montagnets & Algoumequins de passer outre, & veulent qu'ils attendent là auec eux les barques de la traicte: ie ne trouuay point à propos de leur obeyr, & dis que ie voulois descendre, & que pour eux qu'ils demeurassent là, s'ils vouloient; & me voyant dans cette resolution, & que difficilement me pouuoient ils empescher, & encore moins osoient-ils me violenter, comme ils auoient faict le Truchement. Ils trouuerent inuention d'intimider nos Hurons par vne fourbe qu'ils leur firent croire, pour à tout le moins tirer d'eux quelques presens. Ils firent donc courir vn bruit qu'ils auoient receu vingt coliers de Pourceleine des Ignierhonons (ennemis

Fourbe inuentee par les Canadiens.

A 2

mortels des Hurons) à la charge de les envoyer aduertir de l'arriuee desdits Hurons, afin qu'ils peussent les venir tous mettre à mort, & qu'en peu de temps ils viendroient en tres grand nombre. Nos gens, vainement espouuentez de cette mauuaise nouuelle, tindrent conseil là dessus, vn peu à l'escart dans le bois, où ie fus appellé auec le Truchement, qui estoit d'aussi legere croyance qu'eux, & pour conclusion ils se cottiserent tous ; qui de rets, qui de petun, bled, farine & autres choses, qu'ils donnerent aux Capitaines & Chefs principaux des Montagnets & Algoumequins, afin de se les obliger. Il n'y eut que mes Sauuages qui ne donnerent rien : car ie me doutay incontinent du stratageme & mensonge auquel les Sauuages sont suiets, & se font aysement croire à ceux de leur sorte : car ils n'ont qu'à dire ie l'ay songé, s'ils ne veulent dire on me l'a dit, & cela suffit.

Sauuages suiets à mentir.

Mais puis que nous sommes à parler des presens des Sauuages, auant que passer outre nous en dirons les particularitez, & d'où ils tirent particulierement ceux qu'ils font en commun. En toutes les villes, bourgs & villages de nos Hurons,

Thresor des Hurós.

ils font vn certain amas de coliers de pourceleine, raſſades, haches, couſteaux, & generallement de tout ce qu'ils gaignent ou obtiennẽt pour le commun; ſoit à la guerre, traicté de paix, rachapt de priſonniers, peages des Nations qui paſſent ſur leurs terres, & par toute autre voye & maniere qui ſe preſente. Or eſt-il que toutes ces choſes ſont miſes & diſpoſees entre les mains & en la garde de l'vn des Capitaines du lieu, à ce deſtiné, comme Threſorier de la Republique: & lors qu'il eſt queſtion de faire quelque preſent pour le bien & ſalut commun de tous, ou pour s'exempter de guerre, pour la paix, ou pour autre ſeruice du public. Ils aſſemblent le conſeil, auquel, apres auoir deduit la neceſſité vrgente qui les oblige de puiſer dans le threſor, & arreſté le nombre & la qualité des marchandiſes qui en doiuent eſtre tirees, on aduiſe le Threſorier de foüiller dans les coffres, & d'en apporter tout ce qui a eſté ordonné, & s'il ſe trouue eſpuiſé de finances, pour lors chacun ſe cottiſe librement de ce qu'il peut, & ſans violence aucune donne de ſes moyens ſelon ſa commodité & bonne volonté; & iamais ils ne manquent de trouuer les choſes necessaires & accordees, tant ils ont le cœur genereux & assis en bon lieu, pour le salut commun.

Partons du Cap de Victoire. Pour revenir au dessein que j'auois de partir du Cap de Victoire, & d'aller jusqu'à Kebec, ie me resolus en fin (apres auoir vn peu contesté auec les Montagnets & Algoumequins) de faire mettre nostre Canot en l'eau, comme ie fis, dés la pointe du iour, que tous les Sauuages dormoient encore, & n'esueillay personne que le Truchement pour me suyure, s'il pouuoit, ce qu'il fist au mesme instant, & fismes telle diligence, fauorisez du courant de l'eau, & qu'il n'y auoit aucun saut à passer, que nous fismes vingt-quatre bonnes lieuës ce iour là, nonobstant l'incommodité de la pluye, & cabanasmes au lieu qu'on dit estre le milieu du chemin de Kebec au Cap de Victoire, où nous trouuasmes vne barque à laquelle on nous donna la collation, puis des pois & des prunes pour faire chaudiere entre nos Sauuages, lesquels d'ayse, me dirent alors que i'estois vn vray Capitaine, & qu'ils ne s'estoient point trompez en la croyance qu'ils en auoient tousiours euë, veu la reuerence & le respect que me portoient les

François, & les presents qu'ils m'auoient faicts; qui estoient ces pois & ces pruneaux, desquels ils firent bonne expedition à l'heure du souper, ou plustost disner: car nous n'auions encore beu ny mangé de tout le iour.)

Le lendemain dés le grand matin, nous partismes de là, & en peu d'heures trouuasmes vne autre barque, qui n'auoit encore leué l'anchre faute d'vn bon vent: & apres auoir salüé celuy qui y commandoit, auec le reste de l'equipage, & faict vn peu de collation, nous passasmes outre en diligence, pour pouuoir arriuer à Kebec ce iour là mesme, comme nous fismes auec la grace du bon Dieu. Sur l'heure de midy mes Sauuages cacherent sous du sable vn peu de bled d'Inde à l'accoustumée, & firent festin de farine cuite, arrousée de suif d'Eslan fondu: mais i'en mangeay tres-peu pour lors (sous esperance de mieux le soir:) car comme ie ressentois desia l'air de Kebec, ces viandes insipides & de mauuais goust, ne me sembloient pas si bonnes qu'auparauant, particulierement ce suif fondu, qui sembloit proprement à celuy de nos chandelles, lequel seroit là mangé en guise d'huile, ou

A a iij

de beurre fraiz, & eussions esté trop heureux d'en auoir pour mettre dans nostre pauure Menestre au pays des Hurons.

A vne bonne lieuë ou deux de Kebec, nous passasmes assez proche d'vn village de Montagnets, dressé sur le bord de la riuere, dans vne Sapiniere, le Capitaine duquel, auec plusieurs autres de sa bande, nous vindrent à la rencontre dans vn Canot, & vouloient à toute force contraindre mes Sauuages de leur donner vne partie de leur bled & farine, comme estant deu (disoient-ils) à leur Capitaine, pour le passage & entree dans leurs terres : mais les François qui là auoient esté enuoyez exprez dans vne Chalouppe, pour empescher ces insolences, leur firent lascher prise, tellement que mes gens ne furent en rien foullez, que du reste de nostre Menestre du disner, qui estoit encore dans le pot, laquelle ces Môtagnets mangerent à pleine main toute froide, sans autre ceremonie.

Nostre arriuee à Kebec.

De là nous arriuasmes d'assez bonne heure à Kebec, & eus le premier à ma rencontre le bon Pere Ioseph, qui y estoit arriué depuis huict iours, auec lequel (apres m'estre vn peu rafraischy, & receu la courtoisie de Messieurs de l'habitation, & veu cabaner mes Sauuages) ie fus à nostre petit Conuent, scitué sur la riuiere sainct-Charles, où ie trouuay tous nos Confreres en bonne santé, Dieu mercy: desquels (apres l'action de graces que nous rendismes premierement à Dieu & à ses Saincts) ie receus la charité & bon accueil que ma foiblesse, lassitude & debilité pouuoit esperer d'eux.

Quelques iours apres il fut question de faire mes petits apprests, pour retourner promptement aux Hurons auec mes Sauuages, qui auoient acheué leur traicte; mais quand tout fut prest, & que ie pensay partir, il me fut deliuré des lettres auec vne obedience, de la part de nostre Reuerend Pere Prouincial, par lesquelles il me mandoit de m'embarquer au plus prochain voyage, pour retourner en France, demeurer de Communauté en nostre Conuent de Paris, où il desiroit se seruir de moy.

Il fallut donc changer de batterie, & delaisser Dieu pour Dieu par l'obeyssance, puis que sa diuine Majesté en auoit ainsi ordonné. Car ie ne pû receuoir aucune raison pour bonne, de celles qu'on m'alleguoit de ne m'en point retourner, & d'enuoyer mes excuses par escrit à nostre Reuerend Pere Prouincial, pource qu'vne simple obeyssance estoit plus conforme à mon humeur, que tout le bien que i'eusse peu esperer par mon trauail au salut & conuersion de ce pauure peuple, sans icelle.

En delaissant la nouuelle France, ie perdis aussi l'occasion d'vn voyage de deux ou trois cens lieuës au delà des Hurons, tirant au Su, que i'auois promis faire auec mes Sauuages, si tost que nous eussions esté de retour dans le pays, pendant que le Pere Nicolas eust esté descouurir quelqu'autre Nation du costé du Nord. Mais Dieu, admirable en toutes choses, sans la permission duquel vne seule fueille d'arbre ne tombe point, a voulu que la chose soit arriuee autrement.

Prends congé de mes Sauuages.

Prenant congé de mes pauures Sauuages affligez de mon depart, ie taschay de les consoler, & leur donnay esperance de les reuoir au plustost qu'il me seroit possible, & que le voyage que ie deuois faire en France ne procedoit pas d'aucun mescontentement que i'eusse receu d'eux, ny pour enuie qu'eusse de les abandonner, ains pour quelqu'autre affaire particuliere qui m'obligeoit de m'absenter d'eux pour vn temps. Ils me prierent de me ressouuenir de mes promesses, & puis que ie ne pouuois estre diuerty de ce voyage, qu'au moins ie me rendisse à Kebec dans dix ou douze Lunes, & qu'ils ne manqueroient pas de m'y venir retrouuer, pour me reconduire en leur pays. Il est vray que ces pauures gens ne manquerent pas de m'y venir rechercher l'année d'apres, comme il me fut mandé par nos Religieux: mais l'obedience de mes Superieurs qui m'employoit à autre chose à Paris, ne me permist pas d'y retourner, comme i'eusse bien desiré.

Auant mon depart nous les conduismes dans nostre Conuent, leur fismes festin, & toute la courtoisie & tesmoignage d'amitié à nous possible, & leur donnasmes à tous quelque petit present, particulierement au Capitaine & Chef du Canot, auquel nous donnasmes vn Chat pour porter à son pays, comme chose rare, & à eux incogneuë: ce present luy agrea infiniment, & en fit grand estat; mais voyant que ce Chat venoit à nous lors que nous l'appellions, il coniectura de là qu'il estoit plein de raison, & qu'il entendoit tout ce que nous luy disions: c'est pourquoy, apres nous auoir humblement remercié d'vn present si rare, il nous pria de dire à ce Chat que quand il seroit en son pays qu'il ne fist point du mauuais, & qu'il ne s'en allast point courir par les autres Cabanes ny par les forests; mais qu'il demeurast tousiours dans son logis pour manger les Souris, & qu'il l'aymeroit comme son fils, & ne luy laisseroit auoir faute de rien.

Ie vous laisse à penser & considerer la naïfueté & simplicité de ce bon homme, qui pensoit encore le mesme entendement & la mesme raison estre au reste des animaux de l'habitation, & s'il fut pas necessaire le tirer de cette pensee, & le mettre luy-mesme dans la raison, puis que desia il m'auoit faict auparauant la mesme question, touchant le flux & reflux de la mer, qu'il croyoit par cet effect estre animee, entendre & auoir vne volonté.

C'est à present, c'est à cett' heure, qu'il faut que ie te quitte, ô pauure Canada, ô ma chere Prouince des Hurons, celle que i'auois choisie pour finir ma vie en trauaillant à ta conuersion! pense-tu que ce ne soit sans vn regret & vne extreme douleur, puis que ie te vois encore gisante dans l'espaisse tenebre de l'infidelité, si peu illuminee du Ciel, si peu esclairee de la raison, & si abrutie dans l'habitude de tes mauuaises coustumes : tu as mal mesnagé les graces que le Ciel t'a offertes, tu veux estre Chrestienne, tu me l'as dit. Mais helas ! la croyance ne suffit pas, il faut le Baptesme : mais si tu ne quittes tout ce qui est de vicieux en toy, de quoy te seruiront la croyance & le Baptesme, sinon d'vne plus grande condemnation ? l'espere en mon Dieu toutesfois, que tu feras mieux, & que tu seras celle qui iugera & condemnera vn iour deuant le grand Dieu viuant beaucoup de Chrestiens plus mal viuans, & mieux instruits que toy, qui n'as encore veu de Religieux, que des pauures Recollets du Seraphique sainct François, qui ont offert à Dieu & leur vie & leur sang pour ton salut.

Passons maintenant dans ces barques iusques à Tadoussac, où le grand vaisseau nous attend, puis que nous auons fait nos adieux à nos Freres, aux François, & à nos pauures Sauuages. Ce grand vaisseau nous conduira à Gaspé, où nous apprendrons que les Anglois nous attendent à la Manche auec deux grands Nauires de guerre pour nous prendre au passage; mais Dieu en disposera autrement, s'il luy plaist.

Cet aduis donné par des pescheurs, nous fit encore tarder quelques iours, pour auoir la compagnie des trois autres vaisseaux de la flotte qui se chargeoient de Moluës, auec lesquels nous fismes voile, & courusmes en vain vn Escumeur de mer Rochelois, qui nous estoit venu recognoistre enuiron trois cens lieuës au deçà du grand Banc: puis arriuez assez pres de la Manche, il s'esleua vne brune si obscure & fauorable pour nous, qu'ayans, à cause d'icelle, perdu nostre route, & donné iusques dãs la terre d'Angleterre, en vne petite Baye proche vne tour à demy ruynée, nous ne fusmes nullement apperceus de ces guetteurs qui nous pensoient surprendre en chemin, & arriuasmes (assistez de la grace de nostre bon Dieu) à la rade de Dieppe, & de là (de nostre pied) à nostre Conuent de Paris fort heureusement & pleins de santé Dieu mercy, auquel soit honneur, gloire & loüange à iamais. Ainsi soit-il.

DICTIONAIRE DE LA LANGVE HVRONNE,

Neceſſaire à ceux qui n'ont l'intelligence d'icelle, & ont à traiter auec les Sauuages du pays.

Par Fr. GABRIEL SAGARD, Recollet de S. François, de la Prouince de S. Denys.

A PARIS,
Chez DENYS MOREAV, rue S. Iacques, à la Salamandre d'Argent.

M. DC. XXXII.
Auec Priuilege du Roy.

DICTIONAIRE
DE
LA LANGVE HVRONNE.

Par Fr. *Gabriel Sagard*, Recollet de
sainct François, de la Prouince
de S. Denys.

LE peché des ambitieux Babyloniens, qui pensoient s'esleuer iusques au Ciel, par la hautesse de leur incomparable tour, pour s'exempter d'vn second deluge vniuersel, s'est communiqué par ses effects à toutes les autres Nations du monde; de maniere que nous voyons par experience, qu'à peine se peut-il trouuer vne seule Prouince ou Nation, qui n'aye vn langage particulier, ou du moins qui ne differe d'accents & de beaucoup de mots. Parmy nos

Sauuages mesme il n'y a si petit peuple qui ne soit dissemblable de l'autre en leur maniere de parler. Les Hurons ont leur langage particulier, & les Algoumequins, Montagnets & Canadiens en ont vn autre tout different, de sorte qu'ils ne s'entr'entendent point, excepté les Skéquaneronons, Honquerons & Anasaquanans, lesquels ont quelque correspondance, & s'entr'entendent en quelque chose : mais pour les Hurons, ou Houandates, leur langue est tellement particuliere & differente de toutes les autres, qu'elle ne deriue d'aucune. Par exemple, les Hurons appellent vn chien *Gagnenon*, les Epicerinys *Arionce*, & les Canadiens ou Montagnets *Atimoy*: tellement qu'on voit vne grande difference en ces trois mots, qui ne signifient neantmoins qu'vne mesme chose, chacun en sa langue. De plus, pour dire mon pere en Huron, faut dire *Ayſtan*, & en Canadien *Notaoui*: pour dire ma mere en Huron, *Anan, Ondouen*, en Canadien, *Necaoui*; ma tante, en Huron *Harha*, & en Canadien, *Netousiſſe*: du pain en Huron, *Andataroni*, & en Canadien, *Pacouechigan*, & de la galette *Caracona*. Ie ne t'entends point en Huron, *Danſtan téaronca*, & en *de la langue Huronne.* 5

Canadiẽ faut dire, *Noma quinisitotatin*. Ie pourrois encore adiouster vn grand nombre de mots Canadiens & Hurons, pour en faire mieux cognoistre la difference, & qu'il n'y a point de rapport d'vne langue à l'autre; mais ce peu que ie viens de mettre icy doit suffire pour satisfaire & contenter ceux qui en auroient peu douter.

Et bien que ie sois tres-peu versé en langue Huronne, & fort incapable de faire quelque chose de bien : Si est ce que ie feray volontiers part au public(puis qu'il est ainsi iugé à propos) de ce peu que i'en sçay, par ce Dictionaire que i'ay grossierement dressé, pour la commodité & vtilité de ceux qui ont à voyager dans le païs, & n'ont l'intelligence de ladite langue: car ie sçay combien vaut la peine d'auoir affaire à vn peuple & ne l'entendre point. Ie veux bien neantmoins les aduertir que ce n'est point assez de sçauoir lire, & dire les mots à nostre mode, il faut de plus obseruer la prononciation & les accents du pays, autrement on ne se pourra faire entendre que tres-difficillement ; & si outre cela, comme nous voyons en France beaucoup de differẽts accents & de mots, nous voyons la mesme chose aux Prouin-

a iij

ces, villes & villages où la langue Huronne est en vsage. C'est pourquoy il ne se faudra point estonner si en voyageant dans le pays, on trouue cette difficulté, & qu'vne mesme chose se dise vn peu differemment, ou tout autrement en vn lieu qu'en vn autre, dans vn mesme village, & encore dans vne mesme Cabane. Par exemple, pour dire des raisins vn prononcera *Ochahenna*, & vn autre dira *Ochahenda*; puis pour dire, voyla qui est bien, voyla qui est beau, vn dira *Onguianné*, & l'autre dira *Onguiendé* : pour dire l'emmeines tu, l'emmeneras-tu, vn prononcera *Etcheignon*, & vn autre dira *Etseignon*, & ceux-là sont des moins differents : car il y en a beaucoup d'autres si peu approchans, & tellement dissemblables, nonobstant qu'ils soient d'vne mesme langue, & ne signifient tous qu'vne mesme chose, que les confrontans ils ne se ressemblent en rien qu'à la signification, comme ces deux mots *Andahia* & *Hoüetnen* le demonstrent, lesquels signifient l'vn & l'autre cousteau, neantmoins sont tous differents.

Il y a encore vne autre chose à remarquer en cette langue : c'est que pour affir-

de la langue Huronne.

mer ou s'informer d'vn mesme suiet, ils n'vsent que d'vn mesme mot sans adionction. Par exemple, affirmer qu'vne chose est faicte, ou s'informer sçauoir si elle est faicte, ils ne disent que *Achongna*, ou *Onnen achongná* : & n'y a que la cadence ou façon de prononcer, qui donne à cognoistre si on interroge, ou si on asseure; & afin de ne point repeter tant de fois vne mesme chose, & neantmoins faire sçauoir & comprendre comme on peut vser des mots, i'ay mis à la fin des periodes, aff. ou int, pour dire aff. qu'on s'en peut seruir pour affirmer la chose, ou int. pour aduertir que sans y rien changer cela sert encore pour interroger.

Et pour ce que nos gens confondent encore souuent les temps presens, passez ou à venir; les premieres, secondes ou troisiesmes personnes, le plurier & le singulier, & les genres masculin & feminin, ordinairement sans aucun changement, diminution ou adionction des mots & syllabes. I'ay aussi marqué aux endroits plus difficiles, des lettres necessaires & propres pour sortir de toutes ces difficultez, & voir comme & en combien de sortes on se peut seruir d'vne periode & façon de parler, sans estre obligé d'y rien changer, que la cadence & le ton. Pour le téps present i'ay mis vn pñt, pour le preterit vn pr. & pour le futur vn fu. Pour les personnes, il y a pour la premiere vn 1. pour la seconde vn 2. & pour la troisiesme vn 3. & per signifie personne, & le singulier & plurier par S. P. & les genres masculin & feminin par M. & F.

Si ie n'eusse craint de grossir trop inutilement ce Dictionaire, que ie me suis proposé d'abreger le plus que faire se pourra, i'aurois, pour la commodité des plus simples, escrit les choses plus au long: car ie sçay, par experience, que si ce Dictionaire n'enseignoit & donnoit les choses toutes digerees à ceux qui n'ont qu'à passer dans le pays, ou à traiter peu souuent auec les Hurons, qu'ils ne pourroient d'eux mesmes, (en ces commencemens, assembler, composer ny dresser ce qu'ils auroient à dire auec toutes les regles qu'on leur pourroit donner, & feroient souuent autant de fautes qu'ils diroient de mots, pour ce qu'il n'y a que la practique & le long vsage de la langue qui peut vser des regles ; qui sont autant confuses & mal-aisees à cognoistre, comme la langue est imparfaicte.

Ils ont vn grand nombre de mots, qui sont autant de sentences, & d'autres composez qui sont tres-beaux, comme *Assimenta*, baille la leine: *Taoxritan*, donne-moy du poisson: mais ils en ont aussi d'autres qu'il faut entendre en diuers sens, selon les suiets & les rencontres qui se presentent. Et comme par deçà on inuente des mots noueaux, des mots du temps, & des mots à la mode, & d'vn accent de Cour, qui a presque enseuely l'ancien Gaulois.

Nos Hurons, & generallement toutes les autres Nations, ont la mesme instabilité de langage, & changent tellement leurs mots, qu'à succession de temps l'ancien Huron est presque tout autre que celuy du present, & change encore, selon que i'ay peu conjecturer & apprendre en leur parlant: car l'esprit se subtilise, & vieillissant corrige les choses, & les met dans leur perfection.

Quelqu'vn me dira, que ie n'ay pas bien obserué l'ordre Alphabetique en mon Dictionaire, imparfaict en beaucoup de choses, & que ie deuois me donner du temps pour le polir & rendre dans sa perfection, puis qu'il deuoit paroiftre en public, & feruir en vn fiecle où les efprits plus parfaicts peuuent à peine contenter les moins aduancez. Mais il faut premierement confiderer qu'vn ordre fi exacte n'eftoit point autrement neceffaire, & que pour obferuer de tout poinct cette politeffe & ordre Alphabetique, qu'il m'y euft fallu employer vn grand temps au delà de dix ou douze petits iours que i'y ay employez en fourniffant la preffe.

Secondement, qu'il eft queftion d'vne langue fauuage, prefque fans regle, & tellement imparfaicte, qu'vn plus habile que moy fe trouueroit bien empefché, (non pas de controoller mes efcrits) mais de mieux faire: auffi ne s'eft-il encore trouué perfonne qui fe foit mis en deuoir d'en dreffer des Rudiments autre que celuycy, pour la grande difficulté qu'il y a: & cette difficulté me doit feruir d'excufe, fi par m'efgard il s'y eft gliffé quelques fautes, comme auffi à l'Imprimeur, qui n'a pû obferuer tous les poincts marquez, qui euffent efté neceffaires fur plufieurs lettres capitales, & autres, qui ne font point en vfage chez-nous, & qu'il m'a fallu paffer fous filence.

Si peu de lumiere que i'aye eu dans la langue Canadienne, ie n'y ay pas recogneu tant de difficulté qu'en celle-cy, (bien que plus graue & magiſtrale) car on en peut dreſſer des Declinaiſons & Coniugaiſons, & obſeruer aſſez bien les temps, les genres & les nōbres; mais pour la Huronne, tout y eſt tellement confondu & imparfaict, comme i'ay deſia dict, qu'il n'y a que la pratique & le long vſage qui y peut perfectionner les negligens & peu ſtudieux: car pour les autres qui ont enuie d'y profiter, il n'y a que les commencemens de difficiles, & Dieu donne lumiere au reſte, auec le ſoin qu'on y apporte, fauoriſé du ſecours & de l'aſſiſtance des Sauuages qui eſt grandement vtile, & duquel ie me ſeruois iournellement, pour me rendre leur langue familiere.

La principale choſe qui m'a obligé d'eſcrire ſur cette matiere, eſt vn deſir particulier que i'ay d'ayder ceux qui entreprendront ce voyage, pour le ſalut & la conuerſion de ces pauures Sauuages Hurons: car le ſeul reſſouuenir de ces pauures gens me touche tellement en l'ame, que ie voudrois les pouuoir tous porter dans le Ciel apres vne bonne conuerſion, que ie prie

Dieu leur donner, banniſſant de leur cœur tout ce qui eſt de vicieux, & de leurs terres tous les Anglois, ennemis de la foy, pour y rentrer auſſi glorieuſement, comme ils nous en ont chaſſé iniuſtement, auec tout le reſte des François.

LES MOTS FRANCOIS
tournez en Huron.

Aa

Aagé plus aagé.

Equel est le plus grand & le plus aagé?
Sinan hoüen?
Le plus aagé.
Aroüanne.
Le plus aagé apres,
Kieusquenha tetsathré.
Le plus ieune, plus petit.
Tasquenya Ocquanré.
Ils viendront plus grands.
Aroüanna.

Ab

Ahbayer, hurler.

Al

Le chien, vn chien abbaye.
Gagnenou hihangya.
Le chien, vn chien hurle.
Gagnenon auhahoq.

Al

Aller, partir.
Où vas-tu ? 3. per.
Naché.
Où allez-vous?
Anansesquoy?
Où vas-tu? où iras-tu?
Naxret?
Où va-il? *Onnĕ naxrhet?*
N. où est, où est allee la B.
N. *naché* B?
T'en iras-tu?
Squoirota?

Al

Ne t'en iras-tu point d'icy?
Tesquandavatte?
Iras-tu à N. aff.
Harhettétandet? N.
Iras tu aux François? 1.2.3.per.
Agnonhac harhet?
Sachétanné atignonhac?
Adieu, ie m'en vay.
Onnen sagué, Onnen tsauoy.
Ie parts, ie m'en vay.
Onnen arasqua.
Ie m'en iray, partiray-je? int.
Agarasqua?
Ie m'en vay en voyage.
Traeincha.
Ie m'en vay bien loin.
Aquatontaran.
Ie partiray demain matin.
Asonrahouy achieteqne arasqua.
Nous partirons dans deux Lunes.

Al

Teni ara anditha. Teni ara.
Ie ne m'en vay point, ie ne parts point.
Danstan téarasqua.
Ie n'y vay point.
Stan téesset.
Nous allons à N.
Onsayon N.
Dy-leur que nous allons à N.
Chihon onsayon N.
J'iray aux f. 3. per.
Eni f. harhet, f. aheindet.
Nous irons tous à T. 3. per.
T. auoiti soution.
J'iray auec mon frere.
Aandet deyataquen.
J'iray auec N. à M.
N. M. etsetandet.
J'iray, ie m'en iray auec toy.
Etsandet.
Vien auec moy, allons ensemble. pl.
Etsondenon.

Al

Allons. *Yo.*
Adſa, etquoy, yoetſitet,
Yoſequoy, Noſequoy.
Allons, partons.
Yo agaraſqua.
Partons tout mainte-
  nant.
Dyoüychien, onhoüa ſa-
chiehondi.
Dans cōbien de iours
  partiras tu?
Yo eoentaye ſaraſqua?
Quand partiras-tu?
Nanhouey ſeſquaraſqua?
N'y va point, ne t'en
  va point.
Ennon tſandet.
Ce B icy va-il auec
  vous? int.
B eſcoitandet.
Lesquels ſont ceux
  qui iront?
Sinan toëuhoi.
Celuy-cy ira-il point?
Ca non ſarhet
N. n'yra point à K.
Stan téhouénon K. N.
Ils n'yront pas, ils ne

Al

  s'eniront pas.
Stan téhouénon.
Ils ne partent pas en-
  core.
Aſſon naraſquonte.
Il eſt party ce matin.
  pl.
Aſſonrauoinan araſqua.
Ohonuhati araſqua aſ-
ſonrauoinan.
Il s'en eſt allé.
Onné ahouénon.
I. eſt-il party? aff.
I. Sarhet?
Il eſt allé auec N.
N. éondénon Ahouénon.
Il eſt allé auec luy.
Ahouénon Ondénon.
Elle s'en eſt allee, elle
  s'en eſt retournee.
Onne tſauoinon.
Et les autres auſſi.
Onnenhoüa.
Les autres s'en ſont
  allez.
Onnen houa andaraſ-
  qua.
Il ira paſſer, il paſſera

l'hyuer qui viét à N.
N. *esquatochron*.

Animaux, nourrir animaux.

Oyseaux.

Aigle. *Sondaqua*.
Oyseau de proye. *Ahouatantaque*.
Coq-d'Inde. *Ondetontaque*.
Gruë. *Tochingo*.
Outarde. *Ahonque*.
Canart. *Taron*.
Perdrix. *Acoiſſan*.
Cine. *Horhey*.
Tourterelle. *Orittey, Hyo*.
Corbeau. *Oraquan*.
Gay. *Tintian*.
Chat-huant. *Ocoho, Ihi*.
Oyseau rouge. *Stinondoa*.
Autre qui n'a que la teſte & le col rouge.
Ouaièra.
Autre de plumage gris meſlé, & vn collier rouge. *Vhoiroq*.
Il pinche, il braiche. *Andatchahiee*.
Grandes plumes à eſcrire.
Ahonra ondachia.
Petites & menuës plumes. *Sahoüa*.
Aiſles. *Gaya*.
Oeufs. *Ognonchia*.
Couuent-ils? *Ocuira*?
Ils couuent. *Ocuirahan*.
Papillon. *Ondéuacan*.
Groſſes mouſches. *Ondichaey, Ondichia*.
Mouſquites. *Tachiey, Teſchey*.

Beſtes à quatre pieds.

Vn Cerf, *Sconoton*.
Orignat, Eſlan, *Sondareinta*.
Caribou. *Auſquoy*.
Ours. *Agnouoin Arhatſi*.
Loup.

An

Loup. *Anarisqua.*
Chat sauuage. *Tiron.*
Martre. *Agointa.*
Castor. *Toutayé.*
Loutre. *Tsahouinecq.*
Lapin. *Queutonmalisia.*
Chien. *Gagnenon.*
Renard gris. *Andasa-tey.*
Renard noir. *Habyuha.*
Renard gris auec vne raye de poil noir le long du dos. *Tsinantontonque.*
Escureux communs. *Arousen.*
Les Escureux suisses. *Ohihoin.*
Les autres volans. *Sahouesquanta.*
Enfans du Diable. *Scangaresse.*
Rat musqué. *Ondathra.*
Souris. *Tsongyatan.*
Vne espece de grosse souris bonne à man-

An

ger. *Tachro.*
Crotte de souris. *Ondison.*
Couleuvres. *Tioointsiq.*
Crapaux vers. *Oüaraon.*
Grenoüilles communes. *Riotoursiche.*
Araignes. *Tichiacoin.*
Fourmis. *Stinonchoquey.*
Pouls. *Tsiroy.*
Puces. *Touhaue.*
Ver, vn ver. *Otsinohoisse.*
Bestes de la forest en general ayans quatre pieds, comme Cerfs, Ours, Loups, Renards, Castors, Lievres, Lapins, &c. s'appellent *Ayot.*
Les autres, comme Chiens, Escureux, &c. s'appellent d'vn mot general, *Nichiason.*
Chair. *Anoitsa.*

b

An

Cornes. *Ondaëra, Ondaexera.*
Iambes. *Anonta.*
Ongles, griffes. *Ohetta.*
Os. *Onna, Onda.*
Pieds. *Achita.*
Poil. *Oscoinra.*
Teste, la teste. *Onontsiq.*

Nourrir animaux.

Qu'est ce que vous nourrissez?
Tautein squandasquan.
Qu'est-ce que nourrissent quels animaux? les M.
Totatin dasquaon? M.
Y nourrissét-ils point des bestes? aff.
Danstan téotindasquan?
Ils y nourrissent des Ours.
Agnouhoin otindasquã.
Ils nourrissent des N. int. N. *aendasquan.*

An

On les tient à la maison.
Otindasquan.
Y a-il long temps que tu les as? que tu les tiens? que tu les nourris?
Houati chisandasquan?
A qui est ce chien?
Siné osenan?
Est-ce ton chien? aff.
Sasenan?
Ce chien, cet animal, est à trois.
Achinque ihennon tesquasenan.

Annees.

Vne annee.
Escate outtichaye. Escate einhihiey.
L'annee, annee.
Cheinhihiey.
Deux annees.
Téateindayé.
Il y a quatre ans.
Dac eoinday.

Ap

Il y a dix ans.
Assan seveindaye.
Dix années.
Assan einhihiey.

Ap

Appeller, s'appelle.

Commēt t'appelle-tu?
Toutatsi issa?
Commēt s'appelle-il?
Tochiadsé, Totichi adsi?
Comment s'appelle cela?
Totatsé nécha?
Ie ne sçay pas comme il s'appelle.
Stan tochi adsé. Stan adsi.
Ie ne sçay comme cela s'appelle.
Stan téuoitsi. Téahoüanteré.
Les H. n'en sçauent rien. *Sauhanteré H.*
Appelle-le.
Etseingyateinse.

Aq

Comme s'appelle celuy qui vient? qui arriue?
Totatsi natontarhé?

Aq

A qui est cela?

A qui est cela?
Sinénéca?
A qui est cela? Qui est là? Qui est celuy-là?
Sinan neca?
Qu'est-ce que cela? Qu'est-ce que c'est?
Tautein onday? Totichionday? Toutautein nécha? Totecatein, Neca toutautein.
Que veux-tu?
Toutautein.

Ar

Arracher la barbe, &c.

Les H. ont arraché,

b ij

arracherent la barbe à E.
N. Oscoinrose earonse E.
Ils luy arracherent la barbe.
Oscoironse earonse.
Arrache la dent.
Sesconchetauaque.
Ne la sçaurois-tu point arracher? aff.
Tesconchetauache.

Armes.

Capitaine pour la guerre.
Garihoüa doutaguéta.
Capitaine pour la police.
Garihoüa andionxra.
La guerre. *Outtagueté.*
Ennemy. *Yescohense.*
Rondache, pauois.
Oüahoira.
Leur cuirasse de corde. *Aquientor.*
Petits bastons de leur cuirasse.

Anta quiento yoto.
Massuë. *Angoncha.*
Lame d'espee.
Sanetsi.
Arquebuse.
Horahointa.
Arc. *Anda.*
Flesches. *Sestoron.*
Fer à flesches.
Chointa.
Muraille, ou pallissade & fort de ville.
Atexran, atetxrogna.
Pont de bois.
Onnatachon.

Astres, iournees, esté, hyuer.

Ciel, le Ciel.
Haronhiaye.
Le Soleil, la Lune.
Andicha.
Estoilles. *Tichion.*
L'estoille du poinct du iour.
Tanta ahonita.
Possonniere. *Nanichia.*

Le chariot.
Teandiharet.
L'escharpe estoillee, qu'ils appellent le chemin des ames.
Atiskeine andahatey.
La petite escharpe auprès.
Le chemin des chiés.
Gagnenon andahatey.
L'arc-en-Ciel.
Tondiein haqueygnon.
Pleine Lune.
Soutenni chichiaye.
Le Croissant.
On né iscalle.
Le Decours.
Outagataton.
Point de Lune.
Tahataton.
Il n'y a point encore de Lune.
Asson téescalle.
Le vent. *Yequoisse.*
Vent d'Est.
Andagon yocoisse.
Vent d'Oest.
Sanraqué yocoisse.

Vent de Nord.
Tdsiché ocoisse.
Vent de Su.
Adsanra yocoisse.
Le Tonnerre. *Inon.*
Esclairs. *Atsistocoy.*
Nuees. *Orsirey.*
Pluyes. *Yondot.*
Neiges. *Onienta.*
Gresles. *Ondechia.*
Rosee. *Oayé.*
Eau. *Aoüen.*
Glace. *Ondescoye.*
Chaud. *Otarixaté.*
Froid. *Ottoret.*
L'esté. *Hoüeinhet, Houeinhé.*
L'automne. *Anandaé.*
L'hyuer. *Oxhey, oxha.*
Le printemps.
Honéraquey.
Iour, iournee.
Ahoüeintey Esquantate.
Le matin. *Asonrauoy.*
A midy. *Inkieke.*
Le matin sur les huict heures.
Tygayatein.

b iij

Enuiron les trois heures apres midy, sur le soir.
Héharaquiey.
Le Soleil est couché.
— *Onan houraque.*
Commencement de la nuict.
Téteinret.
Pleine nuict.
Asontey.
A l'heure qu'on s'en dort.
Taeintauhati.
A l'heure qu'on s'esueille. *Tetseffe.*
Le iour. *Ourhenha.*
— Il est iour.
Onan ourhenha.
Est-il iour?
Ono heiné.
Y faict clair.
Erhatey.
Y faict sombre.
Kiorhaté.
Auiourd'huy, à cett' heure, maintenant, il n'y a gueres.

Onhoüa Ophoüate.
Hier. *Chetecque.*
Hier au soir.
Thétéret.
Auant-hier.
Chéachétecque.
Auant-hier au soir.
Chichettéret.
Demain. *Achietecque.*
Demain au soir.
Achiétecque houraque.
Apres demain, dans deux iours.
Chiourhenha.
Apres l'hyuer qui vient.
Escochrate.
Apres cette Lune.
Scate andicha anheé.
Bien tost, dans peu de temps.
Sondianica.
Icy pres, gueres loin, il est proche, il n'en a gueres fallu, peu s'en fallut, dans fort peu.
Kieuscanha.

At

Attendre, patienter.

Attend que nous soyons à N.
Sahoüen etsicahan N.
Attẽd à vn autre iour.
Sahouen déoueintey.
Attend que ie sois de retour.
Sahoüen tetquey.
Tu es bien prompt, tu as bien haste.
Sandarati.

Au

Auoir, n'auoir quelque chose.

As-tu point de viande? aff.
Tétisquaein oxrité, Tesquatindaret.
As-tu du bled battu, pillé?
Tétitsaein otécha.
En as-tu point?
Tésaein, Tescahoüan.
En as-tu point d'autre? aff.
Danstan doüateéin.
N'auez-vous que celuy-là? *Dahara.*
As-tu tout vsé cela? tu as tout consommé, vsé, mangé, employé?
Onne sachiayé Haquiey.
Qu'as-tu eu en ton endorea?
Touta Séhoindoréha.
Ton fils a des raquettes.
Agnonrahan desacoyton.
Ie n'ay point de raquettes.
Danstan teándaret teágnonra.
Ie n'ay point de graisse, 3. per.
Noüytet danstan tésaein.
Ie n'ay point de poisson, 1.2.3. per.

b iiij

Au

Danstan tesquaein ni ahointa.
Ie n'en ay point, ie n'ay rien. 1.2.3. per.
Téhoüan, Stant éuhaein, Téauoissa, Téandaret, Tescandaret.
N. en a-il point? en a-il? *N. Tétauha. Téhoüan, N.*
Ie n'en ay qu'vn, il n'en a qu'vn.
Escate ara.
Il n'y a point de N.
N. téatindaret.
Il y en a, i'en ay, 1.2.3. per.
Attindaret, Andaret.
Il y en a là.
Tochi andaret.
Il y a là vne cueillier.
Chaquasaein.
Ce n'est pas à moy, ce n'a pas esté moy.
Danstan é ni téein.
Ce n'est pas le mien, ce n'est pas à moy, ie n'en ay plus.

Au

Tastandi.
C'est au plus petit, au petit, le petit.
Yaskéya.
Cela estoit-il à toy?
Satanheindi.
L'habit de N.
N. Ondi voirohé.

Ay

Ayder, l'ayder, secourir.
Vien m'ayder.
Adsa tanénitandiha, Tandiatandiha.
Preste-moy la main.
Néguierahq.
N. Vien porter auec moy.
N. Nequoyuha.
Changeons, vien trauailler, porte à ma place.
Scaronhouatan.
Va luy ayder.
Asséni senétanicha.
N. Iras-tu au deuant

Ay

de luy, les ayder?
Tauoindandétandiha N.

Ay

Aymer, affectionner quelqu'vn.

I'ayme les H.
Eindi éatonhouoyse H.
Ie vous ayme.
Ononhouoyse.
Nous nous entre-aymons.
Ekia tanonhouoyse.
Ie ne t'ayme point.
Téhatonhouoyse.
Tu aymes mon compagnon.
Satonhoüoyse ni atoro.
Tu aymes les F.
Iſſa ononhouoyse, F.
Tu aymes, tu l'aymes. int.
Chiatonhouoyse, Siatonuoiſſe.
Vous ne les aymez point.

Ay

Danſtan téattonhouoyse.
Tu n'aymes point les Fr.
Danſtan téchionhouoyse Fr. Danſtan teſtonuoiche.
Il ayme. Ononhouoyse.
Il ayme les N.
Conna onhouoyse, N.
Toutes les ames s'ayment, s'entr'ayment.
Auoiti éontonhouoyse, Onatonuoiſſe Atiskein.

Ayſe, eſtre content, rire.

Ie ſuis, i'en ſuis bien ayſe. Etoca.
Oüy, i'en ſuis bien ayſe Ho étoka.
Tu es, tu en es bien ayſe, int. Chétoka.
Vous en ſerez bien ayſe, int. Chétoka.

Rire.

Ie ris.
Aeſquandi. 3. per.

Ba

Tu ris, int. *Sasquani.*
Il rit. pl. *Aesquanni.*
N. est vn rieur, iouial.
N. *Harouyhouenne.*

Ba

Barbe.

I'ay de la barbe, 3. per.
Ascoinrōte, Oscoinronte.
Tu as de la barbe.
Sascoinrontein.
Ils ont de la barbe, int.
Otiscoiron.
Ie n'ay point de barbe, 3. per.
Téoscoinronte.
Tu n'as point de barbe.

Baa

Baailler.

Ie baaille, 3. per.
Eyonrixha.

Ba

Battre.

Ba

Ie te battray.
Agontayo.
Ie te battray à bon escient.
Ondera houanhoua.
Ie deschireray & rompray tout en ta Cabane.
Vhanonchieutauha.
Qui t'a battu?
Siné sayot.
N. t'a battu.
N. Etsathrio.
Ne le bat point, ne me bat point.
Ennon égontayo.
Il ne faut point battre, il ne le faut point battre.
Stan dèchrio.
Tu l'as battu.
Achatrio.
N. a battu M.
N. athrio M.
N. m'a battu. *N. ario.*
Il m'a battu.
Ario eindi.
Aheintette éni yathrio.

Be

Ie ne l'ay point battu. *Oqueyronha.*
Tu as dit que tu le battrois, & tu ne l'as point battu. *Iſſa ſaqueyronha.*
N. bat ſa femme. *N. aqueueha.*
Tu bas ſa femme. *Chiaqueueha.*
Il le battra. *Etthrio.*
Il le faut battre, pl. *Achrio.*
N. le battroit. *Yathrio N.*
Frappe de la hache. *Téoreſqua.*

Be

Beau, pretieux, de valeur.

Ie ſuis beau. 3 per. *Yaquaſté.*
Tu es fort beau. *Chiaquaſté.*
Tu es entierement beau. *Sandérauoiti.*

Be

N. eſt grandement beau. *Ondéxrauoiti N.*
N. eſt beau, belle. *N. vhaſté.*
Voila qui eſt beau. *Auhaſti.*
Cela eſt beau, voila qui eſt beau comme cela. *Ondexrauha toïoti.*
Voila qui me plaiſt, voila qui eſt beau. *Anderanha.*
Cecy, cela n'eſt point beau. *Danſtan téchatiuhaſti.*
Cela eſt, il eſt de valeur, de grand eſtime. *Andoron, Anoroſqua, Orichichi.*
Les haches y ſont de valeur, int. *Atinoron quatouheln.*
Elles, ils y ſont de valeur, int. *Atinehoin.*
Cela m'eſt pretieux. *Yataracouy.*

Bl

Cela t'est pretieux, int.
Kyataracouy.
Tout cela luy est pretieux.
Auoiti ʃiataracouy.
Ie l'ayme, ie l'affectionne, i'en fais estat. *Aenseʃʃe.*
Tu l'yames, tu le prises, tu l'estimes.
Aʃenʃeʃʃe, yenʃeʃʃe.

Bl

Bleʃʃer.

Ie suis bleʃʃé. *Aʃteraye.*
Tu es bleʃʃé, int.
Saʃteraye.
Il est bleʃʃé, int.
Oʃteraye.
Tu me bleʃʃes, tu m'as bleʃʃé, tu me bleʃʃeras. *Caʃteraye.*
Tu m'as bleʃʃé, Tu l'as bleʃʃé. *Saʃteray.*
Ne me bleʃʃe point, 3. per. *Enon ʃaʃtera.*
Tu n'es point bleʃʃé, 3. per.
Danʃtan téeʃteraye.
Ie me suis bleʃʃé d'vne hache. *Téanachonca.*
N. la bleʃʃera.
N. yaʃtera.

Bois, au bois.

I'ay apporté du bois.
Ondata éahouy.
I'ay apporté, I'ay esté querir vne charge de bois. 1.2.3. per.
Areindauhahet.
Ie vay au bois.
Ondata éuhoihet.
Vas-tu au bois ? 3 per. aff. *Onata eʃché.*
Apporte du bois.
Seindata, vhoiha, ou, oha, chéohet, Aʃʃehoua, data.
Quel bois est-ce là?
Toutéca touentoten.
N. a dit que D. vienne querir du bois.
N. dacinhahon datahoha D.

Bo

Il est allé querir du bois. *Ondata ahouahet.*
Il est allé au bois.
Ondaea eschon.
Il a esté, Il viēt de querir du bois.
Ondata vhahonnet. Ondato vhahon.
Elle porte vne charge de bois. *Reindahohet.*
Il est allé chercher du bois.
Ondata yacon.
Il est allé querir des perches, pl.
Aeintauhahon.
Ils vont tous querir des perches.
Auoiti aeintaohet.
C'est pour aller aux perches, querir des perches.
Aeintaohet.
Cela sert pour aller au bois.
Ondata tierata.
Il n'en a pas encore d'autre de faict.

Bo

Sondouhet.
Il est allé à la forest.
Ontidetronhon.
N. est allé à la forest, aux escorces.
N. Otindetronhon.
N, fend du bois.
N. Taetnaton.
Qui abat le bois, du bois, ce bois.
Sinan yharoche.
Abattre du bois.
Onata yharoche.
Fendre du bois.
Tiſſenatouren.
L'arbre est abattu, il est à bas.
Ennéhahenhoua. Ennéhoua.

Bo

Bon, auoir de la vertu.
Tu es bō. *Onnianénéſa.*
Tu n'es point meschāt
Techiennhon.
Tu n'es point rude, difficile, fascheux.
1. 2. 3. per.
Téongaron.

Bo

Ie ne suis point meschant, 3. per.
Danstan téaiennhon.
Ie ne suis point menteur, 3. per.
Danstan téandachoüenne.
Tu n'es point menteur.
Danstan téchendachoüenne.
Ie suis liberal, 3. per.
Ononuoissein.
Tu es liberal.
Chonnoissein.
I'ay de l'esprit,
Ni ondion.
Tu as de l'esprit.
Saondion.
Tu as bien de l'esprit.
Cachia otindion.
Il a de l'esprit, celuy-là.
Nécaondion.

Bou

Boucher, couurir, fermer.

Br

Ie l'ay bouché.
Onestochon.
Ie l'ay desbouché.
Onastochonhoüa.
Bouche-le.
Sasconchon.
Ne les couures-tu point? aff.
Téuhastaein.
Referme le sac.
Satonrochon.
Ferme la main.
Sascoignongya.

Br

Braire, crier.

Il braiche, il crie.
Atasenqua.
Ils braichent, ils crient pl.
Tasenqua.
Ne braiche point, ne crie point.
Etnontiachasanquoy.
Il ne braiche pas, pl.
Danstan téatosancouy.

Br

Les ames crient, se lamentent.
Eskein teontontarita.

Brusler, bruslure.

Ton habit brusle, l'habit brusle.
Onhara teatte.
Le village brusle.
Andata teatte.
Le village, vn village est bruslé.
Ondataree.
Le feu est à vne Cabane, int.
Ganonchetey.
Retire-le, il brusle.
Siratate oquoite.
Il est bruslé.
Onoquoité.
Tu brusles tes pieds.
Sachetaté, Sachtetatey.
T'a il bruslé? aff.
Satatéate, Eatatiati.
Ie me bruslois.
Yatatey.
Vien brusler les Y.

Ca

Yaquatsistorher.
Ie le brusle.
Atistorhet, Etsistorhet.

Ca

Cabane.

Cabane. *Ganonchia.*
Porte, *Andoton.*
Huis, ventillon, petite porte.
Einhoia.
Le porche. *Aque.*
Dans la Cabane.
Anoscon.
Le premier bout.
Taskein.
Le milieu.
Achenon.
Le dernier bout.
Quoitacouy.
Le terrier, le paué.
Ondené.
Ma Cabane.
Anondaon.
A ma Cabane.
Niondaon.

Ta Cabane.
Sachondaon.
A ta Cabane.
Seindaon.
Ie vien de ma Cabane.
Houato anoscon.
Ie ne seray point demain au logis, 3. per.
Stantéanditchon achieteq.
Es-tu à la Cabane? 3. per.
Yhentchon.
Es-tu seul à la Cabane?
Sonhoüa chithon.
A la Cabane.
Quondaon.
A la Cabane, dans la Cabane,
Anoscon.
Il est à la Cabane.
Anoscon.
Ils sont tous à la Cabane.
Atiuoiti to iheintchon.
Il n'est point à la Cabane.
Stantéeintchon.
Il a dit qu'il ne viendra plus à la Cabane de N.
Tezkétandé anhaon, N. Anondaon.
Vien t'en au plustost à la Cabane.
Tesaronha.
La Cabane de N.
N. anondaon, N. ondaon.
Où est la Cabane de N.
Anéondaon N.
En quel lieu?
Anienchon.
En quelle Cabane est-il?
Sinan yeintchon.
Qui est à la Cabane, qui demeure à la Cabane.
Sinan déchithon, Sinan dékieinchon.
Il n'y a personne dans la Cabane.
On nosçon.
Le mary de celle-là, son

Ca

son mary estoit hier icy.
Chérecquen caeichōtaque caathénonha.
A ceux qui estoient auiourd'huy, depuis n'agueres icy.
Onhoüa caeinchontaque.
Combien y a'il de Cabanes?
To iuöissan otinosquey.
Il n'y a que six Cabanes.
Hohaéa atindataye.

Çaſ

Caſſé, rompu, fendu.

Il est caſſé.
Aſcoiraſſan.
Il est fendu, caſſé.
Eraſſan.
Caſſe-le.
Séchieraſſe.
Il le caſſera.
Etchieraſſe.
Ne le caſſe pas.

Ce

Enon ſeſquaraſſam.
Est-il rompu? aff.
Etſiraſſan.
Il n'est pas rompu, caſſé.
Stan ſteſquaraſſan.

Ce

Cela, celuy-là.

Celuy qui est là.
Nécakieinchon.
Et celuy-là.
Coxenay chieinchon.
Celuy-là, cela, c'est cela, est-ce là.
Conxenay, Cōda, Chonda, Chonday, Condeyd.
Ce n'est pas cela; ce n'est pas de meſme, il ne s'appelle pas ainſi, ie ne ſçay pas pourquoy c'est.
Stan rochiautein.
Ce n'est pas cela.
Stan catéein.

Ch

Changer, permuter.

Veux-tu changer d'habit?
Kiatatichron, Etſatatichron, Takiataterōnton, Takiatatérontonſan.
Veux-tu changer de ſouliers?
Kiatatataçon, Kiatataçon.
Ils ont chágé, ils nous ont changé le chaudron.
Kiatateindatſan.

Chanter.

Chante. *Satorontain.*
Chante, tu chantes.
Cichriuaque, Chriuaque.
Elles ne chantent pas.
Stan atoronta.

Ch

N. chante, y chanté, pl. *N. Atorontaque.*
Il chante, pl. *Otoronte.*
N. De qui eſt cette chanſon?
N. Sinan aſta.
C'eſt vne chanſon d'homme, int.
Angyaon aſta.
C'eſt la chanſon de N.
N. Atiaſta.

Chaſſer, deſnicher, voler, à la chaſſe.

Allons chaſſer de ce coſté là, par la foreſt.
Comoté otiaçon harhayon.
N'allez vous point chercher des cerfs? aff.
Danſtan teſquahaquieɥ ſconoton.
En as-tu eſté chercher, chaſſer, aff.
Etſondiaçon.

Ch

N'y en a-il point, tout est-il pris, cõsommé? *Onnen tsondiacon.*
Il est allé à la chasse. *Onné oyacon.*
Pistes de cerfs. *Skenoṇa sconoton.*
Qui est celuy qui les a desnichez, apportez? *Sinan vharauha.*
Ils s'en sont retournéz, enuolez de loin. *Déhérein agueronuhaha.*
Il est dans le nid, il est à T. pl. *T. Iheintchon.*
Ils sont posez. *Otirhentaha.*
Ils s'en sont enuolez. *Ahontéoüa.*
Ils volent. *Otirhonquiey.*
Cherche-le N. *N. Saquiesse.*
Trapes à prendre des loups. *Téarontoüein.*

Ch

Trapes à prendre des bestes. *Andyaronte arénati.*
C'est à prendre des renards. int. *Andasatey aesquandirontandet.*
Va par ce chemin là. *Yo comoté hahattey.*
Il n'y a point de chemin. *Stan tehoüatey.*
Vien par icy, par là. *Comoti.*
C'est par là où tu vins, où tu passas. *Tétiquoy.*
Tu vins deçà par là. *Garo tétiquoy.*
Tu y fus par là, pl. *Essetnonnen.*
Sont ils point allez par là? *Tésondéti.*
Ils sont allez par là, *Tonetsondéti.*
Ils sont allez de ce costé de N. *N. Etsondéti.*
Du costé de pardeçà. *Garouhaté.*

c ij

Ch

Il y a deux iournees de chemin.
Téni téotoüen.
Bien loin hors de ce pays.
Chiee angyatan.
Fort loin de ce cofté-là.
Comoté chiee.
Il y a loin.
Nébérein.
Icy pres, gueres loin.
Chiakiosquenha.
Par les terres.
Antaye.

Chaud, chauffer.

Ie me chauffe, ie me chaufferay.
Yatarixa, Atontet.
Ie chauffe mes mains, 3. per.
Ongyatarixha, Eingyatarxha.
I'ay chaud. 3. per.
Oatarixaté.
Chauffe-toy.

Ch

Satontet, Squatontet.
Tu chauffes tes pieds.
Erachitatarixkate.
As tu chaud?
Otarxate.
Tu as chaud.
Satarixa.
Il est chaud.
Otarixhein.

Chemin, voye, adresse,

Chemin. *Hahattey.*
Monstre-moy le chemin.
To hahattey.
Où est-ce? auquel chemin est-ce?
Annon bouattey.
Est-ce icy le chemin à N.
Conuoitté hahattay N.

Chercher, chasser, negotier.

Ie te viens querir.
Onhoüeyenonchie.

Ch

Me viens-tu querir?
Asquenonchin.
Ie te viens chercher,
ie viens chercher.
Oüatichaquey.
En vas-tu chercher?
aff.
Chiaéaquey.
Cherche-le.
Satéchaquey.
Tu l'as cherché le N.
N. *Chatitaquiey.*
Qu'eſt-ce que tu vas
querir, chercher?
Totefquaguiey.
Que viens-tu de cher-
cher, chaſſer, que-
rir?
*Táutein, aubachonnet,
fauhahonnet.*
Qu'eſt-ce que tu as
eſté faire à N.
Tautein fauoinonnen N.
Que ſont-ils allés fai-
re, querir à N.
Tautein outtiuhahon N.
Qu'eſt-ce que vont
querir tous les Fr.

Ch

Totautein vhahey Fr.
Qu'eſt-ce qu'ils vont
querir à D.
Tontatein vhahey D.
Qu'eſt-ce qu'il y eſt
allé chercher, chaſ-
ſer?
*Tautein dauachon, Tou-
tautein vhaühon.*

Ci

Cimetiere.

Cimetiere. *Agoſayé.*

Cognoiſtre.

Ie le cognois bien.
Oüachindateret.
Ie le cognois bien, ie
le ſçay bien.
Aintéret, Ainteha.
Ie ne le cognois point.
Téinteha.
Ne me cognois-tu
point?
Teſquan ainteret.
Le cognois-tu point?
aff. *Danſtan téchinteha.*

c iij

Le cognoissez vous point?
Tesqua chindateret.
Le cognois-tu pas? aff.
Chinteeha.
Tu la cognois bien.
Onnen chieainteha.
Tu ne le sçay point, tu ne le cognois point.
Téchintereft.
Ie ne sçay, que sçay-je. *Siesque.*
Ie ne sçay point, ie ne sçay que c'est, ie n'en sçay rien, ie ne m'en souuiés point, il ne m'en souuient plus.
Danstan teinteret.

Combien.

Combien estes vous? combien y en a-il?
To ihennon.
Combien y a-il de canuts? *To ihennō Gya.*
Combien y a-il de sortes de poisson.
To agaxran ahointa.
Combien y en a-il de centaines?
Totyangyauoy.
Combien y en a-il de dixaines?
To yuoissan, To assan.
Combien y a-il d'années? *To escochiaye.*
Combien grand, de quelle grandeur, en donneras-tu.
To yontsi.
Combien en as-tu pris, aporté? *To seindahouy.*

Conseil.

Nous allons tenir cōseil. *Onné adchehotet.*
Venez au conseil. *Satchiotata.*
Venez tous au conseil. *Satrihotet ondiqueuquandoret.*
Allez-vous tenir conseil? aff.

Bo

Garihoüa sechogna.
Il va, il est allé tenir
conseil.
Atchiotatet.
Ils tiennent conseil.
Garihoua atichongna.
Tient conseil.
Chiuhatere.
Tenir conseil.
Garühatere.

Compter.

Ie compte, ie les compteray.
Aaxrate.
Ie les compteray.
Yharati eindi.
Ie ne les ay pas comptez. Stan teharati.
Compte-le. Saxrate.
Commence.
Sacontannet, Sacontanna, Sacontan.
Continuë. Teconte.
Toy le premier, premier. Issa seingyaret.
Le premier. Gyaret,

Co

Coucher, se coucher.

Où couche-tu?
Naté carasta.
Où est-ce que vous
couchez? Est-ce là
que vous couchez?
Nechiesse, ou Nesichesquadratonqua.
Où, en quel lieu auez-vous couché, chez
qui, en quelle Cabane? Antsaqua.
T'en vas-tu coucher,
dormir? Etsaraton.
Couche-tu là, tu vas
coucher, couche auec N. Etsaraton N.
Couche-toy.
Saraton, Dyosaquen.
Couchons ensemble.
Quieraton.
Couche-tu auec vne
fille, des filles?
Ondequien asta.
Ta couche, ton lict est
bien. Onnienné sarasta.

c iiii

Co

Qui est-ce qui couche là?
Tocharatonqua, Tochiarasta, Sinan outtaha, Sinan arastra.
I'en retire, i'en loge tous les iours.
Ahouantahan ourati.
Ie n'y couche pas.
Danstan téchiasta, Téasta.
Où couche N?
N. Chiarasta.
Il est couché.
Onne araton.
Pour se coucher.
Escaronquate.

Coudre.

Ie recous, ie r'accommode ma robe.
Dandiche.
Vas tu r'accommoder ta robe?
Astochandi.
Ta robe est-deschiree,
Eindhratson.

Co

Il là faut recoudre, il faut recoudre cela.
Eindhidatson.
Coudre. Tsindandi.

Couleur.

Blanc. Onienta, Onquata.
Noir. Sieinsta.
Vert. Odsinquaraé.
Rouge, des rouges.
Otsichiayé.
Ils sont rouges, des rouges, int.
Hointtaéatouten.

Couper.

Coupe cela.
Tayasse, Taestognan.
Coupe ce poisson, coupe le.
Titsiaykiaye.
Coupe les nœuds du bois.
Daroscaron.
Tu l'as coupé, f, g.
Saskiasen.
Elle est coupee.

Co.

Onskiasen.
Couper le bord de la robe.
Aixrein.
Il coupe bien.
Ondotié.
Ils ne coupent point.
Danstun esconchotié.
Il ne coupe point, il ne perce point.
Danstan téondotié.
Il ne perce pas.
Téorasquon.
Couper la teste.
Onontsiskia.
Couper le doigt, doigt coupé.
Aondia.
Coupe le doigt.
Seindia.
Nés coupé.
Acoindiaye.
Coupure, blessure.
Osteray.
On coupera, on a coupé la teste de N. au village.
Onötsiskiaye N. andata.

Co

Courir, haster, passer.
Cour. Saratate.
Sçais-tu bien courir auec les raquettes?
Chéainhouy kiaratate agnonra
Haste-toy. Sastoura.
Haste-toy visté.
Sasqueyron.
Va t'en vistement.
Saseyio.
Tu ne vas gueres viste, 13. per.
Esquiachan, Esquasan.
Prend courage.
Signagon Etsagon, Etsahon.
Va t'en. Asséni.
Adieu, va à Dieu.
Yosasé.
Oste toy de là.
Tisetta.
Leue toy. Saccan.
Tourne de l'autre costé. Scati.
Quand les N. se se-

Cr

ront retirez, s'en seront allez.
N. *Sifetta.*
Laisse-moy passer.
Gyaeindi.
Ie passe. que ie passe.
Aeindi.
Passe. *Seindi.*

Cr

Cracher.

I'ay craché là.
Ta etchetotonti.
Crache derriere & en arriere.
Oeschetotonti.
Cracher, phlegmer.
Ondeuhata.
Cracher crachat, saliue. *Ouchetouta.*

Crainte, auoir peur.

Ie crains, i'ay peur.
Eindi chiahouatanique.
Ie le crains, nous les craignons.
Abouattani.
Ie ne te crains point.
Danstā téhouattani nésa.
Nous les craignons, nous en auons peur en Esté.
Asquatanique houemhet.
N'aye point de peur.
Ennon chatanique nésa.
Tu ne crains point, tu n'as point peur des esprits.
Téyachatanique atiskein.
Danstan tesquatanique.
Téchatanique atiskein.
Elle a peur de toy.
Satandique.
Il a peur du bonnet, du chapeau.
Onouoirocha randi.
Les N. ne craignent point, n'ont peur de A.
Danstan atanique,
N. A.

Cu

Croire.

Ie croy, ie le croy, ils le croyent, 3. per.
Oüasti.
Ie ne te croy pas.
Danstan téabouyonsta.
Tu crois, tu croyois.
Séouasti.
Croyez-vous que ce fust mon pere.
Séoüasti aystan.
Les N. le croyent.
N. Oüasti.

Cu

Cuisiner, faire cuire sa viande.

Fais à manger, int. aff.
Coéagnon.
Ie fais à manger, 3. per.
Agahoüa.
I'ay fait chaudiere.
Onna guéahan.

Cu

Tu fais à manger.
Chéahoüa.
Tu as fait chaudiere, int.
Onne squatsateignon, Onésquaagnon.
Les fais-tu cuire?
Squaagnonq.
Fay cuire de la viande.
Coéagnon oxriti.
Fay cuire ce poisson.
Coéagnon cahoxriti.
Mets-le cuire, fais-le cuire.
Soxri.
Tien, fay rostir du poisson.
Séhointaya.
Fáy-le rostir.
Sescontan.
Mets la chaudiere au feu.
Datsendionten.
Mets la chaudiere à la cremaliere.
Statsaniontan.

Ie dis, il dict qu'il mette la chaudiere au feu.
Datsendiontan yonton.
Approche le pot du feu. *Serká.*
Mets le poisson dans la chaudiere.
Soxri andatsan.
Mets dedans.
Dyosofca.
Verse le dedans.
Sasontraq.
C'est pour faire à manger.
Auoiagnonq.
C'est pour faire du pain.
Ondataron.
Qu'est ce qui a de cuit? Qu'il y a à cuire?
Toutautein toxriti, Squoxriti.
Ce sont des pois qui cuisent.
Acointa agnon.
En voila pour deux fois.

Téni totitiagnon.
Il faut qu'il soit bien cuit.
Scanrixe yarixcato.
Mouue la chaudiere. *Sangoya.*
Ie mouue, ie mouueray. 3. per.
Aaingoya.
Il mouue.
Eindouya.
Il bout. *Oyhan.*
Il ne bout pas.
Téoyhan.
Elle s'enfuit par dessus.
Vhatté yuha.
Il est cuit. *Youry.*
Il y a long temps qu'il est cuit.
Houati oury.
Il n'est pas encore cuit.
Asson yoüry.
Il se brusle, il est bruslé. *Oquatey.*
Que vous en semble?
Quoyoti.

Da

Gouſte voir.
Sandera, Chandéra.
Les François en gou-
ſtent-ils?
Sanderati atignonhac.
Vous auez tous les
iours quelque choſe
de bon à cuire.
*Ahouantahan eſchéa-
gnon ahouygahouy.*

Dancer.

Allez-vous point dan-
cer?
Eſquatindrauache.
Allons, nous irons dá-
cer à T.
Auoindhrahohet T.
N. Danceras-tu de-
main?
*N. Etſindrauache achie-
teq.*
Ne dance tu point?
aff.
Danſtan téſeindrauache.
N. Danceront, on dan-
cera demain.

Da

*N. Otindrauache achie-
tecque.*
Ie ne dance, ils ne dan-
cent point.
Danſtan téindrauaqua.
On a dancé, on dança
hier.
*Cheteque eindrauache-
qua.*
La dance ne finit pas
encore, n'eſt-elle
pas encore finie?
*Aſſon téandariontá,
Aſſon tanérienté.*
Ils l'ont laiſſé, delaiſſé
à vne autre-fois.
Onnen vhacahon.
Comme font-ils, de
quelle façon font-
ils?
Totichi ſquoirha.
Le cry qu'on faict par
la ville pour inuiter
à la dance.
*Tonet qualairio aroſte-
ta.*
Venez viſte dancer.
Enikioquandoratte.

De

Les ames dancent, se resiouyssent, auec Ataensigne.
Ataensique oüadhauhandique atiskein.

De

Demander, Donner.

Donne moy.
Tanonte, Tauoinonte.
Donne-moy cela.
Tanonte nécha.
Donne le moy.
Eni onon, Tanonsan.
Donne moy vne alesne.
Tayonchienton.
Donne moy vn cousteau.
Andagyaheunonhet, Andayaton.
Donne moy de la corde. *Taetchiron.*
Donne moy de la rassade.
Acoinonte, Tracoinon.

De

Donne moy vn chaudron. *Andatson.*
Donne moy du pain. *Andatarontan.*
Donne moy du poisson. *Taoxritan.*
Donne moy vne bague.
Taeygnon.
Donne moy vne image. *Testonhouoy.*
Donne moy d'autres cizeaux.
Hoüatandayon.
Donne moy ce calumet.
Enondahoin eskéorōton.
Donne moy des plumes.
Esquehouron, Taexron.
Donne moy des iambes de Grües.
Taonieinton tochingo.
Donne moy de l'estofe, linge. *Tahouharon.*
Donne moy vn morceau de coller, d'vn cordeau. *Ohachattai*

De

Donne moy vne ceinture, ta ceinture.
Tauhuychon, Sauhuychon.
Donne moy quelque piece à r'accommoder mes souliers.
Eindiuhahoron,
Donne moy vne cueillier, cette cueillier.
Ataesson gaeta.
Donne m'en vn.
Tayaton.
Donne moy l'autre.
Hoüa onon.
Donnes-en, donnes-m'en.
Tanontahaasq.
Donne, baille mon escuelle qui est là.
Chiquasaein faesson.
Ie ne veux point de ce que tu me donnes.
Danstau esquenonté.
Il a dit que tu me donnes, que tu me donneras.
Esquiononte aeinhaon.

De

Me le donnes-tu?
Sahononté.
Tu m'en donneras, tu luy en donneras, tu en donneras.
Esquanonté.
Tu ne m'as pas voulu donner N.
N. Danstan testontan.
Tu ne me le donnes point. *Te onontet.*
Tu ne me dónes, il ne me donne rien.
Tesquanontan.
Tu ne nous dónes riē.
Danstan téonuoissein.
Tu n'en dónes point.
Teskynontan.
Dóne, apporte le couteau. *Toséhoüa andahya*
Donne luy de la rassade. *Stontaca acoinna, Séacoinon.*
Baille l'alesne.
Assimenta.
Iette moy le cousteau, iette le cousteau.
Andahia sati.

Donne luy.
Stonte.
Donne luy du feu.
Setſriſton.
Tu n'as point donné de bled.
Danſtan anehon.
Tu ne luy en as point donné.
Téuoinontan.
Tu les as donné au G.
G. Eſtontan.
C'eſt celle que tu luy donneras.
Conda eſtonti.
Qu'as-tu donné? qu'en as-tu donné?
Tat aeſtonte.
Tu luy donneras demain, 3. per.
Achieteq ahononte.
Que donneras-tu? que donnera-il?
Tat eſtonte, Tat eſquenonte.
Ie ne le donne pas, pr. fu. 1. 2. 3 per.
Eindi danſtan téahononte.
Ie ne l'ay pas encore donné, fu. 1. 2. 3. per.
Eindi oſſou teahononte.
Tu me demãdes touſjours.
Ahouantahan ichiatontanonte.
Qui t'a donné du poiſſon?
Sinan ſoxritan.
Qui te l'a donné?
Sinan ononte.
N. Me l'a donné.
N. Anonte.
Ie t'ay donné, on t'a donné du poiſſon.
Soxritan.
Elle te donnera du poiſſon.
Oxriti ſanonte.
Elle te le donne, donnera. *Etſanonte.*
Ie vous le donne.
Onontato.
Ie le donne, p. 3. per.
Eindia hononte, Anonte, Ononte.

Demeurer,

De

Demeurer, ne bouger.

Ie demeure, demeureray-je.
Gychontaque.
Tu demeures, demeures-tu, demeureras-tu?
Chihoóntaque.
Il demeure, demeurera-il? pl.
Hainchontaque.
Nous demeurons, demeurerons-nous? 3.per.
Oüaguérontaque.
Vous demeurerez, demeurerez-vous?
Scaguérontaque.
Tu demeurois, tu y demeurois, tu y as demeuré.
Onné chichontaque.
Ie n'y demeure pas.
Stan réytchontaque.
Tu n'y demeures pas, tu n'y demeureras pas.

De

Téchichontaque.
Ie ne bougeray d'icy.
Kiatanchondara.
Tu ne bougeras d'icy.
Cachondaraha.
Qui est celuy qui demeurera icy?
Sinan cayainchonta.
Les N. y viendront demain demeurer.
Achiétecque N. oüatchexron.
Ils y viendront tous demeurer.
Auoiti atihexrontaque.
Il demeurera à N. il ira demeurer à N.
N. Iheinchontayé.
Il y a vn homme qui demeure là, qui est là.
Onhoüóy hexron.
Nous auons esté là, demeuré là long temps.
Houati siquahexron.
Il y a long temps que nous serions à N.
Hoüati sauoiuonnan N.

d

De

Ils y demeureront, seiourneront quatre hyuers.
Nac oxhey ettanditehon.

Ie n'y demeureray pas. *Téochria.*

Il n'y demeurera pas.
Atésochriaye, Tésochriay.

Le diable demeure à sa maison, sous la terre, dans la terre.
Oki ondaon, ondechon.

Il y a loin où demeure Yoscaha.
Néhérein, yeintchon, yoscaha.

De

Desrober.

Donne-moy N. que tu as desrobé en nostre Cabane.
Tanonte N. issa squaquanraye chénonchianon.

De

On a desrobé vn cousteau.
Onduhyaqua.

On a desrobé vn C. int.
C. Equaquanraye.

N. est, sont desrobez.
N. Oquoinraye.

N. ont desrobé l'alesne de D.
Achomatacoin N. D.

Vn H. les H. l'ont-ils point desrobé?
H. inoquoinraye.

Vn N. la il desrobé?
Hatontoüa.

Ie cognois bien celuy qui les a pris.
Ainteha chihataton.

Le B. n'est point desrobé.
B. Téoquanraye.

Les François ne desrobent point aux Cabanes des H.
Danstan téhataton agnonhaq H. ondaon.

De

Garde cela qu'on ne le desrobe.
Sacaratate énon kiaquanraye.

De

Dessus, *dedans*, *dessous*.

Le pot est là dessus.
To aquencha anoo.
Là dessus, au dessus, il est dessus.
Aguencha.
En haut, haut.
Achahouy.
Il est dedans, dedans, au dedans.
Annagon, Anon, andagon Andaon.
Dedans, au dedans, le dedans.
Seinchahowiha.
Il est dessous, sous, la terre.
Ondechon.

Do

Dormir, auoir sommeil.

J'ay sommeil.
Aouytauache.
Tu as sommeil, int.
Sontauache.
Il a sommeil.
Aouytauache.
Ie m'en vay dormir.
Eni outtahouy.
Ie dors.
Outtahouy.
Tu dors, int.
Souttahouy.
Il dort.
Outtauache.
Ne m'esueille point.
Enon eskiechantouein.
Il ronfle.
Tehayongyehey.
Dors-tu la nuict?
Sentauache assontey.
Tu viens de dormir.
Chateintaahouy.
Il dort, il n'est point esueillé.
Outtahouy détégayése,

d ij

Do

D'où viens-tu?
Natontaché, Totéca tontarhet.
D'où venez-vous, où auez vous esté?
Néſénonnen.
De quel costé as tu esté?
Comoté onnen settinen.
Viens-tu d'icy? aff.
Ica tontandet, Nicha tonteſſet.
Y as-tu esté?
Eſſetnonnen.
N, As-tu esté aux Algoumequins?
N. Aquanaque eſſetnonnen, off.
D'où vient-il? pl.
Atontarahet, Squatontarhet, Nichiedontarhey, Natinatonteſcoy.
D'où viennent ceux-là?
Anontaché.
Il ne dort pas.
Téouttahouy.

Dr

Il est debout.
Hettanoiy andéretſii.

Dr

Dresser le potage, partager, sentir mauuais.
Ie dresse. *Daeſſoüa.*
Tu dresses, int.
Chaſoüa, Chaeſſoua, Saſoua, Dyoséahoua.
Elle dresse, elle a dressé. *Onnetquáeuha.*
N. Dresse, vien querir mon escuelle.
N. Séſahoua.
Partage, fay les portions.
Chiataraha.
Ie partage, ie partageray, i'ay partagé. 3. per.
Ataraha.
Cela est pour moy.
Eni nécha.
Cela est pour toy.
Iſſa nécha.

Dr

Cela est pour luy.
Conna necha.
Celuy qui est là.
Cakieinchon
Que sent-il icy?
Tauti vhaira.
Ie sens, ie flaire, 3. per.
Eousquache décha.
Tu sens, tu flaires, flaire.
Séousquache.
Il sent.
Satatsihoiein.
Sitsasihoiein.
Il puera demain.
Achiéteque otsiquen.
Il put. *Otsiquen*
N. Ne vaut rien, elle ne vaut rien du tout.
Ocaute auhaton N.
L'œuf hoche, il cloque
Yhosco.
Il n'est point bon.
Danstan téhouygahouy.
Il est bon.
Ahouygahouy.
Voila qui est fort bon.
Cachia ahouygahouy,

Ea

Caché vhandaxra.

Ea

Eau, aller querir de l'eau.

Eau. *Aoüen.*
l'ay esté à l'eau.
Escoirhon.
Va à l'eau. *Setsanha.*
Il ira à l'eau. *Etsanha.*
Donne, i'iray à l'eau.
Statsanuha.
Ie vay, i'iray à l'eau.
Aetsanha, Eetsanhet.
l'iray auec toy à l'eau.
Aetisanha.
Où allez vous querir de l'eau.
Anasquatsantaqua.
Qu'il aille à l'eau.
Ahatsanha.
Qui a esté à l'eau?
Sinan outsahounet.
Il y a de l'eau au sceau.
Ondéquoha.

d iii

Em

Il n'y a point d'eau au pot.
Danstan teüacheret.
Il n'y a point d'eau assez.
Asson teüacherey.
Mets-y de l'eau.
Senha.
Il y a beaucoup d'eau.
Aoüeinhoüan.
Tu as renuersé de l'eau dans le feu.
Chaenroq.

Em

Embarquer, nager.

Allons, embarquons-nous.
Yo attitan.
Embarquons-nous, vogons, allons.
Quoatitan.
Embarque toy.
Satitan, Etsatitan.
Ie m'embarqueray auec toy.
Eni quoatitan nesa.

Em

Ne t'embarque pas encore.
Asson teontita.
Ils ne sont pas encore embarquez.
Asson teahita.
Desbarque toy.
Satitaqua.
Dans combien de iours s'embarquera-il?
Toéoeintaye etsatitan.
T'embarqueras-tu demain matin?
Assonvauoy sattita nesa.
Ie partiray, ie m'embarqueray demain, s'il fait beau temps.
Achietecque etquidetein deondenon.
Qui est ce qui te nage, qui t'embarque?
Sinan seahouy.
Qui est celuy qui t'embarquera?
pet.

Em

Sinan satitan, Etsatitan.
N. T'a embarqué a-meiné.
N. Ouatitaquiey.
N. Qui t'a ameiné, t'a ameiné?
N. Satitaquiey.
I'amenay, i'embarquay. N. l'esté passé.
N. Tsondiabouy deoueinhet.
Nous menons, nous auons embarqué vn Capitaine.
Garihoua ouatitaquiey.
N. s'est embarqué, est party.
N. quoatitan.
Où s'est-il embarqué, qui l'a ameiné?
Ouattitaquiey.
N. l'a embarqué, ameiné.
N. Ouatitaquiey.

Em

Empesché, occupé.
Ie suis empesché, nous auons affaire, 2. 3. per.
Ouanianétani.
Ne t'empesche point, ne t'abuse point.
Enonsaniani.
N. trauaille, escry, employe-toy.
N. Sanianitan.
Vous empeschay-ie, vous suis-ie à charge, vous ennuyay-je?
Squoisquoihan.
Enfler les ioües.
Enhochia.

Enseigner.

Enseigne moy.
Tayainstan.
Ie l'enseigne, il l'enseigne.
Ayainstan.

d iiij

En

Tu l'enseignes.
Chieinstan.
Tu luy enseignes.
Tayntsandi.
Tu enseignes, enseigne Pierre.
Ariota, Chéyainstaniq, Eyainstaniq.
Là tu enseignes, aff.
Issa etchieainstan.
Me l'enseigneras tu?
Asqueyainstan.
Tu ne me veux point enseigner, int.
Tesquëainstaniq eindi.
I'enseigne, i'enseigneray, N. 3. per.
Eyainstaniq, N.

En

Entrer.

Entreray-ie? *Ton.*
Entreray-ie bien tost?
Ton Sondianica.
Entre.
Atson, Atsion.

Es

N'entre point, il ne faut point entrer.
Ennon, aston.

Es

Escrire.

I'escris, i'escriray, 3. per. *Ayaton.*
Escris, marque-le.
Séyaton, Séyatonqua, Chéyaton.
Escris-tu? aff.
Eyatonque.
Tu ne l'as pas escrit.
Téchéyatonque.

Esguyser, &c.

I'esguyse vn cousteau.
Hoüetnen doution.
Que ie l'esguyse, que ie luy donne le fil.
Aettiranquiey.
Esguyser. *Aranquiey.*
Esternuer.
Atchousta.

Es

I'esternue, 3. per.
Atsonsta.
Tu esternues.
Satsonsta.
Estuue, sueric.
Ondéon.

Estonner.

Ie m'estonne, ie m'en estonne.
Tescanyati,
Il y a long temps que ie m'en estonne.
Toskeyati houati.
Ie m'estonne, ie m'en estonne grandemēt.
Kiatonnetchontan tescanyati.
Ie t'asseure, proteste.
Kiandi.

Ex

Exhorter.

Parle luy, exhorte le admoneste-le, pl.
Sathrihohet.

Fa

Entend son admonition, entend, escoute ce que i'ay à te remonstrer.
Satchiotey, Satthriotey.
Pense bien à ce qu'on dit, songes-y.
Sondihonxray.
Ie t'entendray, i'y penseray, i'y songeray.
Eindi onxray.
Ie t'entends, ie t'entendray. *Atchiotey.*

Fa

Faim, auoir faim.

I'ay faim, as-tu faim? 1.2.3.per.
Chatoron chésta, Eatoron chésta.
Ie n'ay pas faim, 3. per.
Teatoronchesta.
Auez-vous point de necessité, de faim? aff.
Danstan téorandise.

Fa

J'ay vn peu de necessi-
té, de faim, 3. per.
Okeye oreindife.

Fa

Faire quelque chofe,
fortereffe.

Ie fais, ie refais des
fouliers, 3. per.
Aracogna.
Ie les ay fais.
Atichogna, Ni vhacho-
ona.
Ie feray bien cela.
Yaguéchogna.
Ie ne fais rien, 3. per.
Danftan tcaquierha.
Ie n'en veux rien fai-
re, on n'en fait rien.
Stan teafta.
Ie feray comme ie
voudray.
Yendionxran.
Fay comme tu vou-
dras.
Chiennionxran nécha.

Fa

Que fais-tu?
Totichi aqueirxha, Totif-
fe aquierha, Toquierha,
Toti hiherha. pl.
Qu'allez-vous faire?
Toticherxha.
Que fais-tu de cela?
3. per.
Totatifquafta, Tiafta.
Pourquoy faire, que
veux-tu faire de cela?
3. per.
Totichiefta, Totuafta.
Pourquoy eft-ce faire?
Qu'en veux-tu faire?
Qu'en faites-vous?
Toutautein chierxhet,
Toutautein honday.
Que faites-vous des
vieilles robes?
Totauticoifta ondocha.
Auez-vous faict cela,
ferez vous bien cela?
aff. *Iffa fquachondi.*
As-tu fait ce bois-là?
Iffa achienon ondata.
Vous ne l'auez pas en-
core faict, acheue, int.

Fa   *Fa*

Aſſon teſquachondi.
Les as-tu fais tout ſeul? aff.

Sonhoüa ſéchonqua.
Ne feras-tu point, ne me feras-tu point de ſouliers? aff.

Teſcacogney.
Fais-tu des ſouliers, fais-tu mes ſouliers? aff. *Saracogna.*
C'eſt de quoy vous faites les Canots? int *Eſquachongna, Gya.*
Fais-tu vn Calumet? aff.

Sarontichiaye.
Tu as faict vn Calumet.

Onnen ſarontichiaye.
Qui vous les a faits, Qui l'a fait.

Sinan oquoychiayé,
Totſichiaye ſinan,
Siné vhachogna.
Veux-tu faire vne forterefſe? aff.

Squatexrogyaq.
Va faire, va trauailler, fais la forterefſe.

Eſquataxrongya.
Fay, va faire vne belle forterefſe.

Iſſa ſataxrongyandé.
Dreſſer le fort.

Eontique atexran.
Fais vne cuiraſſe.

Aquientongya.
Fais. *Séchongna.*
Que font-ils de cela?

T'iyaquierxa déca.
Pourquoy faire cela?

Toutatiché nécha.
Sont eſté les François qui l'ont fait, qui en font.

Atignonhaq atichondi, atichongya,
Les Hurons font de mefme.

Toioti nébaüahdate.
N. l'a fait, les a faits. pl.

Orontichiaye.

Fa   *Fa*

Le petunoir n'est pas encore fait.
Asson tésarotichiaye.
Ma compagne fait des raquettes.
Eadsé ignonrauhan.
On en faict des souliers.
Araquoinqdanongue.
Il n'est pas encore faict.
Asson téachonqna,
Asson ténetchondi.
Elle n'en sçauroit encore faire.
Asson tesquachongya.
Ie ne sçaurois faire het.
Téhouaton het.
C'est faict, tout est acheué.
Onna eschien.
Desfais le nœud.
Saixneinsca.
Desfais l'autre.
Achonuha.
Les N. le feront, en feront.

N. *téachongya.*
Tu fais mal.
Ocaho téséchogna.
Il a fait hap.
Chiacaha hap.
Il a fait, dit, put.
Ca iharxa, put.
Il faisoit comme cela.
Condi harxa.
Comme cela.
Kierha.
Fait, l'a fait.
Ocondi, Ochondi.
Font-ils du bled?
Otiencouy onneha.
C'est ainsi, c'est comme cela.
Chondion, Chondéahon.
C'est du mesme.
Torodioti.
De cette façon là.
Condioti.
Comme cela, de mesme.
Quioti, Toyoti, Totioti.
C'est ainsi.
Chaya, kayuha.

Fa

C'est autre chose.
Ondé tontaque.

Fasché, estre en cholere.
Ie suis fasché. 2. 3. per.
Ahouiachinque,
Aytachasséné,
Ouattauha.
Tu es fasché.
Saouttauha.
Ie suis grandement fasché. 3. per.
Ayatacha kiatonetchontan.
L'enfant est fasché.
Ocoyton daohouyachién.
Qui est celuy qui est fasché?
Sinan achistauháse,
Ne te fasche point, ne te mets point en cholere.
Enonsa ongaron.
Ne te trouble point, ne fais point du diable.
Enon chieche ouki.

Fe

Fermer, ouurir la porte.
I'ay fermé la porte.
Onné aenhoton.
Ie vay fermer la porte.
Aenhotonda, aenhoton.
N. Ferme la porte, il y a quelqu'vn qui viét.
N. *Senhoton tahonhaquiey.*
Ferme la porte.
Senhoton.
Ferme la porte apres toy.
Garosenthouaest.
Il faut soufleuer la porte pour que tu la puisses fermer.
Achahouy seinhoahouy.
Ne rompts point la porte.
Tesquanyassan andoton,
Ne ferme point la porte.
Ennon chenhoton.
N'ouure point la por-

Fe

te. *Enon adſindotonaſſe.*
Ouure la porte.
Senhotonna.
La porte n'eſt point fermee.
Té enhoton.
Tu as la bouche fermee.
Saſcoye.
Tu ouures la bouche, tu as la bouche ouuerte.
Tiſachetaanta.

Feſtins.

Feſtin. *Agochin.*
Feſtin de chanterie.
Agochin otoronque, Toronque agochin.
Feſtins generaux de chanterie, & pour ſuiet.
Tothri, Sauoyuhoita.
Ie vay, i'iray au feſtin.
Aconchetandet.
Vien au feſtin.
Saconcheta.

Fe

Ils iront au feſtin.
Aconchetonnet.
Ils iront tous au feſtin.
Auoiti acochotondet.
Il eſt allé au feſtin, il vient de feſtin, il a eſté au feſtin.
Aconchetandi.
Tu ne veux point aller aux feſtins.
pl.
Teſcoiraſſe ſaconcheta.
Tous ont fait pour les Morts.
Onne auoiti atiskein.
On fera la grand' feſte des Morts apres l'hyuer qui vient.
Eſcochrate annaonti.
Les mots du feſtin ſont dits.
Onnet hoirihein.
Ce n'eſt pas feſtin.
Danſtau téagochin.
Apporte vne eſcuelle au feſtin.
Tauoiſaandiha.

Fe

N. Fait festin auant que de partir, faict festin auant que de partir.
N. Chitsa tayon.
N. Fay festin.
N. agochin.
Fay festin.
Cahatichiaca, Sachiensta Chieinsta.

Feu.

Feu, du feu.
Assista, Attista.
La flamme.
Oachote.
Charbon ardant.
Aetsistorasse.
Petites pailles blanches qui sont sur les charbons amortis.
Saronqna.
Cendre.
Ohexra.
La fumee.
Oussata.

Fe

Charbon esteint.
Tsieinsta.
Tison de feu.
Outénatata.
Le gros tison.
Aneineuny.
Le petit qui le soustient.
Aonhinda.
Y a-il du feu?
Outeca.
Il y a du feu.
Onne outeca.
Il y a bon feu.
Ouatjiscahouy.
Il y a beaucoup de feu, il y a trop de feu.
Andérati outéatte.
Le feu est allumé.
Atsista tsoutiacha.
Tu n'as point de feu.
Yesquatetenta.
Il n'y a gueres de feu.
Atsistachen.
Tu as vn petit feu.
Satsistachen.

Fe

Auez-vous du feu la nuict? aff.
Sasquassé assontey.
Vous n'auez pas de feu la nuict, 3. per. int.
Téhoüasquassé assontey.
Il n'y a point de feu.
Téouteca.
✗ Fay du feu.
Sateatte.
Souffle le feu.
Sarontat.
Attise le feu.
Sesistaré, Sesistarhet.
Mets du bois au feu.
Seindatonqua, Senatoncoy.
Mettray-ie vne busche au feu? aff.
Yentoncoy.
Espand les charbons.
Sadeintha.
Ie fais du feu, 3. per.
Eatéaté.
I'estains le feu.
Easquaté Easqua.
Ce bois faict tout bon charbon. *Auoité dátaesta.*

Fo

Fort, estre fort, foible.
Forest. *Harhayon.*
Ie suis fort, 3. per.
Akieronqua.
Tu es fort.
Sakieronqua.
Ie ne suis point fort, 3. per. int.
Téakieronqua, Téonkieronque.
Tu n'es point fort.
Téchakieronquá.
Qu'est-ce qui t'a affoibly amaigry?
Tauté sattonnen.
Il est foible, maigre, desfait, 1. per.
Ottonen.
G. ie suis bien affoibly (au ieu, &c.
G. onnen attonnen.

Froid,

Fr

Froid, auoir froid.

J'ay froid aux mains.
Tonitacon.
J'ay froid aux pieds.
Achietacon.
J'ay froid. ✗
Yatandotſe.
J'ay fort grand froid. ✗
Andérati ottoret éni.
Tu as froid.
Chiatandotſe ſatandotſe.
As-tu froid aux pieds?
aff.
Sachietacon, Tiſſachitacon.
Il eſt froid.
Ondandoſti.
Il a froid aux pieds. pl.
Tochietacon, Achitacon.
La Sagamité eſt froide.
Sadandoſtein ottécha.

Fu

Fuyr, s'enfuyr.

Il s'enfuyt.
Onné atteuha.
Tu t'enfuys.
Onné chatteuha.
Les M. s'enfuyent, ils s'en ſont enfuys.
M. ahontéuha.

Fumee.

Il y a bien de la fumee.
Ouſſatoüennon, Ouſſataoüen.
La fumee r'entre.
Ouſſatanaha.
La fumee m'a faict mal.
Ouſſata ayot.
La fumee me faict mal aux yeux. 3. per.
Etchomatareſſe, Etchomataret.
La fumee te faict mal aux yeux, int.
Setchomataretſe.

e

Ga

Garder.

Ie garde, 3. per.
Acarata.
Ie garderay ta Cabane, 3. per.
Anonchanonnan.
Garde, tu garderas ma maison.
Sanon chanonnan.
Ie ne l'ay point gardé, ie ne l'ay point eu en garde.
Stanacaratatan.
Garde-le, garde cela.
Sacarata.

Ga

I'ay gasté cela, i'ay mal fait, cela est vilain.
Ondauoirhahan, Ariuoindera.
Cela n'est pas bien.
Téhoxrahoin.
Cela est-il bien? aff.
Diuoisti, Etionque.

Gr

Graisse. *Oscoyton, Noüytet.*

Gu

Grand mercy.
Ho, ho, ho, atouguetti.
Grandement.
Kiatonnetchontan.

Gratter.

Ie me gratte la teste, 3. per.
Aeinaette.
Ie me gratte le corps.
Aakette.
Gratte-toy la teste, aff.
Seinaette, Saseinaette.

Guerir, medicamenter.

Guery-le.
Etchetsense.
Ie ne le sçaurois guerir.
Danstan reayainhouy atersan.
Il guerit, elle les guerit.
Tatetsense.
Dequoy est-ce que cela guerist?
Totatetsense.

Gu

De quel mal guerist cette gerbe, medecine, drogue?
Totatetsenʃe enonquate,
La medecine, cette herbe, ne guerist de rien, ne les guerira point.
Danʃtan téuhatetsenʃe enonquate.
Tu seras demain guery.
Achietecque anatétsenʃe, Atetsenʃe.
N. Regarde, prends garde, taste-moy le pouls.
N. Sacatan.
Donne vne ligature, vne bande, accommode, pense-moy cela. *Yuhannachon.*
Tayauhannachou.
Tu souffles les malades.
Saʃcoinronton éehonʃe.
As-tu point encore accommodé, pensé,

Gu

lié ton mal?
Aʃʃon reʃouatachon.

Guerre, tuer, battre.

Nous aurons la guerre contre les N.
Aquathrio N.
Nous allons combatre contre les N.
Onnen ondathrio haquiey N.
Les H. croyoient-ils qu'il y auroit de la guerre?
H. Séoüasti ondathrio.
Les N. viennent, l'armee vient.
N. Tarenonquiey, Taheurenonquiey.
A la guerre.
Oukihouanhaquiey.
Viens-tu de la guerre.
Oukihouanhaquiey, tontaché.
Nous n'aurons point la guerre.
Danʃtan Téonthrio.

e ij

Gu

Les hommes ne s'entretueront point.
Danstan onhouy téquoathrio.
Ils nous tueroient.
Téuhathrio.
Ils s'entrebattent, ils s'entretuent.
Ondathrio, Yathrio.
Iras-tu contre les N.
Ascannareta N.
Il y en a vn de tué.
Escate ahoüyo, Escate achrio.
Les N. ont tué, en ont tué deux.
N. Téni onhouatio.
Il a tué beaucoup de S.
Tòronton S. ahoüyo.
Il a tué, il tua vne Outarde.
Ahonque, ahuyot-
Il a tué.
Onaxhrio.
Il n'est point tué.
Danstan téhouyo.
Tue-le, va le tuer.
Etchrio.

Gu

On a tué, ils ont tué, &c.
Onhoüatichien.
Tu tueras des S. les S. int. S. *Etsayo.*
En tueras-tu point, en as-tu point tué?
Aesquachien.
Tuer.
Hario, Ononuoiacon.
Ils disputent, querelent, 1.2. per.
Ahacondihataa.
Les S. sont ennemis S.
Chiescohense S. escohense.
Ils ne feront ponit la guerre.
Tehoumatiche.
Ils ne sont point ennemis.
Danstan téhoscohein.
Ils s'entre-joüent.
Otionquiat.
La paix, vostre paix est faite.
Andesquacaon.

Gu

Guery, se porter bien.

Ma mere se porte bien.
Danan outsonuharihen.
Elle n'est plus, elle n'est point malade.
Danstan tésotondi, Tetsotondi.
Il se porte bien, il est guery.
Onaxrahoin, Houuhoirihein, Arasquahixhen, Onasoahoirixon.
Il ne fait point mal, il n'a point de mal.
Danstan téochatoret.
Le N. est guery.
N. atetsense.
Il est viuant, elle est viuante.
Yhonhet.

Ha

Habiller, se desabiller.

Ie chausse mes souliers. *Aracorhen.*
Ie lie ma chausse.
Aatsy.
Chausse-toy.
Saracoindétan.
Chausse tes souliers.
Saccon.
Chausse l'autre.
Saconhouaan.
Il chausse ses souliers.
Aracoindostein.
Chausser ses Raquettes.
Astéaquey.
Mets ton chapeau, ton bonnet, couure-toy.
Sononuoiroret, Sononuoirory.
Tu ne chausses point tes souliers, ne chausse point tes souliers.
Tésaracoindétan.
Ne chausse point mes souliers, mes sandales.
Enonsquaquatontan.
Desabille toy.
Toutarein.

e iij

Ha

Descouure-toy, oste ton bonnet, ton chapeau.
Onouhoiroisca.
Despoüille ton habit.
Sakiatarisca.
Deschausses-toy.
Saracoindetasca.
Deschausse tes bras.
Sathrisca.
Ie me déuest.
Atoutaret.
Ie deschausse mes bas, 3. per.
Athrisca
Ie deschausse mes souliers, 3. per.
Oracoindettasca.
Ça, ie tireray ta chausse. *Oruisca.*

Ha

Habits, peaux.

Robe neuue.
Enondi eindiset.
Elle est neuue, int.

Ha

Eindasset.
Robe vieille.
Endocha.
Robe noire.
Ottay.
Robe matachiée.
Acotchahouy.
Vne peau.
Andéuha.
Peaux de cerfs.
Sconoton andéuha.
Voila vne belle peau
Andéuha vhasté.
Bonnet, chapeau.
Onouoirocha.
Manches.
Outacha.
Manches de peaux d'Ours.
Agnonoincha.
Gands, mitaines.
Ingyoxa.
Ceinture. *Ahouiche.*
Brayer. *Aruista.*
Bas de chausses.
Ariche.
Souliers.
Arassiou.

Ia

Souliers à la Huronne.
Aontſourein.
Souliers à la Canadienne.
Ratonque.
Corde & filet.
Chira.
Colier à porter fardeau.
Acharo.
Sac. Ganehoin.
Tous habits, toilles, draps, & eſtoffes de deçà. Onhara.

Iardiner.

Que voulez vous plater. Taté achienqua.
Les femmes font, ſement les champs, iardins.
Outſahonne daaeinqua.
Les filles le plantent, le ſement.
Ondequien, atindaca.

Ia

Desfriche la terre. pl.
Atſianhiecq.
C'eſt ton champ, ton iardin, N.
N. Saancouy.
On y plantera, ſemera beaucoup de choſes. Etſacato.
Font-ils du bled?
Otiencouy onneha.
Tous en font.
Auoiti achinqua.
N. Faict & ſeme du bled.
N. Onneha chinqua.
Il n'y aura point de bled, int.
Neſquaſſein onneha.
Ne leue, ne germe-il pas promptement? aff.
Danſtan teotiſtoret.
Il pouſſe & germe promptement.
Otiſtoret.
Le bled eſt il pas encore leué? aff.
Aſſon teongyo teangyoſe.

e iiij

Ie

Elles, ils n'ont pas encore leué, poussé.
Asson téotoni.
Il est leué.
Onnen yongyo.
Les pois sont germez, leuez.
Angyoq acointa.
Il n'y a pas encore de fueilles.
Asson kerret ourata.

Ietter, ruer.

Ie le iette, i'ay ietté, ie le ietteray.
Hati.
Iette-le, tu iettes, tu le iettes. *Sati.*
Iette-le.
Chiasati, Chiahotti.
Iette-moy le cousteau, iette le cousteau.
Andahiasati.
L'auez vous point ietté?
Anetquation.
L'auez-vous ietté?

Io

Esquakion.
Ne le iette point.
Ennon chiesati.
Il ne le iettera point.
Danstan sati.
Iette, ruë des pierres, les pierres.
Sauoixrontonti.
Ie iette, ie ruë, rueray, ietteray des pierres, 3. per.
Auhoixrontonti.

Im

Image, figure, pourtrait.

Image, figure, pourtrait. *Eathra.*
Est-ce ton pourtrait? aff.
Issa chiathra.
L'image qui est là, qui est icy.
Onhoüoy athra.

Ioüer.

Veux tu ioüer?
Taettiaye.

Ioüe auec N.
Titsiaye N.
Ils iouent, int.
Téyachi Téyetche.
Tétsietche.
Qui a gaigné?
Sinan conachien.
I'ay gaigné.
Nisachien.
I'ay gaigné vne robe nevue. *Andaqua.*
Tu as gaigné.
Issa chien.
Il a gaigné vne robe nevue.
Asaondaqua.
N. a gaigné vne robe.
N. asauoichien énondi.
N. a gaigné.
N. Aconachien.
I'ay tout perdu.
Auoiti atomachien.
Il a perdu.
Atomachien.
Il a perdu au ieu de paille.
Atochien aescara.

Laisser, ne toucher.
Laisse cela, laisse moy.
Dyoaronsan.
Laisse cela, tu fais mal.
Ennon chihoüandaraye.
Tu fais mal.
Chihoüandaraye.
Ne bransle point cela.
Escahongna.
Il ne faut pas.
Einnon.
Ne broüille, ne gaste, ne remue point cela, laisse cela.
Etnonchatantouya.
Ne le touche point.
Ennon achienda.
Tu ne cesses de le toucher.
Ahouantahan aseindan.

Lassé, fatigué.
Ie suis las, ie n'en puis plus, 3. per. *Atoriscoiton.*

La

Tu es las, fort fatigué, atténué, debile.
Satoriscoiton.
Hallener, ne pouuoir presque respirer.
Chatoüyesse.

Lauer, nettayer.

Laue toy.
Sakiatoharet.
Laue ton visage. aff.
Saconchoüaret.
Laue tes mains. aff.
Satsouarec.
Laue tes pieds, aff.
Sarachitoret.
Laue-le, laue cela.
Setsouxret.
L'as-tu laué en eau? aff.
Aouen Saratignon.
Nettoye, laue le chaudron, 1.2.3. per.
Andatsouharet.
Nettoye les souliers.
Tsitauoyé.
Ie laue mon visage,

La

3. per.
Aconchoüaret.
Ie laue mes mains. 3. pet.
Yatsouarec, Atsouarec.
Ie laue mes pieds, 3. per.
Arachitoret.
Ie nettoye l'escuelle.
Etésauhye.
Ie le torcheray, laueray, nettoyeray.
Sarauoy.
Ie laue mes bras, 3. per.
Natachahouy, Atéachahouy.
Laue toy tout le corps aff.
Sattahoin oüenguet.
Ie me laue tout le corps. 3. per.
Attahoin oüenguet.

Le

L'eau. *Lac, esmeu.*

Le

Qu'il aille à l'eau.
Ahatsanha.
Il n'y a pas assez d'eau au chaudron.
Yhasté astauha.
Il n'y a pas d'eau assez.
Ahoüerascouy.
L'eau est profonde.
Attouyaque.
L'eau n'est pas profonde, eau basse.
Ahouyancouy.
Il y a de l'eau dessous.
Yuacheret ondeson.
Il n'y a, il n'y entre point d'eau dedans, là dedans.
Danstan Téuhaquandaon.
Le lac est esmeu.
Tourá einditoua.
Le lac est fort esmeu.
Antarouennen gontara.
Il n'y a point de sauts.
Stan, Stéocointiaté, Téquantiaye.

Li

Trauerser vne eau.
Téontarya.
Proche le ruisseau.
Ayonharaquiey.
Au bord de l'eau.
Hanéchata.

Li

Liberal, chiche, auare.

Tu es liberal.
Chonuoissein.
Tu n'es point liberal, 3. per.
Stan téonuoissein, Tetsonuoissan.
Tu es vn chiche, 3. per.
Onustey.
Ie ne suis point chiche, 3. per.
Danstan téonustey.

Lier, attacher.

Ie l'ay ragraffé, rattaché, relié.
Aquendendi.

Li

Ie desfais le nœud.
Aixvensca.
Ie deslie les fueilles.
Roüasteincheca,
Roüacchicheca.
Attache-le, attache cela.
Taeindeindi.
Attache, estend l'escorce.
Satsinachon anatsequa.
Fay vn nœud.
Axnein.
Nouë.le bien.
Senhein.
Que veux-tu lier?
Tautein chacoirista.
Que veux-tu lier auec le colier?
Tautein chacoirista acharo.
Tu l'as relié.
Issa Seindeindi.
Il est attaché, agraffé.
Téondeni.
Lier, ou noüer.
Aguénken.
Deslier ou desnoüer.

Lo

Aguénesca.

Lire.

Ie lis, ie liray.
Aquaanton.
Lis. Saquaanne.
Lis, tu lis.
Saquaanton.
Il lit. Onquaanton.
Il ne sçait pas lire.
Téayeinhouy ondaquaanton.

Lo

Longueur, largeur, grosseur, pesanteur, mesure, &c.

Il est long.
Hettahouy. Ontsi.
Il n'est pas assez long.
Asson hoüeron.
De cette longueur là.
Teérantetsi.
Combien long, combien grand en donneras-tu?

Lo

To yontſi.
Vne braſſe.
Eſcate téatan.
Comme quoy en as-tu de gros, puiſſans, grands?
Tochiuhaſſe.
Comme quoy gros?
Yo yuhaſe.
Comme cela gros, grand. *To yuha.*
Autant comme cela, de cette groſſeur là.
Condé yuha.
Groſſe, puiſſante, comme cela.
Ca yotenraſſe, Yotenyaſ-ſe.
Il eſt auſſi haut, haut comme cela.
Ca andéretſi.
Il eſtoit auſſi haut & grand que cela.
To chixrat.
Quand il ſera haut comme cela.
Ca hixrat.
Les prunes ſont groſ-

Lo

ſes comme cela,
Kionéſta,
N. eſt plus long, plus gros que les autres.
N. yteſti.
Il eſt plus grand, plus grand.
Ouen nécha.
Il eſt plus petit.
Okey é nécha.
Vn autre plus petit.
Okeyé éhoua.
Il eſt egal, egal.
To yuha.
Il eſt peſant.
Youſtet.
Il n'eſt pas peſant.
Danſtan téoaſtey.
Il eſt eſpais.
Atantſi.
Largeur, la largeur.
Ahreyron.
Le premier bout,
Taskein.
Le milieu ou mitan.
Achenon Icoindi.
La fin, le dernier bout.
Quoitacony.

Ma

Vne ouale.
Andorescha.
Vn quarré.
Hoüarinda.
Vn rond.
Octahoinda.
Vn triangle.
Tahouiscara.

Ma

Maistre, estre le maistre.

Ie suis le maistre du lac, il est à moy.
Ni auhoindiou gontara.
Ie n'en suis point le maistre.
Danstan auhoindiouté.
Tu es le maistre, tu en es le maistre.
Chiuoindiou.
Tu n'en es point le maistre.
Danstan téchahoindioutéen.
N. Est le maistre de la riuiere, du chemin.

Ma

N. *Anhoindiou angoyon.*

Malade, estre malade, mourir, morts.

Ie suis malade, 3. per.
Ayeonse.
Tu es malade, int.
Cheéonse.
Il est malade.
Aonhéon.
Seray-ie malade?
Ayéhon.
N. Est malade, int.
N. *Einheyonse, Ehéonse.*
Il a esté malade, int.
Eonsqua, Eonsquoy decha.
Il est, ils sont retombez malades.
Vhaqueéonse.
Il y en a soixante de malades.
Auoirhé auoissan.
Elle est bien malade & debile.

Ma

Onnen tetſotondi.
Elle n'en peut plus.
Atoriſcoiton.
Elle est proche de la mort.
Quieuſcanhaé ahenheé.
Le malade, vn malade est proche de la mort, entre à la mort, est aux abois.
Onnen ayondayheonſe.
En deuient-on malade? *Ehëonſe.*
Ne mourra-elle point? aff.
Danſtan auhaihëop.
Mourra-il, mourra-elle?
Tatſihoye.
Il mourra bien tost.
Onnen ſihoye quieuſcanha.
Est-il mort? aff.
Onenhé.
Mourra-il? il mourra, il est mort.
Ahenkeé.

Ma

Tu mourras, il est mort.
Tchihoye, Tchigoye.
Qui est-ce, qui est-ce qui a fait mourir N?
Sinan oüenhaenhey, daheinkeé N.
Le corps mort est-il mis haut? aff.
Onné achahouy auharindaren.

Manger.

Donne moy à mãger.
Taetſentẽ, Sattaéſenten.
Ne m'en donne qu'vn peu.
Oaſquato yoaſca okeyé tanonte.
Ie n'en mange pas beaucoup. 3. per.
Otoronton téchéniquoy.
Ie n'ẽ mãge que deux fois le iour.
Teindi rehendiche.
Ie n'en mange point, 3. per.
Danſtan téache.

Ma

Ie ne sçaurois tout manger.
Téhouaron éniquoy auoiti.
I'ay assez mangé, ie suis rassasié.
Octanni, Onné otaha.
I'en mange beaucoup, 3. per.
Otoronton dachéniquoy.
I'en mange bien.
Youoiche.
Ie mange, ie le mangeray, int.
Ni éniquoy.
Ie l'ay mangé.
Dyauhase.
Que dis-tu qu'on mange?
Totissa sega.
Tu ne nous donnes point à manger.
Tésquatsenten, Téatsenten,
M. veux-tu manger?
M. Dyoutsenten.
Mange-tu point de N. aff.

Ma

N. Tescoiche. Tiscoiche.
En manges tu? 3. per. aff.
Ichiechy, Ichieche.
Tu n'en mages point.
Issa danstan téchéniquoy, Danstan téescoisse, Stan téquieche.
Tu en manges bien. int.
Siscoiche.
Vien manger.
Aché.
Mange.
Sega, Séniquoy.
Vien manger, le pot est prest.
Achenha.
Voyla, tiens ton manger. *Chiatsatan.*
Mangez, faictes à vostre ayse, sing.
Esquatarate.
Liche le chaudron.
Sandatsaénes.
N. Liche l'escuelle.
N. Estoret adsen.

Tu

Ma

Tu n'as pas tout acheué de manger.
Danstan voiti teséxren.
N. renuerse le resta dans la chaudiere.
N. Sasoque.
Tu es vn grand mangeur de bled grillé.
Sandoyahouy.
Tu ne cesses de manger.
Abouantahan issa ihache.
Tu as assez mangé, tu es assez remply, rassasié, int.
Onné satahd, Onné satanni
Donne à manger à N: donne-luy à manger.
Sésenten N.
Donne à manger à ton fils.
Setsatéen chiennan.
Ie n'ay pas encor' tout vsé, consommé le N. 2. 3. per.

Ma

Asson teochiayé haquiey.
Il est despité, il ne veut point manger.
Teskécay.
Il mangera demain des L.
Achietesque L. Auhatiquoy.
C'est vn goulu, grand & prompt mangeur.
Ongyataessé.
Les N. ne les mangét elles point? ne les ont elles point mangees?
N. tiuhatiche.
Les corbeaux mangent le bled.
Ouraqua atichiache, oñneha.
N. le mange.
N. Ihonmache.
P. les ont mangez.
P Ochiayé.
Il y en a cinq, il n'y en a que cinq qui mañ-

f

Ma

geront.
Houiche yhennon squâdiquoy.
Celuy-là en mange.
Condihite.
Celuy-là n'en mange point.
Conna teache.
Raisins que les François mangent.
Ochaenna.
Agnonha yuhatiche.
On les mange cruës.
Ocoche yuhatichi.
Les N. les mangent cruës.
Ocoche yuhatichi N.
Tout est-il mangé, consommé, vsé?
Dachiayé.
Tout n'est pas encore mangé, tout n'est pas vsé.
Asson his t.
Tout est mangé, consommé, vsé.
Onné ochiayé.

Ma

Mariage.
Es-tu marié? aff.
Sangyayé.
N'es-tu point marié? aff.
Tésangyayé, Tescangyayé.
Vas-tu point faire l'amour?
Techthrouandet.
T'en vas-tu, iras-tu te marier à N.
Sisaensi N.
Vas-tu te marier, t'en iras-tu te marier en France?
Sisaensi ennaranoüeyche atignonhac.
As-tu point d'enfans en ton pays?
Techiatonkion.
Es-tu enceinte? aff.
Sandériq.
Ie suis marié, 3. per. iht.
Angyayé, Ongyayé.

Ma

Ie ne suis point marié.
Stan teangyayé.
Il n'est point marié.
int.
Teongyayé.
La femme est enceinte.
Outsahonne annérique.
Elle n'a pas encore accouché, elle n'a pas encore fait ses petits.
Asson teocoyton.
Elle, il en est bien pres.
Kyoskenha.
Il tette. *Onontsirha.*
I'ay mes mois.
Astehaon.

Matachier, peindre, parer.

Picoter, & matachier son corps.
Ononsan.
Huiler les cheueux.
Arenöqua, Asserenöqua.

Ma

Il est peint.
Ottocahouy.
Vous ne vous huilez, peinturez point.
Stan techerenonquasse.
Cela est beau, de n'estre point peint ny huilé.
Ongyandestan téerenonquasse.
Ce bois là, ce bois cy n'est pas peint.
Danstan téaosahy.
Est-ce point de la peinture?
Téasauhaté.
Il s'efface, il s'effacera.
Atasoüache, Quathronheyse.
Ne l'efface point.
Ennon choüam.
Tu l'effaces, efface-le.
Sauhathronha.
Ie l'efface, il l'efface, il s'efface.
Auhatrhonha.
Il ne s'efface point.
Stan tesquatrhonhey.

f ij

Ma

N. a elle de la raſſade penduë au col? 1. per.
N. éarhrandi.
Tu as de la raſſade penduë au col.
Sathrandi.
Tu as la plume ſur l'oreille.
Chatahonthache.
Tu as les cheueux releuez, frizez.
Sanéhachien.

Maux, maladies, douleurs.

I'ay mal à la gorge. 3. per.
Ongyatondet.
I'ay mal aux dents. 3. per. Angyheé.
I'ay mal au dedans de la jambe.
Etnnotaſque.
I'ay mal aux pieds, i'ay les pieds rompus.
Oſcoſca achitaſque.
Ie ſuis tout deſrom-

Ma

pu. Ondéchaténi.
Il me faict mal, 1. 2. 3. per.
Chatouret, Chatorha.
La teſte te faict-elle mal? aff.
Sanontſicque.
As-tu mal à la gorge? aff.
Sangyatondet.
Te porte-tu point mal? Tétſentes.
N. eſt tout deſrompu, briſé, offencé.
N. Ondéchaténi.
Il eſt enflé.
Sanonchieſſe.
Goutte-crampe.
Ahyégouiſe.
Petite verole.
Ondyoqua.
Veruës.
Ondichoute, Eindishia.
Veſſies qui viennent aux mains pour cauſe du trauail.
Satatéxren.
Branſlemēt de dents.

Me

Ondoquet.

Mener, Amener.

Mene-moy auec toy.
Tatéquegnoney.
Mene-la à Kebec.
Atontarégue fatandi.
L'emmeneras-tu à N.
Aetcheignon N.
L'emmeneras-tu?
Etcheignon, Etfeignon.
Auez-vous demandé d'amener des François auec vous? aff.
Efquatitaquiey agnonha, ou, Efquariuhantaque, Efquagnongniey.
Ouy, nous en auons demandé, defiré.
Hohoüarihouantaque.
N. amenera des porcs l'efté.
N. Tétécheignon ochey oeinhet.
Auez-vous tout amené (le bois?)

Me

Chiechieronta.

Membres & parties du corps humain.

La tefte. *Scouta.*
Les cheueux.
Arochia.
Vne perruque auec la peau. *Onontfira.*
Le deffous, ou bas de Couronne.
Oquenfenti.
Les mouftaches.
Onnoüaffonte.
Poil deuant l'oreille.
Otfiuoita.
La treffe de cheueux des femmes.
Angoiha, Autrement.
Ongoyhonte.
Le vifage.
Aonchia.
Le front.
Ayeintfa.
Les oreilles.
Ahontta.
Trous des oreilles.

f iij

Me

Ahentáharen.
Les temples.
Oranonchia.
Les sourcils.
Aeinsoret, Teoaeinso-
ret.
Les yeux.
Acoina, Acoinda.
Les paupieres.
Oaretta.
Les ioües.
Andara, Endara.
Le nez.
Aongya.
Les narines.
Oncoinsta.
Trous du nez.
Ongyahorente.
Les levres. Ahta.
La bouche.
Ascaharente.
Les genciues.
Anouacha.
Les dents.
Asconchia.
Le palais.
Aonsara.
La langue. Dachia.

Me

La gorge, le gosier.
Ongyara.
Le menton.
Onhoinha.
La barbe.
Oscoinra.
Le col.
Ohonra.
Le derriere du col.
Ongyasa.
Les espaules.
Etondreha, Ongaxera.
Sur l'espaule.
Etneinchia.
Le dos.
Etnonuhahey.
L'espine du dos.
Aoanchia.
Les bras.
Ahachia.
Les coudes. Ayochia.
Les mains. Ahonressa.
La paume de la main.
Ondatota.
Les doigts.
Eingya, Eteingya.
Les poulces.
Otsignoneara.

Me

Les ongles,
Ohetta.
L'estomach.
Oüachia.
Les mamelles pleines, enflees
Anontsa.
Les mamelles plates.
Etnonrachia.
Le costé.
Tocha.
Le ventre.
Tonra.
Le nombril.
Ontara.
Les cuisses.
Eindechia.
Les genoüils.
Ochingoda.
Les iambes.
Anonta.
Les cheuilles des pieds.
Chogoute.
Les pieds.
Achita.
Doigts des pieds.
Yauhoixra.

Me

La plante des pieds.
Andacta.
La fossette qui est sur le coupeau de la teste.
Aescoutignon.
Tout le corps.
Eéranguet.
L'ame. *Eskeine.*
Les ames.
Atiskeine, Esquenontet.
La chair.
Auoitsa.
Le sang.
Angon.
Les veines.
Outsinoüiayta.
Les os.
Onna, Onda.
Les entrailles.
Oscoinha.
L'haleine, le souffle.
Orixha.
Le cœur.
Auoiachia.
La ceruelle.
Ouoicheinta.

f iiij

Me

Laict, du laict.
Anonrachia.
Dans le ventre.
Etsonra.
Saliue.
Ouchetauta.
Phelgme.
Ondeuhata.
Morue.
Tsignoncoira.
Chauue.
Téhocha, Tésacha.
Longs cheueux.
Outsmanouen.
Sourd, vn sourd.
Téontauoiy.
Borgne.
Cataquoy Eskeuyatacoy.
Aueugle.
Téacoïy.
Camus.
Oconckiaye.
Boiteux.
Quieunontate.
Nez picqueté.
Ongyarochon.

Me

Menteurs.

Tu as menty, 1. 3. per.
Dachoenne, Carihonia, Andachoenne.
Il a menty, c'est vn menteur.
Dachouhanha.
Ne mens-tu point?
Sindachouanna.
Ie ne suis point menteur, 3. per.
Danstan téandachoenne.

Meschant, point d'esprit, vicieux.

Tu es meschant.
Sascohat, Otiscohat, Sagaron.
Tu es rude, fascheux.
Sagaron.
Vous estes tous meschants.
Scoincuquoytet squoscohate, Auoiti squoiscohan.

Me

Vous me faictes tort, ie ne suis pas vn ieune homme.
Cherhon etnonmoyeinti éni.
Tu n'as point d'esprit.
Tescaondion, Tesquanion.
Ne me trompe pas.
Esqueunondéuatha, Ennon, chihogna.
Cela n'est pas bien.
Voicarihongya.
Tu es vn bel homme.
Angoye.
Tu es vn conteur.
Takiata.
Il est meschant.
Ascohat.
Il est rude, fascheux.
Gngaron.
Il n'a point d'esprit, 2.3. per.
Téhondion.
Tu es vn mal basty.
Haatachen.
Mal basty. *Atache.*

Me

Mal otru.
Ognierochioguën.
Dents pourries, laides.
Tesquachahouindi, Téchouascahouiny.
Batteur, frappeur, querelleur.
Hoüaonton.
Traistre, vn traistre.
Nonquoiressa.
Maquereau.
Ourihouanahouyse.
Mauuais, vilain, sale, &c. 1. 2. 3. per.
Ocaho, Ocauté.
Ennemis.
Yescohense.
Ton pere est mort.
Yaistan houanhouan.
Il mourra, tu mourras.
Tsihigoye, Chigoye.

Meubles, mesnages, outils.

Alesne.
Chomata.

Me

Auiron. *Auoichia.*
Ains, des ains. *Anditsahouineq.*
Bouteille. *Asseta.*
Bague, Medaille, &c. *Ohuista.*
Ballet. *Oscoera.*
Canot. *Gya.*
Calumet. *Anondahoin.*
Cadran solaire. *Ontara.*
Canons de verre. *Anontatsé.*
Canons de pourceleine. *Einsta.*
Canōs grands & gros de pourceleine. *Ondosa.*
Canons gros & quarrez que les filles mettent deuant elles. *Scouta.*
Chaudron, pot. *Ganoo.*
Grand chaudron. *Noo oüen.*

Me

Chaudiere. *Andatsascouy.*
Grande chaudiere. *Andatsoüennen.*
Ciseaux. *Eindahein dehein.*
Cousteau. *Andahia Hoüetnen.*
La gaigne. *Endicha, Endixa.*
Cueillier à manger. *Gaerat.*
Cueillier à dresser. *Egauhate.*
Cordeau de rets. *Satastaque.*
Cremaliere. *Ognonsara.*
Claye, petite claye. *Ataon.*
Espatule. *Estoqua.*
Escuelle. *Adsan.*
Escuelle d'escorce. *Andatseinda.*
Eschelle. *Ayoncha.*

Me

Fuzil. *Agnienxà.*
Hache.
Atouhoin.
Ieu de paille.
Aescara.
Mortier à batre.
Andiata.
Marmite.
Thonra.
Lanse. *Assara.*
Miroüer.
Ouracoua.
Manche, vn manche.
Andéraheinsa.
Nattes.
Héna, *Ayhéna.*
Pannier. *Atoncha.*
Pelle. *Rata.*
Pelle à feu.
Attistoya.
Pincettes à prendre feu. *Assistarhaqua.*
Peigne. *Ayata.*
Pilons à battre.
Achisa.
Perches suspenduës au dessus du feu.
Oüaronta.

Me

Planche dolee.
Ahoinra.
Plat à vanner.
Aon.
Pourceleine.
Ononcoirota.
Raquettes.
Agnonra.
Racloüer. *Anguetse.*
Rassade.
Acoinna.
Ret, vne ret.
Einsieche.
Seau.
Anderoqua.
Seine, vne seine.
Anguiey.
Taillant.
Dorié.
Tranche, vne tranche.
Andéhacha.
Teste, la teste.
Orahointonte.
Treine, vne treinesse à charier bois.
Arocha.
Tonneau. *Acha.*

Mo

Moqueurs, se moquer.

Ie ne me moque point
Teantoüyata.
Tu te moques.
Etchatantouya.
Te moques-tu de moy? pl. aff.
Quiesquatan, Esquaquiesquatan.
Pourquoy te moques-tu de moy? aff.
Squiatantouya.
Ne te moque point de moy.
Etnonsquétantouya.
Etnonchatontouya.
Ne te moque point de luy.
Senonascatantouya.
Il se moque de toy, de moy.
Ayatantouya.
Ce n'est point moquerie.
Danstan tantoüya.

Mo

Monstrer, faire voir.

Monstre-le moy.
Todéha.
Monstre le monstre.
Chéahouisca.
Monstre donc.
Dyou soutasca.
Monstre le cadran.
Soutasca ontara.
Monstre que ie voye.
Yo ansé.
G. Tu ne me le monstres point.
Téacansé G.
Tu en monstras hier.
Chétecque chéahouisca.

Monter, descendre.

Montagne.
Quieunontou te.
Vallee.
Quieunontoüoin.
Ie monte, il monte la montagne.
Onontouret.

Mo

Ie monte en haut, 3. per.
Aratan achahouy.
N. Sçais-tu bien monter? y monteras-tu bien?
N. *Chieinhouy daaratan.*
Les ames des Hurons ne sçauroient monter.
Téhouaton atiskein déhouandate haraten.
Les A. des F. ne veulent pas descendre.
Téharasse asadestent A. F.
Il descend la montagne.
Taoüatarxatandi.
Les F. sont montez sur des cheuaux.
F. *Aochatan sondareinta.*
I'estois monté sur vn cheual, 3. per.
Sondareinta aochatan.
Tu estois monté sur

Mo

vn cheual.
Sondareinta sagueuchatan.
Monter. *Haratan.*
Descendre.
Sasadestent.

Mordre.

Ie mords, ie te mordray.
Auhastauha, nstauha.
Tu mords, mord.
Sastauha.
Il mord, il mordra.
Ostauha.
Il me mordroit.
Astauha.
Elle la veut mordre.
Tauhachetauhan.
Il le mord, ils se mordent, se battent (chiens) *Yathrio.*

Moüillé, seiché.

I'ay moüillé les N.
Houandéquaen, N.

Mo

Ta robe est moüillee.
Sandochahoüan.
La robe est moüillee.
Endochahoüan.
Il, elle est moüillee.
Ouranoüen.
Il est moüillé, seiche-le.
Eacoinon astan.
Seiche-le.
Sestatete.
Il n'est pas encore sec.
Asson téostatein.
Il est sec là, int.
Ca ostatein.
Il est sec, ils sont secs.
Staten, Onastatein, Onostatatein.

Moucher.

Ie me mouche, moucheray-ie.
Atsignoncoyra.
Mouche-toy.
Tsignoncoyra.
Morue. *Tsignoncoyra.*

Na

Nager, baigner, plonger.

Baigne toy.
Sattahoüan.
Nage.
Sattonteingyahouissa.
Plonge, plonge-toy.
Sattoroque.
Nages-tu bien de l'auiron ? *Echéauoy.*
Nage de l'auiron.
Séahouy, Chéauoy.
Nage, presse fort.
Atchondi séahouy.
Ie nage. *Eauoy.*

Natiös, de quelle nation.

Aux Francs.
Atignonhaq.
Kebec. *Atontárégué.*
Montagnets.
Chauoironon, Chauhaguéronon.
Canadiens.
Anasaquanan.

Algoumequins.
Aquannaque.
Ceux de l'Isle.
Hehonqueronon.
Les Epicerinys.
Skequaneronon.
Les Cheueux releuez.
Andatahoüat.
Les trois autres Nations dependantes.
Chiférhonon, Squierhonon, Hoindarhonon.
Les Petuneux.
Quieunontateronons.
Les Neutres.
Attihouandaron.
La Nation de Feu.
Atsistarhonon.
Les Yroquois.
Sontouhoironon, Agnierhonon, Onontagueronon.
Les Hurons.
Hoüandate.
Nation des Ours.
Atingyahointan.
Nation d'Entauaque
Atigagnongueha.

Nation.
Datironta, Renarhonon.
Le Saguenay. Prouince du Saguenay.
Kyokiayé.
De quelle Nation es-tu? *Anhenhéronon.*
D'où es tu?
Nétissénon.
Tu es d'icy.
Istaria, Istaret.
De quelle Nation, de quel lieu, de quel village est-il?
Ananhexronon, Ananxronon.
D'où est-il?
Etaouénon.
D'où est-ce qu'est N.
Ennauoénon N.
Elle est de N.
N. Kyaénon.
Il est de B. *B. Etaouénŏ.*
Nombre, le nombre.
1. *Escate.*
2. *Téni.*
3. *Hachin.*
4. *Dac.*

No

5. Ouyche.
6. Houdahéa.
7. Sotaret.
8. Atteret.
9. Néchon.
10. Assan.
11. Assan escate escarhet.
12. Assan téni escarhet.
13. Assan hachin escarhet.
14. Assan dac escarhet.
15. Assan ouyche escarhet.
16. Assan houhahea escarhet.
17. Assan sotaret escarhet.
18. Assan atteret escarhet.
19. Assan néchon escarhet.
20. Téni quiuoissan.
21. Teni quiuoissan escate escarhet.
30. Hachin quiuoissan.
40. Dac quiuoissan.
50. Ouyche quiuoissan.
60. Honhahea quiuoissan.
70. Sotaret quiuoissan.
80. Atteret quiuoissan.
90. Nechon quiuoissan.
100. Egyo tiuoissan.
200. Téni téuoignauoy.
1000. Assen atreuoignauoy.
2000. Téni tiuoissan atréuoignauoy.

Ou

Où est, où est-ce, où sont-ils allez?

N. Où est allee la B.
N. Naché B.
Où est ton pere?
Ané yaistan.
Où est ta mere? où est-elle allee?
Annon oté ahoüenon sendouo.
Où est-ce qu'est la P.
Ané igan ennauoiuon P.
N. Où est-il allé?
N. Téahoinon.

Ou

Où est-il? où est-il allé?

Anahouénon, Ahouénon, Eondénon.

Où s'en est-il allé? où est-il allé?

Annan onsarasqua.

Où sont-ils?

Anatigueiron.

Où est-ce? lequel est-ce?

Qu'est-ce que c'est?

Dyouoiron.

Où est-ce. où a ce esté? Anan.

Ie ne sçay où il est, où il est allé, pl.

Danstan t'intérest ahouénon.

Ne sçais-tu point où il est allé? pl. aff.

Danstan téchinteret ahouenon.

Où mettray ie cela?

Anaikiein.

Où l'as-tu mis?

Ané igan.

Les N. sont allez à B.

Ou

N. B. ahouénon.

Oublier.

I'ay oublié.

Onatérainq.

Tu as oublié.

Satérainq.

Il a oublié.

Ostorendi.

Ie n'ay rien oublié, nous n'oublierons rien.

Stan onatérainq.

Ouyr.

Ie l'ay ouy.

Garhoguein nécha.

Tu l'as oüy, int.

Sarhoguein.

Il l'a oüy.

Garhoguein.

Ie l'ay oüy dire dans la forest.

Chaharhayon atakia.

Pareſſeux.

Ie ſuis vn pareſſeux, laſche, coüard. 1. 2. 3. per. *Ahetque.*

Elle eſt pareſſeuſe, elle ne veut rien faire. *Ahoüiaken.*

Ie ne ſuis point pareſſeux, laſche, coüard. 3. per. *Danſtan tehetque.*

Tu n'es point pareſſeux. *Techietque.*

Tu vas, tu dis trop viſte, trop promptement, trop precipitamment. 1. 2. 3. per. *Chieſtoret, Achieſtoret.*

Tu ne fais pas viſte, tu ne te deſpehes point. *Andérati ſquanianni, Saniani.*

Tu mets long temps. *Garinoitſi.*

Nous finirons bien toſt, nous aurons incontinent faict. *Kieuſquenha, aytaqua, Tſitaqua.*

Ne le trouue-tu pas bien, ne te ſemble-il pas à propos, en es-tu marry? *Sachieſſé.*

Parler.

Ie dis. *Enihatton, Ayhon.*

Tu dis. *Sayhon.*

Il dit. *Yhatton, Yhatonquē, Yhatonca.*

Ie dis, ils diſoient. *Yontonque, Yhontonque.*

Tu dis, tu diſois. *Etchihon.*

Il diſoit. *Ahirhon.*

I'ay dit. *Onnen ayhaton.*

Tu as dit.
Osquatonca.
Il a dit.
Aeinhaon.
Ie l'ay dit.
Ondihaton.
Ie luy ay dit.
Onné houatandoton.
Ie dis que cela est sale & mauuais, 3. per.
Ocaute auhaton.
Qu'est-ce que i'ay dit, qu'il a dit?
Torahixon, Toté yxon.
Que diray-ie?
Toutautein ayhon, Tauté yhon.
Ie ne luy ay pas encor dit.
Asson téhaton.
Ie le diray, ie luy diray.
Yhon, Déyhon.
Ie le diray.
Houatandoton.
Ie vous le diray.
Houatonoton.
Ie ne luy diray point,
ie ne le diray point.
Stan yahon.
C'est ce que ie dis, c'est cela que i'ay dit.
Condiatonque.
Dis-je bien?
Ongyandé yatakia.
Ie ne dis mot, ie ne dis rien, 3. per.
Stan téhaton.
Ie ne parle point.
Eatakiaque.
Ie ne sçay ce qu'il dict.
Danstan tochihaton, Danstan tossi haton.
Ie veux parler à ta mere.
Houatonoton sendouen.
I'ay donné ma voix, ma parole.
Hariuoignyon.
Ie l'entends bien.
Haronca ichine.
Ie ne l'entens point, 3. per.
Danstan téaronca.

g ij

Pa

Ie ne sçay pas encore parler Huron.
Asson téayeinhouy houandate atakia.
Ie n'entends point ce que cela veut dire.
Stan tochiha, Tochi adsé.
Ie l'entend, ie le comprend. int.
Tayeinton.
Ie le repetetay encore.
Aytanda ichine.
Quand ie sçauray parler Huron. pl.
Etgayeinhouy houante atakia.
Nous enseignerons cela aux enfans.
Hariuoihayeinsta échiaha.
Tu dis.
Chiatonqne.
Dis-tu pas.
Ichihaton.
Dis, dis le, dis luy.
Chihon satandoton.

Pa

Que dis-tu ?
Tossi haton.
Comme dis-tu ?
Tautein seiscoisse.
Parle.
Satakia nésa.
Tu as dit, tu disois que la M. est, estoit N.
Osquatonca M. N.
C'est toy qui l'as dict, qui le dit.
Issa ondichiatonque, Chatandoton.
Tu l'as dict.
Ondichiaton.
Tu luy as dit, tu leur as dit. *Ichihon.*
Tu as dit nenny.
Ichihon danstan.
Toy dis le.
Sachihon.
Dis leur qu'il y a cinq iours qu'ils attendent, que nous attendons.
Chihon houiche éuointayé hainchoutaye.
Qui te l'a dit.

Pa

Sinan diuhaton, Sinan atandot, Sinan atandoton, Sinan totéuhaton.
N. te l'a dit.
N. Sachiaton.
C'est toy qui l'as dit.
Iſſa ſataudoton.
Tu parles trop viste.
Chieſtoret atakia.
Dis luy qu'il nous donne du poiſſon.
Etſihon tahoxritan.
Tu ne dis rien, tu ne parles point.
Teſatakia.
Ne parle point.
Enon ſarakia, Eſquenon ſatakia.
Ne le dis point.
Ennon chaitandaton.
Ne parle plus à moy. c'est aſſez.
Teſconatakia indi, onen.
Ne fay point de bruit.
Eſquenon ſakiein.
Ne le dis point, ne

Pa

dis point.
Etneſtandi.
Efforce toy, haſte toy, de ſçauoir parler.
Saſtoura ſatakia.
Tu ne ſçais pas encore parler Huron.
Aſſon teſcéyainhouy H. atakia.
Tasche de ſçauoir parler Huron pour le renouueau.
Adehondi H. atakia honéraquey.
Comment dites vous, comment appellez vne chaudiere?
Totichi atonque, andatſaſcouy.
Repete, redis le encore.
Chiennitanda ichine.
Dis le encore, parle encore.
Houato ſatonoton, Iſſa ſatakia onhoüato.

g iij

Quand tu sçauras parler H.
Ayeinbouy H. atakia.
M'entends-tu bien? aff. *Chahéronca.*
Tu n'entens point, tu ne m'entens point.
Técharonca.
Tu n'entens pas tout, pl.
Danstan auoiti tesquaronqua.
Entendez-vous bien ce qu'il dit? 3. per.
Esquaonaronqua.
Tu l'entens, tu le comprens, int.
Tayeinton.
Tu entens tout, pl.
Onnen auoitl squasquaronca.
Que dit-il?
Totihaton.
Que disent-ils?
Totihonton, Totihatoncoy.
Qu'à-il dict, que t'a-il dict?

Tautein aeinhaon.
Que disent ces deux là? *Téni hontonque.*
Que disent les François?
Toté yhon agnonhaque.
Que disent-ils?
Téchiauhaihere.
Que disent ils, qu'ont ils dict?
Toti ahon.
Ils n'ont rien dit, ils ne disent rien.
Stan téaton.
Ils disent.
Yhontonque.
Ils disent que M. int.
Yuhaton M.
Ils l'ont dit.
Atihontonque.
Il vous dit.
Yhatoncoy.
Ie te disois.
Ayhéhon.
N. Le dit.
N. Satandaton.
C'est B. qui l'a dit.
B. Chiatandoton.

Pa

C'est ce qu'il dit.
Chontenay yhon.
Elle dit que ce soit maintenant.
Yuhatonque onhoüato.
Il ne veut pas qu'on dise cela.
Téharoota.
Il est à deux paroles.
Téni asatakia.
Il ne dit encore rien.
Asson téatonoton.
Il ne parle pas encore. *Asson téatakia.*
Il ne parle pas encore Huron.
Asson téhatongya, Houandate.
Ils n'entendent pas la langue.
Danstan téotandote.
Nparle.
Echiauhahase N.
Raquette, est-ce pas à dire, ieu de paille?
Agnonra esquatonca, Aescara.

Pa

Ce n'est pas à dire.
Téchatonca.
Il s'apelle en deux façons.
Ténitéha adsi.
Cela s'appelle vne peau.
Néchauhase, andéuha.
Les Hurons disent comme cela.
Vhanuhasquassé H.
Comme disent les François.
Totisquassé agnonhaque.
On n'a pas encore faict le cry, on n'a pas faict la publication, int.
Asson tétatakia.
Vn cry qui se faict par la ville ou le village par le Crieur, pour aller à la forest querir du bois en commun.

g iiij

Escoirhaykion, escoir-haykion.
A la forest, à la forest, allons à la forest.
Ne sois point porteur de mauuaises nouuelles, ny semeur de zizanie.
Ennon onhondionrachien.
Vas-tu semer des noises, des mauuais contes? aff.
Siondionrachien.
On a fait courre, il a causé des noises, & semé des mauuais discours.
Yondionrachien.

Parentage & consanguinité.

Le Createur.
Yoscaha.
Sa mere grand.
Ataeinsic
Vn homme.

Houhouoy.
Enfans.
Achia, Ocoyton.
Masles.
Angyahan.
Femmes, femelles.
Outsahonne.
Des ieunes gens.
Moyeinti.
Filles.
Ondequien.
Vieillards, *omnis generis.*
Agondachia.
Mon grand pere, ma grand mere.
Achota.
Mon pere.
Aystan, Aihraha.
Ma mere.
Anan, Ondoüen.
Mon frere, ma sœur.
Ataquen.
C'est mon frere, ma sœur.
Aixronha.
Mon fils, ma fille.
Ayeiu.

Pa

Mon beau-pere. *Yaguenesse.*
Mon gendre. *Agueinhesse,*
Mon beau-fils. *Ando.*
Responds *Agon.*
Mon beau-frere. *Eyakin.*
Ma belle-sœur. *Nidauoy.*
Mon oncle. *Houatinoron.*
Ma tante. *Harha.*
Mon nepueu, ma niepce. *Hiuoitan.*
Mon cousin, ma cousine. *Earassé.*
C'est ma petite fille, ie suis sa mere grand. *Otthrea.*
Ma niepce (maniere de parler aux femmes & filles.) *Etchondray.*
Mon petit fils *Estoha.*

Pa

O. est le nepueu de mon pere. O. *Auhoinuhatan yaistan.*
Ma femme, mon mary. *Eatenonha.*
La femme de N. *N. Onda.*
C'est sa compagne, ce n'est que sa compagne. *Asqua.*
Ton pere. *Déaystan.*
Ta mere. *Sanan, Sendouen.*
Ta femme, ton mary. *Satenonha.*
Ton enfant. *Sacoiton, Sachiaha.*
Ton oncle. *Houatinoron.*
Ta tante. *Sarha, Sarhaq.*
Ton cousin, ta cousine. *Sarassé.*
Ton frere, ta sœur. *sataquen.*

Ton beau-frere.
Saquyo.
Ta belle-sœur.
Sindauoy.
Ton nepueu.
Chiuoitan.
Ta tante, est-ce ta tante, c'est ta tante.
Sarhaq.
Tu es son petit fils.
Iſſa eſtoha.
Le fils de N.
N. Ouhenha.
Son petit frere.
Ohienha.
Fils, enfans, le petit.
Oühenha.
C'eſt le petit, l'enfant, le fils de A.
A. Ichi houeinha.
Sa mere, mere.
Ondouen.
Il a ſa mere grand.
Achotachien.
Homme veuf, femme vefue.
Atonneſqua.
N. l'a engendre, l'a mis au monde.
N. Ochondi.
C'eſt vn de nos gens, c'eſt vn des noſtres.
Houatondi.
Ma compagne.
Eadſé.
Mon compagnon, mon camarade.
Yathoro.
Ie ſuis ton compagnon, ton amy.
Yatoro iſſa, Eadſé.
Comme celuy-là t'eſt il parent?
Toutautein eſteonq.
A qui eſt parent, de qui eſt parent celuy-là, celle-là?
Sinan déca onnehon.
Il t'eſt parent, ils te ſont parens, t'eſt-il parent, te ſont-ils tes parens?
Eſquanehon.
Ils ne te ſont point parens.
Danſtan teſquanehon.

Pa

Il ne m'est point parent.
Danstan téuhanehon.
Mes parens sont riches.
Oukionhoy onnehon.
Il est parent, 1. 2. 3. personne.
Onnehonq.
Ils sont parens.
Aetquanehon.
Ils sont tous parens.
Auoiti squatatéein, Atisquatein.
Les François sont parens des H.
Fr. Aesquanehon H.
Les François ne sont point parens des Hurons.
Atignonha danstan tesquanehon houandate.
Ie suis son parent, il est mon parent.
Onnehonque.
Les A. sont parens de P. *Onnehanq A. P.*

Pa

Il est parent de tous ceux de la terre, de tout le monde.
Ondéchrauoiti onnehon.

Pauure, pauureté.

Ie suis pauure.
Anacauta.
Nous sommes pauures. *Oscorhati.*
Tu es pauure.
Sacauta, Sascorhati, Sascorhata.
Les Hurons sont pauures.
Téhhacota vhandate.
Ils ne sont point pauures.
Danstan oscorhati.

Penser, auoir dans la pensée.

Ie pense.
Auoirhet.
Tu penses.
Icherhet, Cherhet.

Pe

Il pense.
Auoirhet.
Ie pense que tu ne dis point vray, que tu ments.
Iherhet carionta.
Ie pense que c'est cela que tu as songé, que tu auois songé.
Naetchoirhé sachasqua.
Que pense-tu ? à quoy as-tu pensé ? qu'en pense-tu ?
Tauti cherhet.
Tu pensois, tu le pensois. *Ticherxhet.*
Pense-y, aduise-y.
Santonxrey.
Il pensoit que ce fussent rassades.
Yherhet acoinda.
Ils pensent tous, c'est qu'ils pensent tous que ce soit d'vn homme.
Iuoirhet auoiti onhoüoy, Auoiti iscoirhet onhouoy.

Pe

Percé, cassé.

Il est percé, rompu, cassé. *Oscosca.*
Il est percé, ie l'ay percé. *Nahixraye.*
Est-il percé ? aff.
Ouratsi.
Le chaudron est rapieceté, percé.
Anoo ouratsi.
Il ne coule pas, int.
Danstan kitté.
Le tonneau est percé, desfoncé.
Chourachoute.
Il n'est pas encore rompu, percé.
Asson téocosca.
Il n'est pas encore rompu, fendu.
Téharonkiaye, Danstan okiaye.
Perce-toy l'oreille.
Titaontaest.
Ton oreille est percee. *Sahonttaharein.*

Pe

Perdre, perdu, esgaré.

J'ay perdu mon cousteau.
Andahyaton.
J'ay perdu mon alesne. *Chomataton.*

Pescher.

Ie vay chercher, pescher du poisson, 2. per.
Ahointa chéyaquey.
Ie m'en vay à l'Assiendo.
Eni arasqua adsihendo.
Au petit poisson.
Atsiq eaquey.
J'yray à la pesche.
Onguiexronan, Earononan.
Tu iras à la pesche.
Sanguiexronan.
Iras-tu à la pesche?
Saronorian.
N'as-tu rien pesché?

Pe

Sandéreindihaquiey.
As-tu pris, apporté du poisson?
Etsandahouy ahointa.
Il ira à la pesche.
Onguiexronan.
Il ira bien tost à la pesche.
Kieusquenha ahoréhaquiey.
Il n'est pas encore allé pescher, chasser.
Asson téohouyacon.
Il est à la pesche.
Ochandi.
Elle s'en va à la pesche.
Ochandi haquiey.

Petuner.

Donne-moy à petuner. *Etaya.*
Fay du petun.
Etsenhos.
Donne-moy du petun.
Tayehontisse.

Pe

Ie n'ay point de petun.
Stan téuhayenuhan.

Ie vay, ie veux petuner.
Yeinhoc.

Ie petune.
Ayettaya, Tayeinhoſe, agataya.

Petune. *Satéya.*
N. Petune.
Ataya N.

Ie te donneray du petun.
Eoxrontiſſe.

Tien du petun, petune.
Tſeinhoque.

Tu ne manges point de petun.
Téchéche houanhouan.

Le petun que i'ay apporté eſt fort bon.
Caché houanhouan ahouy.

Voyla, voicy du fort petun.
Ayentaque ouhoirhiey.

Pe

Le petun eſt-il fort? aff.
Auoirhié houanhouan.

Le fort enteſte.
Auhoirhié okihouanteni.

Le tout n'eſt pas encore vſé, conſommé.
Aſſon higot.

Le Calumet eſt encore chaud.
Orontatarihen.

La pippe eſt bouchee, eſtoupee.
Ouagueſqueſan eſconhuy.

Petun.
Teſténa, Tiſtenda, Ayentaque.

Morceau, ou bout de petun.
Heinſa, Déheinſa.

Peu, beaucoup, quantité.

Ie vous aſſeure qu'il y en a beaucoup.
Kiandikiatonetchontan.

Pe

Il y en a beaucoup.
Toronton, Instoühanne.
Il y a beaucoup de ronces qui esgratignent, picquent, blessent.
Toronton énoddocha esconchotié.
Il y a beaucoup de gens.
Onhoüey hoüanne.
Ils sont trois freres.
Achinque etontaquen.
Il y en a trois, ils sont trois, ils estoient 3. seront trois, vous serez trois.
Hachinque ihennon.
Il y en a de 5. sortes.
Houiche aühastaxran, Esquastaxran.
Il y en a de trois sortes. *Achinque agaxran.*
Les N. sont plus.
Ekioquanne N.
Ils sont plus.
Ekioqnanne.
Les Hurons sont moins.

Pe

Quieüquasquoé dehoüandate.
Non pas encor' la plus grande partie.
Ekioquanne asson.
Beaucoup de choses, plusieurs choses.
Etsácato.
Il n'y en a gueres.
Andéato andaret.
Il n'y aura point de bled (aux champs.)
Nesquassein onneha.
Il n'y en a pas beaucoup. *Danstan téouen.*
Il n'ê a pas beaucoup.
Stan téoataronton.
Il y en a vn peu.
Andéato.
Vn peu.
Chyuha, Yuoisquato, Yuoyayto.
Il n'y en a plus.
Onné auoiti.
Beaucoup.
Toronton, Oüen.
Grandement.
Anderati kiatonetchötán

Pi

Peut, ne peut, pouvoir,

Ie peux.
Aeinhouy.
Tu peux. int.
Chieinhouy.
Il peut.
Aeinhouy.
Ie ne sçaurois. 3. per.
Téoton, Téhoüaton,
Téayeinhouy.

Pi

Piquer, piqué.
Tu t'es piqué.
Sasteraest.
Il s'est piqué, int. 1. per.
Anderéesti.
Piquer.
Andaraest.
Inciser la chair.
Atchenhon.

Piller, battre le bled.

Ie pile. *Attéta, Ettéta.*
Pilé, bat du bled.
Seintéta.

Pi

Vien, venez, piler.
Esquatéta.
Pile, escache le, auec les pierres.
Taettontan.
Esgruge le bled.
Anehoüinha.
Ie vien battre, piler.
Ettétandet.
Ie ne sçaurois piler.
Danstan teusquetéta.
Ie vanne.
Easeneouha.
Elle va piler.
Satéta andihet.
Elle en va piler d'autre.
Hoüatétandet.
Il n'est pas encore pilé.
Asson téuhatitéta.
Elle ne veut point piler.
Téhatirasse atitéta.

Pisser.

Ie pisse, il pisse, il a pissé.

Pi

pissé. *Okiayey.*
Pisse. *Sakiayé.*
Ie m'en vay pisser.
Ekiayeéchet.
Attend de pisser.
Sahouen sakiaye.
On y a pissé, ils y ont pissé.
Onkiayé.
Ie vay, ils vont à leurs necessitez.
Ayeinxa.
Elle va faire ses necessitez.
Auoindisondet.
Il a le cours de ventre.
Tayauoitandique.
Il ne sçauroit aller à ses necessitez.
Téhouaton aendison.
Il a poussé du vent.
Heinditégna.
Il ne faut point pousser du vent, int.
Tehonditégnache.
Ne pousse point de vent icy, va t'en

Pi

pousser dehors.
Enon méni tégna icà, yaséni astey méni tégna.

Pl

Plantes, arbres, fruicts.
Arbre.
Tarby, Yharhy.
Bois.
Onata, Ondata.
Bois vert. *Assé.*
Bois sec. *Osacque.*
Bois pourry. *Ahessa.*
Bois plein d'eau, humide. *Ouranoon.*
Busche. *Aeinta.*
Gaule, perche.
Aeinta.
Rameaux.
Attaneinton.
Cedre. *Asquata.*
Chesne. *Exrohi.*
Glands. *Onguiera.*
Fouteau. *Ondean.*
Herable. *Oubatta.*
Fueilles. *Ouata.*

h

Pl

Mousse. *Einra.*
Gomme, encens. *Choüata.*
Nœuds de bois. *Chitsoura.*
Bois de suzeau. *Tondaonthraque.*
Genievre. *Aneinta.*
Merisier. *Squanarsequanan.*
Racine rouge à peindre. *Héhonque.*
Escorce à lier. *Oühara.*
L'arbre d'icelle. *Ati.*
Chanvre. *Ononhia.*
La plante d'icelle. *Ononhasquara.*
Roses. *Eindauhatayon.*
Ronces. *Endédocha.*
Racine excellente & medicinale. *Oscar.*

Pl

Naueau à purger le cerueau. *Ooxrat.*
Racine venimeuse. *Ondachiera.*
Angelique. *Tsirauté.*
Canadiennes. *Orasqueinta.*
Oignons, Ails. *Anonque.*
Champignons. *Endrachia.*
Morilles. *Endhroton.*
Herbe, foin. *Rota.*
Chausse de Tortuë. *Angyahouyche orichya.*
Marjoleine. *Ongnehon.*
Bled de toutes sortes. *Onneha.*
La tige où il tient. *Ondraeina.*
Espics de bled. *Andotsa.*
Vn pacquet d'espics. *Oronubithia.*

Pl

Prunes.
Tonestes.
Merises.
Squanatsequanan.
Petit fruict, comme cerises rouges, qui n'a point de noyau.
Toca.
Petites pommes rouges. Yhohyo.
Fraizes.
Tichionte.
Blues. Ohentagué.
Meures.
Sahiesse.
Tous menus fruicts. Hahique.
Fezolles.
Ogaressa.
Pois. Acointa.
Citroüilles.
Ognonchia.
Semences de Citroüilles. Onesta.
La Citroüille est meure.
Onestichiaye.
Raisins. Ochaenna.

Pl

Il est meur N.
N. Hiari, Chiari.
Le bled est meur.
Onné ondoyaré.
Lors que les fraizes seront meures.
Esquayarique.
Lors que les framboises seront meures.
Sanguathanen.

Pleurer.

Ie pleure, il pleure, il a pleuré, il pleuroit.
Areinta.
Tu pleures, pleure.
Sareinta.
Pleure-tu? Sareintaha.
Tes yeux pleurent.
Coindareinta.
Qui t'a fait pleurer?
Siné Chareinta.
Ne pleure point.
Xchihay.
Tes larmes.
Onttachiachanha.
Larmes. Oatsanta.

h ij

Po

Poissons.

Anguile. Oskeendi, Tsanoirongo.
Brochet. Soruissan.
Esturgeon. Hixrahon.
Truites. Ahouyoche.
Leur gros poisson du Lac. Adsihendo.
Autre, comme barbeaux. Einchataon.
Petits poissons. Auhaitsiq.
Escreuices. Tsiéa.
Tortuës. Angyahouiche.
Arrestes de poisson Hoinchia.
Escailles. Ohuista.
Graisse. Oscoyton.
Huile qu'on en tire. Gayé.

Po

Laicte, la laicte. Oacayé.
Oeufs. Andé.
Teste de poisson. Oustehouanne.
Poisson. Ahointa.

Porter.

Porte cela. Saguétat nécha.
Porte-le, apporte. Saguétat.
Ils portent, ils les portent. Onguétat.
Ils portent, ils ont porté, ils portent des arbres. Sathringuétat chêtarhi setarhi.
l'apporte, i'ay apporté des elpics. Andotsahouy.
l'apporte, i'ay apporté des N. N. Hohet, ohet.
Ie porte, porteray,

Po

apporteray. *Aguétat.*
I'apporte, i'ay apporté
vn brayer, 3. per.
Aruiſtahouy.
I'apporteray demain
des eſpics.
*Achieteq andatſahoui-
het, Etondatſahouiha.*
Ie n'apporte rien.
Stan teahouy.
Ie l'ay apporté.
Aahouy.
Ie n'en ay point ap-
porté.
Deuhatey.
Ie porteray, ie le por-
teray.
Ayheuha, Ayhenoy.
Ie l'emporteray.
Ni euha.
I'emporte mes raquet-
tes.
Agaratécha.
Ie la porteray, l'em-
porteray, luy porte-
ray. *Euha.*
Ie l'apporteray dans
peu de temps.

Po

Sondianikéhoua.
Ie le rapporteray in-
continent, auiour-
d'huy.
onhouatéqueuuha.
Ie le rapporteray, re-
porteray.
*Etqueuuha, Ettéqueuu-
ha.*
Ie rapporte le pot.
Ganoo ſtatſonhahouy.
Ie rapporte, apporte
le chaudron.
Andatſahouihey.
I'en rapporteray, ap-
porteray vn autre.
Vhatéqueuuha.
Ie t'en apporteray
d'autres.
Vhaté gyanontanha.
I'en apporteray, i'en
iray querir.
Vhoiſteuhoiha.
Ie les apporteray, rap-
porteray
*Téconontanha, Quieu-
nanteha.*
Ie vous en apporte-
h iij

Po

ray demain.
Achieteq etconontanha.
I'en ay pris, apporté.
Auoindahouy.
I'en ay apporté, i'en prendray, apporteray. *Eindahouy.*
Ie n'en ay point pris, apporté, 2. 3. per.
Stan téſatiahouy, Téeindahouy.
Qui porteray ie, qu'eſt ce que i'y porteray?
Tautein euha.
Apporte-tu?
Anguieruha.
En apporteras-tu?
Ettauha.
Qu'eſt ce que tu apportes?
Toutautein chéahouy.
Qu'apporteras-tu, quand tu reuiendras deçà? 3. per.
Tatichetret garoteſetta.
Ne me rapporteras-tu point des N. de. A?
Téſeuha N. A.

Po

Tu l'aporteras demain.
Séhouahoa achieteq.
Aporte touſiours.
Aſſehoüa ahoüantahan.
Aporte moy la hache.
Ataachahouyha.
Aporte du cuir, donne de la peau pour acheuer les ſouliers.
Aſſéhoüa cha●●●ua.
Charaqua ſéhoü●.
As-tu point aporté des N. 3. per. aff.
Danſtan téahouy N.
Eſt-ce toy qui l'a aporté? *Satiſateſahouy.*
En as-tu point pris, aporté vn ſeul.
Eſcate téoſeindahouy.
En as-tu point pris, aporté? N. aff.
Téſeindahouy N.
Tu n'en as point aporté, int.
Téchéahouy, Teſcaahouy
Il dit que tu aportes des N. *Nyhatoſéhoüa.*

Remporteras-tu l'arquebuze?
Horahointa yotequeüha
L'as tu aporté de Kebec?
Atontarégue haon.
Qui vous l'a aporté?
Sinè thasahouy.
Qui vous a aporté la cueillier?
Sinan squasauhandi gaera.
Ta tante t'a aporté des espics.
Sandotsahouyhet sarhac.
Il t'aportera demain du pain.
Achi. ondataroxha.
Ils vous aporteront du bled des champs.
Aſsiſtancouyniha, Aſsiſtacouy.
Elle te portera le bled pilé.
Sanontaha ottécha.
Ils t'en porteront, ils te porteront.
Etconontasha.

Charge toy. *Saquétoret Sareingueytey.*
N. leüe toy. on va porter au saut.
N. Saquen ocointiaye.
Y a il bien loin? portez-vous bien loin?
Onontetsi.
N. se charge, prend son fardeau.
N. areïngueytey.
On leur aportera, portera, il leur viendra du poisson ou viāde.
Soxritandiha.
Il'aportera, raportera le chaudron.
Secondatsanhouihet.
Elle aportera de la pourceleine, elle en aportera.
Ononcoirota quoiha.
Elle aporte des rassades, 1. per.
Acoinna ahouy.
N. luy a aporté le cousteau.
N. andayahouy.

h iiij

Po

M. L'a emporté, int.
M. Seahon.
Les ames prennent, emportent les robes.
Ahonrisconatiskein énondi.
Ils ont apporté la bouteille.
Asséta satiahouy.
Il l'a apporté, il a apporté, il en a aporté. pl. *Atiahouy.*
Emportera il l'auiron.
Toahon auoichia.
Elle n'apporte rien.
Danstan téhatiahouy.
Il n'en a point apporté. pl.
Téatiahouy.
Ie le rapporteray. 2. per. *Téseuha.*
Il rapporte.
Audahan.
Il le rapporte.
Onné otiuhahon.

Po

Pousser quelqu'vn.
Tu me pousses.
Tisquate athechon.

Pr

Prester, emprunter.
Preste-moy cela.
Tanihatan nécha.
Preste-le moy.
Squandihatan.
Preste-moy tes ciseaux.
Eindabiein dionte.
Preste-luy.
Sanihatan.
Tu en as presté deux.
Teni etsihandihatan.
Tu ne le veux point prester. int.
Tesandihatandi.
L'as-tu presté? aff.
Séandihatandi, Onné andihachon, Escanihatan.

Pr

Apporte N. que ie t'ay presté.
Aſſehoua N. eſquanihatan.

Ie viens emprunter N.
N. Andihaché.

Ie t'en presteray.
Auoindihatan.

Vous l'a-il presté? aff.
Etchandihatan néſa!

Il me l'a presté.
Andihatandi.

Il ne me l'a point presté. *Stan tébendique.*

Il ne le veut point prester.
Tehonihatandet.

Il est presté.
Onné hondihatan.
Ahonhihatan.

N. l'a emprunté.
N. Handihatan.

Prisonniers.

I'ay vn B. prisonnier, vn prisonnier.
B. ondeſquan.

Qu

Prisonniers, les prisonniers, des prisonniers.
Otindaſquan.

Lier, gatotter.
Atonnechon.

Protester, aſſeurer.

Ie te proteste, ie t'aſſeure. *Kiandi.*

Querir, Requerir, Emprunter.

Ie viens querir, demander quelque estoffe.
Manitihaquiey.

Ie le vay querir.
Etſehohet.

Ie vay querir des robes.
Enondi vhahon.

Nous en irons querir. *Auhahon.*

I'en vay encore querir. *Nenéohet.*

Qu

Vien querir du poisson.
Ahointa oha.
Vien en querir.
Sasinsehoa.
Va, vien le querir.
Sehoha, Sahohet, Sahohoha.
Va querir N.
N etitiaksey, N. sehoha.
Vien querir, va querir, tu vas querir vne M.
Ehéoha M.
En iras-tu querir? aff.
Sauhatey, Sachéuhaha.
N. t'en ira querir.
N. Sahaouhahet.
M. en ira querir.
M. auhahet.
C. ira querir D.
C. D. yhahey, Auhahey.
Il l'ira querir.
Eauoiha.
Il l'est allé querir.
Onné auhahon.
Il en est allé querir.
Echéuoiha.
Il est allé querir des raquettes. *Angyora. hohahon.*
Qu'est ce que tu viés, que tu y vas querir?
Toutautein chéouahet, Toutautein scohey.
Qu'est-ce que tu es venu faire, que tu y vas faire, querir?
Toutautein cheoüahet.
Ie viens emprunter.
Aguenonhé.
Viens le querir auiourd'huy.
Onhouayesqueüuha.
Ie viens requerir.
Ni esqueüuha.
Ie vien requerir la hache. *Oüachrauhahey.*

Remercier.

Grand mercy, ie vous remercie.
Ho, ho, ho, atouguetti.

Rencontrer.

I'ay rencontré.
Tenhatchaa.

Ie l'ay rencontré, pl. int. *Atisquathraha.*

Les Hurons ont rencontré les N.
H. akiathaha N.

Dans trois iours nous r'atteindrons, nous rencontrerons le B.
Aching, éüointaye athonthraa B.

Voicy du monde qui vient deuant nous, que nous allons rencontrer.
Akiquatchaha.

En voicy d'autres qui viennent apres.
Aesquaq ontarhet, ahenté.

Ie suis bien ayse que nous nous sommes rencontrez.
Ongyandé ettotsiquathraha, Etsiquathraha.

Reposer.

Ie repose.
Aatserixq.

Tu reposes, repose, repose toy. *Satsérixq.*

Il repose. *Aatserixq.*

Le chaudron repose dessus.
Andatsarixq.

Arrestons-nous icy.
Ekakiein.

Retirer.

Retire tes pieds.
Sakierisca.

Retire-le plus loing.
Chiacataret.

Retourner, rebrousser chemin.

Ie m'en retourneray demain.
Achiétecque sequaronhoha.

Ie m'en retourneray, ie rebrousseray chemin. *Sauharonuhaha éni.*

Reuien, retourne, rebrousse chemin. pl.
Seronubaha, Saquaronuhaha.

Re

Viença, retourne.
Satſiéaratan.
Retournons deçà par enſemble.
Tetitet garotéſet.
Tu ne retourneras point, tu ne rebrouſſeras point chemin.
Téquaronuhaha.
N. a rebrouſſé chemin & s'en eſt retourné à T.
Tontaronuhaha N.T.
Les femmes ont rebrouſſé chemin.
Etſatironuha, outſahonne.
Ils ont rebrouſſé chemin, ils s'en ſont retournez.
Etſaronuhaha.
Tu la retournes.
Scati.

Reuenir, ne reuenir.

Ie reuiendray.
Vhatékion.
Ie reuiendray. 1. 2. 3. per. *Tetthret.*

Re

Ie reuiendray demain matin.
Aſſonrauoy tetthret.
Ie reuiendray à midy. int. *Inkieque auhathrey,*
Auoithan, Etara, Yara.
Ie reuiendray au ſoir, ie ſeray de retour ce ſoir.
Tabouraque chontayon, Sahouracq etſaon.
Ie reuiendray bientoſt 2. per. int.
Onhoua, Onhouaxo tequé, tetthret.
Ie coucheray encore demain icy, 3. per.
Achieteque etſondatahouy.
Ie reuiendray deçà, 3. per. *Garo tékey.*
Ie ſeray deux nuicts dehors, 3. per.
Tendi téouttouhoin.
Quand ie reuiendray.
Ongaro téqué.
Que nous arriuerons aux H. *Eſhoque etquaö.*

Re

Nous serons reuenus dans dix iours.
Assan téouantaxe téKiandet.
Nous ne serons que deux nuicts dehors, que nous y serons, arriuerons.
Teni tetsiquantoua.
En combien de iours reuiendras-tu? 3. per?
To soeintaye etsaon.
Tu y demeureras vne annee.
Tehonditahon escate, outtichiaye.
Tu reuiendras à midy, reuien à midy.
Inkieke aukathan tessey, inkieke tessey.
Quand tu reuiendras, l'esté.
Tetisquoy houeinhet.
Tu reuiendras deçà.
int. *Garo tessey.*
Il reuiendra.
Etchet,
Il sera demain icy, il

Re

reuiendra demain.
Achietecque condéaon, Achieteq etsaon.
N. Reuiendra-il deçà?
N. *Garo téthretandet.*
Reuiendra-il?
Tetché.
Il n'y dormira qu'vne nuict.
Escate tarontahony.
Apres l'hyuer les N. arriueront, retourneront.
Tesquathrate téahon N.
Ie ne reuiendray pas.
Eatanontakie.
Tu ne reuiendras pas.
Satanontakie.
Il ne reuiendra pas.
Atanontakie. pl. idem.
Nous ne reuiendrons pas.
Atagontakie.
Ie demeureray auec toy à Kebec.
Atoutaréque séchichon.

Ri

Riche, estre riche.

— Ie suis riche.
Oukihoüen.
Tu es riche.
Sakihoüen
Il est riche.
Oukihoüen.
Tu es puissant.
Saki.
Les ames de N. sont riches.
Okihouey atisken N.

Rire.

— Ie ris. *Aesquandi.*
Tu ris, int.
Sasquani.
Il rit. pl.
Aesquanni.
N. est vn rieur, vn jovial, est jouiale.
N. Haronyhouenne.
En es-tu, en seras tu content?
Onuoissan,

Ri

Riuiere, Lac, & des accidens.

Riuiere, la riuiere.
Eindauhaein.
Ruisseau.
Entseintaqua.
Mer, la mer.
Gontarouenne.
Lac. *Gontara.*
Le Lac n'est pas gelé.
Ouhaittoya.
Il n'est pas encore gelé. int.
Assontéandescoisse.
Il est gelé.
Ondescoye.
Il est gelé, dur, ferme, espais.
Ondiri andisque atantsi andisqué.
N. est noyé.
N. Hausquoha.
Le Canot s'est renuersé.
Etuhoixhria gya.
Tõ Canot est-il plein,

Ro

estes vous chargez?
1.3 per.
Yguenhi, yguendi.
Qu'est-ce qu'il y a dedans, dequoy est-il remply?
Tautein yuhoite.
Il n'est pas plein, elle n'est pas pleine, il n'y a rien dedans.
Stan yuhoite.

Rompre, Rompu.

Tu as rompu la porte.
Onné haronkiayé andoton.
L'alesne est rompuë.
Tachomatakiaye.
Il est rompu.
Chonkiaye aquakia.
Ie le romps, ie le rompray.
Aeinkiaye.
Il a rompu.
Haronkiaye.
Romps-le. *Seinkia.*
Rompre. *Taeinkia.*

Sa

S'asseoir.

Assieds toy. *Sakiein.*
Tiens-toy là.
Cato sakiein.
Vien icy, vien t'asseoir icy.
Adsa casakiein.
Va t'asseoir de ce costé là, de ce costé-cy.
Comoté sakiein, Comoté sakientaque.
Va t'asseoir en vn autre lieu.
Houatsisakienta.
Vien t'asseoir.
Auoitsé sakientaque.
Assieds toy deçà, vien t'asseoir deçà.
Garo sakientaq, chakientaque.
Assieds toy au milieu.
Sakiatanon.
Assieds toy auprès de moy. 3. per.
Sadtchandien, Sathrahandihet.

Sa

Assieds toy, retire-toy plus de là contre le bord.
Sakiathraha.
Retire-toy plus de là.
Sakietaxra.
Enfant, assieds-toy.
Chiasakien.
Tu viendras, viens-y t'y seoir.
Tochiakiein.
Prenez tous place.
Saqueixron auoiti.
Où veux-tu que ie me mette?
Anmonmotèakiein.
Me serray-ie là?
Totoyakiein.
Fais-moy place.
Sakiesque.
Ie me mettray auprés de toy.
Kiadtchanien.

Sç

Sçauoir au vray.

Ie sçay cela, ie le sçay au vray.
Condinéxratoüoin,
Eindi axratouoin.
Ie ne le sçay pas, ie n'en sçais rien au vray.
Téounixratouhoin.
Tu le sçais bien au vray. int.
Sandinexratouoin.
Tu ne le sçais point au vray. int.
Danstan tescoinnixratouhoin.
Ne dis point autrement que la verité.
Enonsanixratouhoin.
Saigne moy.
Stinonakiasse.

Ser

Serrer, cacher, & à mettre.
I'ay serré la bague.
Téhoüensoret ohuista.
Serre-le, cache-le.
Ontasseti.

Il ne

Se

Il ne veut pas, il se cache.
Téharasse atacetá.
Serre-le, cache-le.
Ontacéti.
Le voila, ie le remets, ie le remets là, le mettray-ie là.
Caito, Cato.
Ie l'ay laissé là, 2. per.
Ca acinta.
Le lairrez-vous là à N.
Cacinta N.
Dans quoy le veux-tu mettre?
Kiotiuhatate, Totiuhatate.
Tu le serres là, serre-le là, c'est là, est ce là où tu le serres?
Condasarhousti, Satirhousta, Sarhousta.
C'est pour serrer, pour mettre la hache.
Atouhein aresta.
C'est pour serrer du petun.

Se

Ahouanhouan terosta.
C'est pour mettre, serrer du bled.
Atirhousta onnehá.
Pour mettre, pour serrer des canons (se font des longues patinotres à se parer.
Anontatsé hoirhousta, Outérousta.
Pour serrer des gruës.
Tochingo garhontaque.
C'est pour mettre, ils mettront la chaudiere dans la terre, sous la terre.
Andidatsonthraque endechon anoo.
Layette, ou coffret d'escorce à serrer, à mettre, pour porter N.
Ayaonsechien N. atirousta.

S'estonner.

Ie m'estonne, ie m'en estonne. *Tescanyati.*

Se

Ie m'en eſtonné gran-
dement.
*Kiatonnetchontan teſ-
canyati.*
Il y a long temps que
ie m'en eſtonne.
Toskéiati houati.

Seul, eſtre ſeul.

Ie ſuis ſeul.
Aonhoüa.
Tu es ſeul, int.
Sonhoüa.
Il eſt luy ſeul, luy ſeul.
int. *Aonhoüa.*
C'a eſté roy ſeul, roy
ſeul. int.
Sonhoüa.
Et les autres.
Ondoüa.
L'autre.
Hoüa.
Encore. *Hoüato.*

So

Soif, auoir ſoif, boire.
I'ay ſoif.
Ahixrat.

So

Tu as ſoif, int.
Saixrat, Achixrat.
Il a ſoif, int.
Chixrat.
Ie dis que i'ay ſoif.
Ayonuoixhraſe.
Donne i'ay ſoif, 3.
per.
To ahixrat.
Il boit.
Achixrat.
Tout eſt beu.
*Auoiti ey. Auoiti ahix-
rat.*

Songer.

I'ay ſongé.
Ouatchaſqua haquiex.
Tu as ſongé.
Sachaſqua.
Il a ſongé qu'il luy
falloit vne medeci-
ne, ou quelque dro-
gue pour eſtre gue-
ry.
Athraſqua, ou *Ae-
ſthraſqua atetſan
enonquate.*

Qu'as-tu songé, qu'auois-tu songé?
Toutautein satkrasqua.

Sortir, faire sortir dehors.

Sortez.
Tsiaguenha.
Sorts dehors.
Dyo astey.
Va t'en, sorts, pl.
Asseni.
Dehors enfans.
Atsisaenha.
Ne sorts point, pl.
Etnon tsiaguenha.
Qui est dehors.
Tsinistey.

Temps, saisons, diuersité de temps.

Le soleil luyt.
Oracouo, Oracot, Andicha.
La lune esclaire la nuict.
Ouracot assontey.

Il ne fait pas encore de soleil, de lune.
Asson ondiché ainhouy.
Il ne luit pas.
Téhouracot.
Il fait chaud, il fera chaud.
Otarixaté.
Il fait doux, il fait beau temps.
Ondénon, Nan éandénon.
Le temps est beau.
Haronhiaté.
Le temps n'est pas beau.
Danstan téharonhiaté.
Le ciel est couuert.
Tsirattaé.
Il va plouuoir.
Osandote.
Plouuera-il?
Yondotte.
Il ne pleut pas encore.
Asson t'ondot.
Il pleut.
Onan yondot, Nan ondotte.

i ij

Te

Pleut-il point icy? aff.
Tescoisancoignon, Testoisanoncoignonque.
Il vente.
Yocoisse.
Le vent vient de ce costé là.
Comoté yoquoisse.
Le temps est au froid, il sera bien tost froid.
Onhouatoraté.
Il fait froid.
Nanesquatorate, Ottoret, Ottoret nha.
Il fait vn fort grand froid.
Ottoret okioton, Kiottoret.
Il ne fait pas froid.
Danstan teotoret.
Il neige.
Eangoiha, Nan esquangoiha, Ononsa angoiha.
La neige commence à couurir la terre.
Deuoinchate.
La neige est ferme.
Auoincha.

Te

La neige voltige en poussiere.
Tyaerxa onienta.
Il neige & vente.
Agnouhointassé.
Le vent est tourné au contraire.
Quieuquasqua.

Tenir.

Tien bien cela.
Tayeingoy.
N. Tien bien cela, empoigne cela.
N. *Nosquithran.*

Terre, la terre, pierres. &c.

La terre, le monde.
Ondéchra, Ondéchraté.
Toute la terre, tout le monde.
Ondéchrauoiti.
Terre, de la terre.
Ata.
Sable. *Adecque.*

Te

Pierre.
Ariota.
Caillou.
Statsi, Tatsi.
Roche.
Reinda.
Isles.
Ahoindo.
Montagne, mõtagnes
Quieunontoute.
Vallee, vallees.
Quiennontouoin, Onontouoin.
Champs, iardins.
Otiancouy, Hoüancouy.
Forest.
Harhayon.
Chemin.
Hahattey.

Ti

Tirer quelque chose, Tirer arquebuse.

Tire, tire le.
Satirontan.
Tire, frappe, touche fort. *Sacoichoton.*

Ti

Tire la dehors.
Taaingyonrauha.
Ils, elles le tirent.
Aquoichoton.
Ne tire pas, ne le tire pas.
Enonsatirontan.
Vuyde la, tire la dehors.
Yosettaqua.
Tire l'arquebuse, tire la paille, &c.
Chiestoncouy.
N. Tire, vien tirer.
N. Chiestoncouy.
Il te va, il te veut tirer.
Téyandiyaton.
Elle est chargee, int.
Hiuhoite.
Vas tu tirer de l'arc?
Tetiaca.
Fort, fais fort.
Tehondi, Sacoichoton.

To

Tomber, choir, luiter.

i iij

To

Ie suis tombé.
Ayatarha, aytarxa.
Tu es tombé.
Satarha.
Il est tombé.
Aytarha.
Ie tomberois.
Aytaraha.
Ie suis presque tombé.
Aytarasca.
Il tombera.
Setcoissanha.
Il tomba, il est tombé.
Achitarha, aintarha.
Il est bien employé.
Chitahetque.
Vien, va luiter.
Satakiendaon.

Touβir.

Ie tousse.
Asaata.
Tu tousses. *Sasaata.*
Il tousse. *Asaata.*
Toussir. *Saatandi.*

Tr

Traiter, eschanger.

Que veux-tu traiter?
pl.
Tautein squataninon.
Veux-tu traiter cela?
Quiataninon necha.
Qu'auez-vous à traiter?
Toutatisaein.
Monstre ce que tu veux traiter.
Aquataninon soutasca.
Tu en voulois traiter auec N.
N. Sataninonhon.
Qui vous a traité la cueillier?
Sinan squataninon dégaera.
Qu'as-tu traité? 3. personne.
Tautein ataninon.
Tu as traité cela, int. pl.
Sataninon, Squataninon.

Tr

Ie le veux traiter.
Taninonhet.
Ie veux traiter d'autre N.
Houatdninon N.
Ie ne veux point traiter auec toy.
Houarito eni ateninon nesa.
Ie traiteray auec celuy-là.
Conna ihenchon eni ateninon.
Ie l'ay traité.
Ataninon, Auhatatinon.
Il ne les traita pas.
Stan quenonontaiein.
Tout est traité.
Aninonnen.
C'est bon marché.
Yatanonnan.
Ouy certes, cela est bien, c'est bon marché.
Asson-chien yatanonnan.
Tout est finy, il n'y en a plus à traiter.
Houatatontasse.

Tu

Tuer, faire mourir.

Il faut, il faudra mourir. *Coissan.*
Dans peu de temps on tuera, on fera mourir les N.
N. Tsondianica ahonmachien.
On les tuera, fera bien tost mourir.
Tsondianica, rouatichiaye.
On n'a pas encore fait mourir, executé, mis à mort les N.
Asson téhouatichiaye N.
Il y a beaucoup de morts à N.
Ahonssein N.
Cela est bien que nous mourions, qu'il faut mourir.
Onnienné coissan.
Nous mourrons, nous allons mourir.
Nécoissein.

i iiij

Ve

Nous ne mourrons point, int.
Stan técoiſſein, Ennoüaſſen.
Vous ne mourrez point.
Danſtan téeſcoieonchey.
Donnez moy deux coliers de preſent.
Tauhaſtanquaſe téni achara.

Voir, regarder.

Ie voy, ie l'ay veu.
Eeain, Yéein, Agayein.
Tu vois, tu l'as veu.
Echéein, Acheain, Sachéain, Sachégayein.
Il l'a veu. *Ahoguein.*
Ouy ie l'ay veu.
Agyeain, Aguienxhey.
Ie le verray demain.
Achietecque etgayet.
Ie voy, que ie voye.
Acaquoy.
Ie voy bien M.
Quieuxrati M.

Ve

Ie ne voy point, ie ne l'ay point veu.
Téeain Danſtan téacin, Téayein.
Ie ne voy point.
Téacoiche, Téaquoica, Téacoiſſa.
Ie n'y voy plus (il eſt nuict.)
Tauoinrata.
Ie ne le verray point.
Téonquieuxrati.
Ie verray bien toſt.
Onhoüa eon, quieuxrati.
Ie l'iray voir.
Acanſehet, Acanſeha.
Ie vous vay voir.
Acatanna, Acatandet.
Ie regarde là.
Catéendha.
G. Me regarde.
G. Titaendha.
L'as tu veu? aff.
Etchéain, Etgayein.
Vien voir, regarde.
Sacaquoy.
Va les voir. int.
Chéacanſeha.

Ve

Venez le voir, le viendrez-vous voir?
Esquacanséha.
Vien, va, allez, venez voir que c'est là, vous les verrez.
Ascaquaqua, Escaqua.
Regarde (admiration)
Sandé.
Regarde voir.
Sanhéha.
Tu le verras demain.
Achietecque achigayé.
Tu regardes M.
M. Tichiendha, M. Chatéaendha.
Auez-vous pas encore veu des Y.
Asson tehonhouatiein Y
Y as-tu point encore regardé?
Asson tescacaquoiche.
L'as-tu point veu?
Teskéanki.
Tu ne me regardes point, tu ne le regardes point.
Téchiëdha, Tesquéndha.

Ve

Tu ne vois point, tu ne l'as point veu, int.
Técheain, Tesaein, Téaein.
Tu ne regardes point, tu ne vois point.
Tésacacoye.
Tu as mal aux yeux, tu ne vois pas, int.
Séaquoica, Chéacoissa.
Il les est allé voir.
Acanséhon.
Ils vont voir, ils y vōt voir. Acatandet.
Les Ch. ne voyent pas encore.
Asson téacacoiche Ch.
N. ne regarde point A. ne le regarde point. N. Téaendha A.
Vn N. l'a veu.
N. Sauhaein, Onuhaein.
Les N. ont veu.
Yoscaha, Onuhaeinq yoscaha.
Ils ont esté voir.
Yoscaha, Onuhaeinq yoscaha hixret.

Ie ne l'ay point veu.
Téhoüachondatérét.

Vien, viendra, venu.

Ie vien de N. 3. per.
N. Tontarhet.
Ie vien de loin. 3. per.
Déhérein tontaret.
Tu viens de loin. int.
Déhérein chatontarey.
Il vient de N.
N. Atontarahet.
N. vient.
N. Nisket, N. Nichet.
Il vient, il reuient.
N. tontarhet.
Regardez, allez voir, voyez s'ils viennent.
To sasteindi.
Voicy N. qui vient, qui arriue.
N. Chonontarhet.
Vn François vient d'arriuer.
Agnonhaque vhahahon.

Les Algoumeqüins arriueront demain.
Achietecque aation aquanaque.
Ne venez point icy.
Etnon tsiquaon, Nétisquaon.
Viendras-tu?
Tochiey.
Viendra-il deça?
Garo tettandet.
Viendront-ils auiourd'huy?
Onhoüa testandet.
Viendront-ils, viennent-ils? aff.
Esquatontarët.
Il viendra demain, pl. int.
Achi etsaon, Ahation.
N. Viendra demain.
N. Achi, etsahon.
Ie suis venu.
Onnen esquoiein, Nesquayon.
Tu es venu, int.
Nesisahon, Netisaon, Niset.

Vi

Il est venu, int. *Nisaon.*
Nous sommes venus icy.
Cahouttion, Ca ichenouttion.
Dis à N. que ie suis venu.
Sihon N onétisahon.
Me voila, ie suis venu.
Onnen esquoiein, Esquoion.
Ie vins hier.
Chetecque etquaon, Ch. esquaon Ach. *asayon.*
Ie suis arriué auiourd'huy. *Onhoüa hanon.*
Quand es tu venu?
Nanhouey sahon.
Tu viens d'arriuer auiourd'huy, depuis peu, int. *Onhoua sachion, Onhoua ahon.*
Tu es venu trop tard, il est soleil couché. *Onanhourac tékiander.*
Tu n'es point venu. *Danstan tesquation.*

Vi

Ta tante est venuë.
Itsohon désarha.
N. est venu.
N. Néchisahon.
N. est venu auiourd'huy.
N. sahon onhoua.
M. n'est pas encore arriué, n'est pas encore de retour, pl.
M. Onastatein, Asson tésaon, Tésoution, téhoution.
Il n'est point venu, arriué.
Tehanon, Dastan tésaon.
Les N. ne sont pas venus de loin.
Dehérein sontaeindey N.
Il n'est pas encore venu de loin. *Asson déhérein sontarey.*
Il n'est pas venu, arriué *Stan téhoon.*
Il y a lõg temps qu'ils sõt là. *Hoüati aondénõ.*
N. demeure long tẽps.
Outtimiany N.

Vi

Il est arriué, entré auiourd'huy.
Onhoüayon.
Ils sont, ils y sont arriuez.
Onnen tsisaon.
Ils sont tous venus, il y a long temps.
Houati atihéron.
Vous soyez les bien venus.
Outtougueinti esquation.
Vous soyez le bien venu, mon frere.
Ataquen atrouquenti ottisaon, Totáteronon-coignon.
Il y a long temps que ie ne suis venu icy.
Houati tachietéquandataron.
Ie vous viens voir, ie vous iray voir en vostre Cabane.
Quaquieronnoscon.
Vas tu voir, visiter quelqu'vn? *Estataret.*

Vi

Ne nous reuien, ne les reuien plus voir.
Tatisquandatara.

Viande, mangeaille.
Chair. *Auhoytsa.*
Chair, ou poisson, viande, *Oxrité.*
Poisson.
Ahointa.
Graisse.
Oscoyron, Noüytet.
Huyle.
Gayé.
Pain.
Andataroni.
Petits pains boüillis.
Coinkia.
Bled pilé.
Ottécha.
Sagamité.
Otter.
Bled rosty.
Neintahouy.
Farine de bled grillé & sa sagamité.
Eschionque.

Vi

Le gros acointa deschionque.
Harota, Atoharota.
Le menu deschionque. *Ondea*.
Les gros pois d'Ottecha. *Acointa*.
Nos pois communs. *Arcointa*.
Espics putrefiez. *Andohé*, Andohi.
Onguent, toutes choses medicinales. *Enonquate*.
Cuit. *Youri*.
Cruë. *Ocoche*.

Village, au village.
Ville, village. *Onhiay, Carhata, Andata.*
Où est ton village, ta demeure? *Anan esquandaret.*
Y en a il beaucoup en ton village, de ton village? *Kequanné esquantindaret.*

Vi

Vas-tu au village? *Onhiay sachetannet, Chietandet, Ettandet.*
As tu esté, viens-tu de voir par le village? aff. *Andataronnen.*
Qu'est-ce que tu as esté querir au village? *Toutautein sal oüa onnen onhiay.*
Tu ne viens point voir au village. *Testataret onhiay.*
Il est dans le fort, dans la ville. *Andatagon.*
Il est allé au village. *Andaton axret.*
Il est allé voir, visiter au village. *Andataron.*
N. vient de voir au village. *N. Ondataronhiay.*
Il est à Toenchain P, *Toenchain Nisiheinchon Theinchon.*

Vi

Visiter, visite.

Ie te vien voir, ie te vien visiter.
Andataret.
Ie t'iray voir.
Einditeindatara.
Atten, ie t'iray visiter.
Sahouen tetatara.
Ie te retourneray voir à midy.
Inkieque aubathrey tetatara.
Ie te vay visiter, vient'en.
Andataranseindiha, ou seindihet.
Il y a long temps que ie ne te suis venu voir, 3.per.pl.
Houati tedatara.
Tu ne me viens point voir.
Testatara.
Vien-moy voir.
Statara, Estatara, Estataret seindihet.

Vo

Tu me viendras demain voir.
Achietecque testatard.

Vo

Vouloir, ne vouloir.

Ie veux, ie veux bien. 3.per.
Ourandi.
Tu veux, tu veux bien. int.
Sarandi.
Ie ne veux, 3.per.
Teourandi.
Il ne me plaist point. 3.per.
Stan tearasse, Teharasse, Tehatirasse, Techatse.
Ie ne veux point, ie n'en feray rien.
Houarito.
Ne veux-tu point? aff.
Tesarandi.
Il ne te plaist point, tu ne veux point.
Tecoirasse.

Vo

Il ne vous plaist pas, 3. per.
Teouhatirasse, Téscoirasse, Téhatirachet.
Ne veux-tu point ce que ie te donne? aff.
Chicheingyaye.
Toy, ne le veux-tu point?
Issa chicheingyaye.
Ils veulent bien.
Hatirasse.
Il ne veut pas.
Danstan téhoüattixra.

Yoscaha.

Il est au Ciel.
Haronhiaye yeintchon.
Il est là haut au Ciel.
To iheintchon achauoy haronhiaye.
Il a sa grand mere.
Ataësique, Achotachien, Ataensique.
Les ames des defuncts n'endurent point.
Téchatorha atiskein ahenheé.

Yo

Les ames ne mangent point.
Tezcoiche, Téhache atisKein.
Le Diable en a peur, a peur de cela.
Oki atandique.
Le Diable ne craint point les Hurons.
Oki téatandique déhoüandate.
Les François ne craignent point le Diable.
Téhoüatanique otignonhaque oki.
La demeure du Diable est sous la terre, dans la terre.
Oki ondaon ondechon.
La demeure d'Yoscaha est loin d'icy.
Néhérein yeintchon Yoscaha.
Les Neutres ont veu Yoscaha.
Onuhaeinque yoscaha attiuoindaron.

Yo
Ils ont esté voir Yoscaha.
Onuhaeinq yoscaha hixret.
Ie suis son parent, il est mon parent.
Onnehonque.
Il est parent de tous ceux de la terre, de tout le monde.
Ondéchrauoiti onnehon.

Yo
Les ames sont parentes de Atensique.
Onnehonque atiskein atensique.
Les ames de Atensique sont riches.
Okihoüeyatisken Atensique.
Les ames dancent auec Atensique.
Ataensique oüadhauhandique atisken.

FIN.

TABLE DES CHOSES

PLVS REMARQVABLES contenuës en cet œuure, selon l'ordre Alphabetique.

A

Aigles. 300.
Algoumequins. 342.
des Ames apres le trespas, selon les Hurons. 232. 233. 234.
Arbre appellé Ameda, d'vne admirable vertu. 270.
Assemblees generales des Hurons. 200.
Assihendo. 216.
Atti, arbre. 331.

B

Baleines. 24. 25. 26. 40.
Banc à vers. 33.
grand Banc. 31.
Baptesme d'vne Huronne. 258. 259. De deux Canadiens. 240. 241. 242.
Barbe odieuse aux Hurons, qui n'en portent. Les Romains n'en portoiét point aussi. 180. & suy.

Table des Matieres.

Bled, façon de semer, recueillir & accommoder parmy les Sauuages. 134. 135. Diuerses façōs d'accommoder le Bled pour le manger. du Bled puant pour 140. 141.
Bois, peuple. 75.

C

Cabane des Peres Recollets au païs des Hurons. 95. 96. 99. 100.
Canadiens. 47. 195.
Canots des Hurons. 129.
Cap-Breton. 34
Cap de Tourmente. 52.
Cap de Victoire, ou Massacre, dit Onthranden. 59. sa situation. 60. 61.
Capitaines Sauuages. 196. 197. se disent freres du Roy. 198.
Capitaines ou Generaux d'armees, voyez Guerre.
Cardinales, fleurs. 55.
Caribous. 309.
Castor. 319. 320. 321.
chasse du castor. 321. 322.
Cerfs. 310. 312.
Chair humaine mangee par les Sauuages. 217. 218.
Chansons. 157. 158.
Chant, les Sauuages ayment le chant. 235. 236.
Chanterie de malade. 75. 76. 236.
Chanvre. 332.
Chardonnerets. 298.
de la chasse des Sauuages Hurons. 128.
Chat sauuage. 307.
Chaudiere de bois. 142.

Cauſſe de Tortuë, plante. 335.
Cheueux-Releuez, peuple. 77.78.79.
Chiens. 310.
des Chiens de chaſſe. 128.
Cimetiere des Canadiens. 287.
Conſeil des Sauuages, de la ſeance de leurs Conſeillers. 198. 199.
Conuent des Peres Recollets, ſa ſituation & edification. 55. 56.
Coqs d'Inde. 301.
Corbeaux. 303.
Coulevros. 324.
Couſins. 56. 64.
Croyance & foy des Sauuages, touchant Dieu le Createur. 225. & ſuy.
Croyance des Hurons, 228. & ſuy. touchant les ames apres le treſpas. 225. 233. 234. touchant certains eſprits qui dominent en diuers lieux. 231. d'vn rocher qu'ils ont en veneration. 331. 232. oppinions ridicules des Sauuages. 250. 251. où ils croyent que le Soleil ſe couche. 251.
ſaincte-Croix. 59.

D

Danſes à diuerſes fins. 150.
des diſpoſitions & ceremonies des Danſes, & de la façon de danſer. 151. & ſuyuans.
Danſes ordónees pour la recreation & gueriſon des malades. 150. 151. 154.
Diable. Qu'il dit quelques fois la verité. 266.

k

Dorade, poisson. 27. 28.
Dueil des Sauuages. 288. 389.

E

Eau, cheute d'eau admirable. 364. trainées & bouillons d'eau. 353.
Echos admirables. 52.
Einchataon. 317.
Elephans de mer. 37. 38.
Enfans, de l'amour des peres & meres Hurons enuers les enfans. 167. 168. de leur nourriture. 168. 169. de l'emmaillotement. 170. 171. de l'endurcissement des enfans à la peine 171. 172. ne succedēt point aux biens du pere. 172.
de l'exercice des ieunes garcons & ieunes filles. 174. & suyu.
Enfans du Diable. 308.
Epicerinis ou Sorciers, peuples, dits Squexaneronons 62. 73. 74. 108.
Escureux en grande quantité. 260. 261. de trois sortes. 305. 306.
Eslans. 308
Esprits particuliers en grand respect parmy les Sauuages. 225. 230. 231.
Estuues ou sueries. 271 272.

F

Femmes & filles ayās leurs flueurs & mois. 78. 79.
Festins & conuiues comme les Sau-

uages y vont, mot du festin. 144. & suyu.
Festin de guerre. 149. 150.
Festin des ames. 283.
Feu, inuention de tirer du feu auec des petits bastons. 69. 70.
Filles Huronnes, de leur exercice. 176. 177.
Filles qui ont le nez coupé. 178.
Flettans, poisson. 31.
de la Foy ou croyance des Hurons, voyez croyance.
Forest de Pins. 348.
Fouquet, ou Happefoye, poisson. 29. 30.
François dissolus. 177. 178.
Froment sauuage. 114.

Fruicts champestres. 326. 327.
Funerailles, ceremonies des Sauuages pour enseuelir les deffuncts. 282. & suyu.

G

le P. Gabriel Sagart, Recollet, Auteur de cet œuure, son depart de Paris pour aller en Canada, son embarquement & des accidens & rencontres qui luy arriuerent sur mer. 7. & suy. 61. & suy. 70. 71. 73. 82. & suy. 92. & suy. Son depart des Hurons pour descendre en Canada. 336. & suy. Des peines, trauaux, afflictions & hazards qui luy arriuent

Table des Matieres.

en son voyage. 339.
& suy. declaré Maistre & Capitaine des Canots. 355 son arriuee à Kebec. 374. 375. son depart de Canada pour reuenir en France. 375. & suyu.

Gays, oyseaux. 299.
Gaspé. 39. 40.
Gibar, espéce de Baleine. 24. & suy.
Godet, oyseau. 29. 37.
Grãd' feste des morts. 590. & suy.
Grenoüilles. 325.
Grues. 302.
Guerre. Capitaines ou generaux d'armees. 200. 201. festin de guerre, 202. que les guerres des Sauuages ne sont que surprises & deceptiõs, 202. 203. viures qu'ils portent en guerre, 203. 204 de leurs armes, 205. 206. signal de guerre, 207 de leurs fortifications, 208. 209. inuention pour obtenir secours en guerre, 211. des prisonniers de guerre, & de la cruauté que l'on exerce contr'eux. 212. & suy. des femmes & filles, prisonnieres de guerre, 213. 214. suiet de guerre. 219. 220.
Guillaume, poisson. 36.

H

Happe foye, voyez Fouquet.
Harang. 50.
Honqueronons, nation, 354. & suy.
Huile de poisson. 254.

Table des Matieres.

Hurons, comment se gouuernent allans en voyage, & par pays, 61. & suy. de leur coucher, 63. 86. 87. leur façon de viure, 85. 86. de leur langue, 87. 88. ennemis des Yroquois, 90. affligez, principalement les femmes, d'illusions & representations diaboliques, 91. façon de se saluër, 106. de leur haine & vengeance, 107. 108. situation de leur pays, 113. diuersité de Prouinces, & des Villes & Villages, 115. nombre du peuple, 116. des villes frontieres, là mesme, transport des villages, 117. de leurs cabanes, de leur coucher ordinaire, & chauffer, 118. & suyu.

Hurons, & de leur exercice ordinaire, tât des hommes que des femmes, 122. & suyu. 130. 131. 132. de leurs voyages, & par mer & par terre, 126. 127 de l'hyuer, comment ils le passent. 128. comme les Hurons défrischent, sement & cultiuent les terres, comme ils accommodēt le bled & les farines : & de la façon d'appresster leur manger, 133. & suyu. de leur forme, couleur & stature, & comme ils ne portent point de barbe, 179. & suyu. de leurs conseils & guerres, voyez conseils &

K iiij

guerres: voyez conseils & guerres. Richesses du pays, 55. 336. de leurs enfans, voyez enfans, de leur thresor. 370.

I

IEu des Sauuages Hurons, 122. & suyu.
Ignierhonons. 60.
le P Ioseph, Recollet. 61. 93. & suy.
Isle aux oyseaux. 35.
l'Isle d'Anticosty. 43.
Isle aux allouëttes. 50. 51.
Isle d'Orleans. 52.
Isle tremblante. 71.

K

KEbec, maison des marchands en Canada. 54. sa situation, & fertilité du pays. 54. 57. 58.

L

LAbourage de la terre par les Hurons. 133. & suy.
Lac sainct Pierre. 59.
Lac des Epicerinis. 344. 345.
Lapins. 307
Larrecin. Sauuagesse diuinement punie, pour auoir desrobé vn cachet. 248. 249.
Sainct-Laurens, fleuue. 43. 44.
Lonouoiroya. 280. 281.
Loup-marin. 50.
Loups communs & ceruiers. 307.
Lys incarnat. 335.

M

MAlades, chanteries & cere-

monies pour la gue-
rison d'vn malade.
75. 76. charité des
Sauuages enuers
les malades. 155.
156. dāses pour leur
consolation & gue-
rison. 150. 151.154.
des assemblees de
filles autour du
malade. 158. 159.
Malades, de la cure &
pensement d'iceux.
75.76.236.264.265.
& suy.
Malades de maladies
sales, separez du
commun. 273.274.
Maladies de furies.
277. & suy.
Maquereau, poisson.
315.
Margaux, oyseaux.
37.
du Mariage & concu-
binage des Hurons,
& des ceremonies
de leurs mariages.

Grande liberté des
hommes auec les
femmes, & des ieu-
nes hommes, auec
les filles. 160. & suy.
Degrez de consan-
guinité gardez par
eux. 163. du diuorce
& separatiō du ma-
ry & de la femme.
164. & suy.
Marsoins. 18.29.
Marsoins blancs. 51.
Marragons, fleurs.
55.
Medecins des Sauua-
ges. 75. 76. 236. 264
265.
Medecins Magiciens.
là mesme.
ceremonies estranges.
pour la cure des Ma-
lades. 76.
Menestres de plu-
sieurs sortes. 138.
139.
Mer douce, de sa gran-
deur. 259.

Table des Matieres.

Moineau-moucheron. 296. 297.
Mollües. 31. 32.
Monts-noſtre-Dame, ceremonie des Matelots arriuans en ce lieu. 42.
Mouſquites. 56. 64. 303. de leur importunité. 72.
Muguet. 332.

N

petite Nation. 365. 366.
Nauires, de leur rencontre ſur mer. 21. 22.
Neutres, nation. 209. 210. 211. ennemis mortels des Yroquois & Hurons. 211.
le P. Nicolas, Recollet. 361. 73. 92. & ſuyu.
Noyers. 328.

O

Oygnons. 330. 331.
Oyſeau blanc. 298.
Oyſeaux de diuerſes eſpeces parmy les Sauuages. 296. & ſuyu.
Oki, que ſignifie. 230. 23
Opinions ridicules. 250. 251.
Ottay. 308
Ours. 310. 311.
Ours blancs. 43.

P

Pain, façon d'en faire parmy les Sauuages. 136. 137.
Papillons en grand nombre. 361
Parens tuez & faits mourir, quand ils ſont trop vieux. 275. 276.

Perdrix. 303.
de la Pesche. 252. & suyu.
Pleurs pour les defuncts. 283. 284.
Pluye cessee miraculeusement. 242. & suy.
Poires. 329.
Pois sauuages. 114.
des Poissons & bestes aquatiques. 314. & suyu. ceremonies qu'obseruent les Sauuages quand ils vont à la pesche. 252. superstition touchant les arretes du poisson. 255. & suyu.
Predicateur de poisson. 257. 258
petits Poissons. 317.
Poisson armé. 318.
Pommes de Canada, ou Canadiennes, 330.
Pots de terre, & de la façon de les faire.

142. 143.
Poulx. 313.
Pourcelenes. 194.
Prieres d'vn Sauuage qui prioit Dieu. 236.
Prisonniers de guerre cruellement traitez, voyez guerre.
Prunes. 328. 329.
Puces. 313.
Punition corporelle non vsitee entre les Sauuages. 220.

R

Racines de merueilleux effets. 268. 269. 270.
Raquetes aux pieds pendant les neiges. 104.
Rats musquez. 322. 323.
Recollets Religieux au pays des Hurós, de leur cabane, pauureté & nourriture

Table des Matieres.

ordinaire. 81. 82. & suyu. 95. 96. 99. & suyu.
Renards de trois sortss. 304. 305.
Requiem, poisson. 27.
Resurrection des morts. 289. 290.
Riuiere sainct Charles. 59.
Riuiere sainct Laurens. 59.
Rocher en grande veneration parmy les Sauuages. 231. 232. 351.
Roses. 335.

S

SAgamité. 137. & suyu.
de la Sagesse. 196.
Saguenay, riuiere. 45. 46.
Santé, remedes pour la conseruer. 263. 264.
Saut impetueux. 350.
Saut de la chaudiere. 362. 363.
Saut sainct Louys. 59. 367.
Saut de Mont-morency. 53.
Sauuages, de leur humanité. 64. 65. 83. 84. de leur coucher. 63. 71. commēt se cabanent & traitent en voyageant. 66. 67.
Sauuages matachés & peints au visage. 75. suiets à mentir. 370. de leur naïfueté & simplicité. 378.
Sel, qu'il n'est pas necessaire à la conseruation de la vie. 98. 99.
Sepulture & pompe funebre de ceux qui meurent sur mer. 16.
Sepulture des morts parmy les Sauuages. 282. & suyu. nettoye-

Table des Matieres.

ment des os des parens par les femmes; & de la fosse où ils les mettent. 291.292.
Soleil, opinion ridicule touchant son coucher. 251.
Souris. 312.313.
Squekanerons. 62.
Stinondoa. 299.

T

Tadoussac, port de mer. 45.

Testes pelees, nation des Sauuages. 109.
Thresor des Hurons. 370.371.
Tortuës. 324.348.
Tourmente fort grande. 16.17.18.

V

Vignes. 329.

Y

Yroquois. 60.

F I N.

I'Ay souſſigné, Miniſtre Prouincial des Freres Mineurs Recollets de la Prouince de S. Denys en France; veu la permiſſion deſa Majeſté & Approbation de trois Peres des plus qualifiez de noſtredite Prouince, par nous nommez Cenſeurs. Permets à Frere Gabriel Sagard, de faire imprimer ſon Voyage de Canada, auec vn Dictionaire de la langue des Sauuages, ſous ce titre. *Le grand Voyage, &c.* Fait à Roüen ce 25. Iuillet 1632. ſous noſtre ſeing manuel, & ſeel de noſtre Office.

Fr. VINCENT MORET,
Miniſtre Prouincial.

www.ingramcontent.com/pod-product-compliance
Lightning Source LLC
Chambersburg PA
CBHW070827230426
43667CB00011B/1712